भारतीय काव्यशास्त्र : परम्परा-प्रवृत्ति

भारतीय काव्यशास्त्र

परम्परा-प्रवृत्ति

प्रो. मंजुला राणा

वाणी प्रकाशन

वाणी प्रकाशन

4695, 21-ए, दरियागंज, नयी दिल्ली 110 002

फ़ोन : +91 11 23273167 फ़ैक्स : +91 11 23275710

शाखाएँ

अशोक राजपथ, पटना 800 004, बिहार

कॉफ़ी हाउस कैम्पस, महात्मा गांधी मार्ग, इलाहाबाद 211 001, उत्तर प्रदेश

महात्मा गांधी अन्तरराष्ट्रीय हिन्दी विश्वविद्यालय, वर्धा 442 001, महाराष्ट्र

सुल्तानिया रोड, मोतिया पार्क, भोपाल 462 001, मध्य प्रदेश

www.vaniprakashan.com
marketing@vaniprakashan.in
sales@vaniprakashan.in

BHARTIYA KAVYASHASTRA : PARAMPARA-PRAVRIT
by Prof. Manjula Rana

ISBN : 978-93-88684-41-5
Indian Poetics/Criticism

प्रथम संस्करण 2019

मूल्य : ₹ 495

सिटी प्रेस, दिल्ली-110 095 में मुद्रित

वाणी प्रकाशन का लोगो मक़बूल फ़िदा हुसेन की कूची से

भूमिका

'आस्वाद्यते इति रसः' के उद्घोष के साथ जिस आनन्द की परिकल्पना पर भारतीय काव्य शास्त्रियों ने काव्य की पृष्ठभूमि का निर्माण किया है, वह समृद्ध परम्परा काव्य के विविध घटकों के संयोजन से निर्मित हुई है। आचार्य भरतमुनि ने नाट्यशास्त्र में नाट्य को अभिनेयार्थ काव्य या काव्यबन्ध स्वीकार किया तो आचार्य भामह ने प्रीतिं करोति अर्थात् आनन्द जनक बताकर विनोद के स्थान पर आनन्द की प्रतिष्ठा के उपरान्त काव्य को ब्रह्मानन्द सहोदर की संज्ञा दी है।

काव्य और कवि को सदैव से साहित्य ने पूजनीय माना है। वैदिक साहित्य में कवि, द्रष्टा और ऋषि समानार्थक हैं, जिनकी कवित्व प्रतिभा को 'ऋषयः मंत्रद्रष्टारः' के उद्घोष द्वारा स्वीकार किया गया है। श्रीमद्भागवत् गीता साक्षी है, जिसमें ब्रह्मा की वन्दना आदिकवि के सम्बोधन से की गयी है। लौकिक साहित्य में भी इसी प्रकार की परम्परा का चलन है तथा भक्त कवियों ने भी सर्वभूत को आत्मभूत करके अनुभूति का विषय बनाया है तथा सभी का अभीष्ट लोकमंगलकारी रहा है।

आधुनिक साहित्य भी रस और भाव को हृदयपक्ष तथा विचार वाग्वैदग्ध्य एवं अभिव्यक्ति को बुद्धिपक्ष के रूप में स्वीकार करता है। रस-छन्द-अलंकार तथा गुण-विवेचन रचना के आकलन के प्राचीन उपागम रहे हैं। इनका विवेचन हमें संस्कृत के काव्यशास्त्रीय ग्रन्थों में विस्तार से मिलता है। कविता ही नहीं वरन् गद्य का मूल्यांकन भी इन्हीं निकषों पर किया जाता रहा है। साहित्यिक मूल्यांकन के ये सार्वभौम तत्त्व हैं क्योंकि विश्व साहित्य में ये किसी-न-किसी रूप

में अवश्य विद्यमान रहते हैं किन्तु आधुनिक काव्य एवं गद्य-रचना में इनकी भूमिका धीरे-धीरे नगण्य होती जा रही है। इस गिरावट के लिए ये निकष नहीं अपितु रचना और रचनाकार जिम्मेदार हैं। रचना की भाषा के मूल्यांकन के लिए अब पाठ-विश्लेषण, प्रोक्ति विश्लेषण, विसंरचक आदि नवीन फार्मूले तैयार किये गये हैं किन्तु यह भी उतना ही सच है कि बिना काव्यशास्त्रीय निकष के रचना में युवावस्था-सा सौन्दर्य कदापि नहीं आ सकता। साथ ही समय के बदलाव के साथ आनन्द की परिभाषा कदापि नहीं बदल सकती। परिवर्तन की यह बयार क्षणिक आवेग और उद्वेलन देकर हमें संवेदनशील तो बना सकती है, परन्तु रस-छन्द-अलंकार-रीति और गुणों के मूल्यों को तिरोहित नहीं कर सकती।

भारतीय काव्यशास्त्र का अध्ययन करने वाले जिज्ञासुओं एवं विद्यार्थियों के लिए एक ही पुस्तक में शास्त्रीय विवेचन की सुविधा के साथ यह पुस्तक आपके सामने है। काव्यशास्त्र के विकासक्रम को प्रामाणिक रूप से वर्णित करते हुए काव्य तथा काव्य-निर्मिति के अनिवार्य रसायनों में काव्यशास्त्रीय सिद्धान्त, गुण-दोष, शब्दार्थ एवं छन्द का विस्तृत विवेचन किया गया है। हिन्दी साहित्य के विद्यार्थियों के लिए एक ही प्लेटफॉर्म पर शास्त्रीय विवेचन प्रामाणिक सरल शब्दों में उपलब्ध कराना मेरा उद्देश्य है।

विद्यार्थियों के लिए यह विवेचन उपयोगी सिद्ध होगा, ऐसी मुझे आशा एवं विश्वास है।

स्वस्तिकामनाओं सहित–

प्रो. मंजुला राणा
अध्यक्ष, हिन्दी-विभाग
हे.न.ब. गढ़वाल (केन्द्रीय) विश्वविद्यालय,
श्रीनगर (गढ़वाल)

अनुक्रम

शब्दार्थ

'शब्दार्थ' का अर्थ है—शब्द और अर्थ का समुदाय। 'काव्य' अथवा 'साहित्य' मोटे तौर पर 'शब्द' और 'अर्थ' का समुदाय है। **राजशेखर** ने शब्दार्थों के परस्परोचित सहभाव (शब्दार्थयोः यथावत् सहभाव) को साहित्य कहते हुए स्पष्ट किया है कि शब्दार्थ काव्य का शरीर है और रस आत्मा—**'शब्दार्थौ ते शरीरं,....रस आत्मा....'**। **भोजराज** ने 'शृंगारप्रकाश' में भी किंचित् भिन्न शब्दों में इसे ही स्वीकार किया है—''तत् (काव्यं) पुनः शब्दार्थयोः साहित्यम् आमनन्ति। तद्यथा—'शब्दार्थौ सहितौ काव्यम्'' इति। कः पुनः शब्द? येन उच्चरितेन अर्थः प्रतीयते।...कोऽर्थः? यः शब्देन प्रत्याय्यते।...किं. साहित्यम्? यः शब्दार्थयोः सम्बन्ध।'' इसीलिए 'शब्दार्थ' को काव्य का पहला तत्त्व माना गया है। इसके अन्तर्गत **शब्द, शब्दों के अर्थ और शब्दों की अर्थबोधक शक्ति पर विचार किया जाता है।**

क. शब्द

काव्य अथवा साहित्य की साधना शब्द-साधना पर आश्रित है। इसी से प्रथम विचारणीय है—शब्द। शब्द का धातुगत अर्थ है—**शब्द करना, आविष्कार करना**।[1] शब्द के कई और अर्थ भी हैं—**अक्षर, वाणी, वाक्य, शून्य, श्रवण** और **ध्वनि**।[2] शब्दों के साधुत्व-असाधुत्व का निर्धारण व्याकरण करता है, पर उनकी 'सम्यक्प्रयोगयोग्यता' काव्यशास्त्र द्वारा ही मानक बनती हैं। इसीलिए काव्यशास्त्रीय दृष्टि से **सार्थक ध्वनि अथवा सार्थक ध्वनि-समूह ही शब्द है।** शब्द निरर्थक भी होते हैं, हो सकते हैं, पर काव्य में उनके लिए कोई स्थान नहीं है। काव्य अथवा साहित्य में ध्वनि अथवा ध्वनियों के समूह का सार्थक होना आवश्यक है। व्याकरण का अनुगमन होकर भी यहाँ काव्यशास्त्र की उससे स्पष्ट भिन्नता है। काव्यशास्त्रीय पदवाक्यविवेक करते हुए स्वीकार किया गया है कि, ''व्याकरण द्वारा निर्धारित साधु शब्द अभिधानादि कोषों में निर्दिष्ट होता है। शब्द विशेष का जो अभिधेय है, वह अर्थ है। **वह शब्द और उसका अर्थ दोनों मिलकर पद होता है।**''[3]

स्पष्ट है कि काव्य या साहित्य में काव्यशास्त्रीय दृष्टि से सार्थक शब्द ही पद है। पद की यह परिभाषा व्याकरण-सम्मत नहीं है। व्याकरण के अनुसार–**'सुप्तिङन्तं पदम्'** मान्य है, किन्तु काव्यशास्त्र ने न्यायशास्त्रानुसार ही स्वीकार किया है कि अर्थयुक्त शब्द ही पद हैं–**'शक्तं पदम्'**। काव्य में पाँच प्रकार के पद (सार्थक शब्द) प्रयुक्त होते हैं–सविभक्तिक, समास, तद्धित, कृदन्त और क्रियापद।

काव्य में शब्द-प्रयोग की महत्ता इसी से स्पष्ट है कि "**एकः शब्दः सम्यक् ज्ञातः सुष्ठु प्रयुक्तः स्वर्गे लोके च कामधुग्भवति।**" तात्पर्य यह कि सम्यक् प्रयोग की दृष्टि से शब्दों की क्षमता-अक्षमता, योग्यता-अयोग्यता पर विचार कर लिया जाना आवश्यक है। अर्थ-प्रकाशन की दृष्टि से काव्य में प्रयुक्त शब्द प्रधानतया तीन प्रकार के होते हैं–वाचक, लक्षक और व्यंजक।

1. वाचक शब्द–साक्षात् संकेतित अर्थ का बोध कराने वाला शब्द 'वाचक शब्द' कहा जाता है। साक्षात् संकेतित अर्थ से तात्पर्य है **बिना किसी प्रकार की बाधा अथवा व्यवधान के जान लिए जाने वाला अर्थ।** वाचक शब्द चार प्रकार माना गया है–(क) जाति वाचक (आदमी, गाय आदि), **गुण वाचक** (हरा, कच्चा आदि), (ग) **क्रिया वाचक** (रोना, हँसना आदि) आदि (घ) **द्रव्य वाचक** (राम, मोहन, हिमालय, भारत, सूर्य आदि)।

2. लक्षक शब्द : लक्ष्यार्थ का बोध कराने वाला शब्द 'लक्षक' कहा जाता है। यही 'लाक्षणिक' शब्द भी कहा जाता है। यथा–'राम गदहा है' में 'गदहा' शब्द 'वाचक' है जिसका तात्पर्य है–'मूर्ख'। इस प्रकार पूरे वाक्य का अर्थ हुआ–'राम मूर्ख है।'

3. व्यंजक शब्द–व्यंग्यार्थ का बोध कराने वाला शब्द 'व्यंजक' शब्द कहा जाता है। यथा, सदा बुराई करने वाले व्यक्ति को लक्ष्य कर यदि कहा जाये–'आपने तो मेरी बड़ी **भलाई** की', तो इस वाक्य का व्यंग्यार्थ होगा–'तुमने आशा के प्रतिकूल मेरी बड़ी बुराई की।' ऊपरि वाक्य में आये शब्द (विशेषकर 'भलाई') व्यंजक शब्द है।

ख. अर्थ

शब्दोच्चारण से जिस वस्तु (व्यक्ति) की प्रतीति (उपस्थिति) होती है, वही 'अर्थ' है। अर्थ शब्द पर निर्भर करता है, शब्द में निहित होता है। प्रत्येक शब्द के उच्चारण के पश्चात् एक-न-एक 'वस्तु' की प्रतीति होती है। वह 'वस्तु' (व्यक्ति) ही अर्थ है। यहाँ 'वस्तु' शब्द समस्त मूर्त्त-अमूर्त्त पदार्थों का बोधक है। ऊपर तीन प्रकार के शब्द बताये गये हैं। उनसे श्रोता या पाठक को तीन प्रकार के

अर्थों की प्रतीति होती है। इसीलिए अर्थ तीन प्रकार के माने गये हैं—वाच्यार्थ, लक्ष्यार्थ और व्यंग्यार्थ।

1. वाच्यार्थ—वाचक शब्दों से निकलने वाला साक्षात् संकेतित अर्थ 'वाच्यार्थ' कहा जाता है। यही **मुख्यार्थ** अथवा **अग्रिमार्थ** के नाम से भी जाना जाता है। यहाँ शब्द होता है वाचक और अर्थ वाच्य। मुख्य अर्थ और उससे साक्षात् संकेतित अर्थ (बोधक अर्थ) में वाच्य-वाचक सम्बन्ध होता है। इस अर्थ की प्रतीति संकेतग्रहण के रूप में होती है। आचार्यों ने 'संकेतग्रहण'[4] के आठ साधन बतलाये हैं—(क) व्याकरण, (ख) कोश, (ग) उपमान (सादृश्य), (घ) आप्तवाक्य (प्रामाणिक वक्ता का कथन), (ङ.) व्यवहार, (च) सिद्ध पद का सान्निध्य, (6) टीका अथवा विवरण, और (ज) वाक्यशेष। इसे ही **'अभिधेयार्थ'** (अभिधार्थ) भी कहते हैं। वस्तुतः यह **'संकेतितार्थ'** होता है।

2. लक्ष्यार्थ—मुख्यार्थ के बाधित होने पर किसी रूढि? या प्रयोजन से जिस अभीष्ट अर्थ की प्रतीति होती है, वही 'लक्ष्यार्थ' कहा जाता है। इसकी पहचान के लिए तीन बातें ध्यान में रखी जाती हैं—मुख्यार्थ का असंगत हो जाना, मुख्यार्थ से अभीष्ट अर्थ (लक्ष्यार्थ) का सम्बन्धित होना और अर्थ ही सिद्धि के लिए किसी रूढ़ि (लोकप्रसिद्धि) या प्रयोजन का होना। यथा—'फुटबॉल-मैच में आज स्कूल हार गया', में 'स्कूल' का अर्थ 'स्कूल में पढ़नेवाले खिलाड़ी छात्र', ऐसा ही है। यहाँ शब्द....मुख्यार्थ—लक्ष्यार्थ, इस प्रकार शब्द का लक्ष्यार्थ से मुख्यार्थ के द्वारा सम्बन्ध होता है। मुख्यार्थ मध्यगत होता है।

3. व्यंग्यार्थ—मुख्यार्थ और लक्ष्यार्थ के विफल हो जाने पर जो अभीष्ट अर्थ प्रत्यक्ष होता है, वही व्यंग्यार्थ कहा जाता है। इसे ही **'ध्वन्यर्थ'**, **'सूच्यर्थ'**, **'आक्षेपार्थ'**, **'प्रतीयमानार्थ'** आदि नामों से भी जाना जाता है। यथा—'घण्टी बज गयी'—इस एक वाक्य के कई अर्थ, जैसे—(क) 'छुट्टी हो गयी' (कुछ छात्रों के लिए), (ख) 'वर्ग बदलना चाहिए' (कुछ अन्य छात्रों के लिए), (ग) 'अब वर्ग से चलना चाहिए' (कुछ शिक्षकों के लिए), (घ) 'अब वर्ग में चलना चाहिए' (कुछ अन्य शिक्षकों के लिए), (ङ) 'वर्ग में खल्ली-डस्टर पहुँचाना चाहिए' (चपरासी के लिए), (च) 'वर्ग का निरीक्षण करना चाहिए' (प्राचार्य के लिए) आदि व्यंजित होते हैं।

उपर्युक्त विवेचित तीन प्रकार के अर्थों के अतिरिक्त चौथे प्रकार के अर्थ की भी कल्पना की गयी है। उसे **'तात्पर्यार्थ'** कहा गया है। कई मीमांसकों एवं विचारकों ने 'तात्पर्य' नामक वृत्ति स्वीकार की है जिससे तात्पर्यार्थ का बोध होता है।

आचार्य शुक्ल ने अर्थ और अर्थ-भेद पर नये ढंग की बात की है। उनके अनुसार—"अर्थ चार प्रकार के होते हैं—**प्रत्यक्ष, अनुमित, आत्मोपलब्ध** एवं

कल्पित।'' 'प्रत्यक्ष' की बात हम छोड़ते हैं। भाव या चमत्कार से निस्संग विशुद्ध रूप में 'अनुमित' अर्थ का क्षेत्र दर्शन-विज्ञान से है। 'आत्मोपलब्ध' का क्षेत्र इतिहास है। 'कल्पित' अर्थ का प्रधान क्षेत्र काव्य है, पर भाव या चमत्कार से समन्वित होकर ये तीनों प्रकार के अर्थ काव्य के आधार हो सकते हैं।'' वस्तुतः आचार्य शुक्ल ने जिसे यहाँ स्वीकार किया है, वह है पारम्परीण मत ही। नवीनता केवल कथन और व्यवस्थापन में है। काव्य प्रत्यक्ष को स्पष्ट करने के क्रम में **भामह** ने जब उसे शास्त्रप्रत्यक्ष से भिन्न बताया था तो वह यही स्वीकार कर रहा था। **राजशेखर** ने भी अपने ढंग से सिद्ध किया था कि शास्त्रीय न्याय से काव्य-न्याय (लोक-न्याय यानी कल्पित न्याय) भिन्न होता है। पुनः उद्भट ने अर्थ के दो भेद—'**विचारित सुस्थ**' और '**अविचारित रमणीय**'—स्वीकार कर भी इसी का पोषण किया है। उद्भट के विचारों का निर्देश **महिमभट्ट** ('व्यक्ति विवेक') में भी हुआ है। अस्तु, आचार्य शुक्ल के अर्थ सम्बन्धी विचार को परम्परा का बल प्राप्त है, किन्तु यहाँ वह विचारणीय नहीं है।

ग. शब्द-शक्ति

शब्द के अर्थबोधक—व्यापार को शब्द-शक्ति कहते हैं। शब्द-शक्ति का अर्थ है—शब्द का अर्थ-बोध करानेवाली शक्ति। अर्थात् वह 'व्यापार' या 'वृत्ति' जिससे शब्द के अन्तर्निहित अर्थ पूर्ण व्यक्त हो उठते हैं। लोक में व्यवहृत प्रत्येक शब्द का कुछ-न-कुछ अर्थ होता है। वही अभिप्रेत अर्थ शब्द के जिस गुण, व्यापार अथवा वृत्ति से 'संकेतित', 'लक्षित' अथवा 'व्यंजित' होता है, उसे ही शब्द-शक्ति कहते हैं। यहाँ 'व्यापार' को समझ लेना आवश्यक है। **'कारण' जिसके द्वारा 'कार्य' सम्पादित करता है, वही 'व्यापार' है।** यथा, 'कुम्हार घड़ा बनाता है।' घड़ा-निर्माण है '**कार्य**' जिसके लिए मिट्टी, चाक, दण्ड एवं कुम्हार '**कारण**' है, पर 'चाक का घूमना', 'कुम्हार का हाथों से घूम रहे चाक पर रखी मिट्टी को आकार देना' आदि ही वे '**व्यापार**' हैं जिनसे घड़ा मिर्मित होता है। व्यापार के अभाव में कारण रहते हुए भी कार्य नहीं हो सकता। इसी प्रकार अर्थ-बोधन का कारण है 'शब्द', पर अर्थबोधक व्यापार हैं शब्द की शक्तियाँ—अभिधा, लक्षणा और व्यंजना। 'व्यापार' 'शक्ति' और 'वृत्ति' पर्यायवाची हैं।

ऊपर शब्दों के तीन प्रकार (वाचक, लक्षक और व्यंजक) और उनसे व्यक्त होने वाले अर्थ भी तीन प्रकार के (वाच्यार्थ, लक्ष्यार्थ और व्यंग्यार्थ) बताये गये हैं। इन अर्थों की प्रतीति तीन प्रकार (की शक्तियों अथवा वृत्तियों) से होती है।

इसीलिए **शब्दशक्तियाँ भी तीन मानी गयी हैं–अभिधा, लक्षणा और व्यंजना। तात्पर्याख्यावृत्ति** नामक चौथी शब्दशक्ति भी **कुमारिल भट्ट** के अनुयायी मीमांसकों ने मानी है जिससे तात्पर्यार्थ का बोध होता है। कई साहित्यिकों को भी यह मान्य है। इन लोगों का तर्क है कि शब्दों का अर्थज्ञान अभिधा आदि तीन व्यापारों से होता है, पर वाक्यों के अर्थज्ञान में तात्पर्या वृत्ति ही काम आती है। इस प्रकार **वाक्यार्थ-बोधक शक्ति ही तात्पर्याख्यावृत्ति है।** ऐसे विचारक तात्पर्यार्थ और वाक्यार्थ को एक मानने के पक्षधर हैं।[5] ध्वनिवादी विचारकों ने अभिहितान्वयवादियों (कुमारिल के अनुयायी मीमांसकों) का समर्थन करते हुए तात्पर्याख्यावृत्ति को मान्यता तो दी, पर 'व्यंजना' का समानार्थी नहीं स्वीकार किया। वे इतना तो स्वीकार करते हैं कि अभिधा-लक्षणा के उपरान्त तात्पर्याख्यावृत्ति सक्रिय होती है, पर व्यंग्यार्थ का प्रकाशन 'व्यंजना' से ही होता है। इस प्रकार इस (तात्पर्याख्या) वृत्ति के बारे में मतैक्य नहीं है।

अभिधा

साक्षात् संकेतित अर्थ अथवा मुख्य अर्थ के बोधक व्यापार को अभिधा कहते हैं।[6] शब्द का मुख्यार्थ साक्षात् संकेतित अर्थ होता है। सभी अर्थों में सर्वप्रथम जिस अर्थ का ज्ञान होता है, वह **मुख्यार्थ** अथवा **अग्रिमार्थ** है एवं जिस **मुख्य व्यापार** के कारण उक्त अर्थ का ज्ञान होता है उस व्यापार का नाम '**अभिधा**' है। यानी '**अभिधा**' ही वह शक्ति, वृत्ति या व्यापार है जिससे मुख्य अर्थ का बोध होता है। इसे ही **मुख्या शक्ति** अथवा **अग्रिमा शक्ति** भी कहते हैं। यथा, 'गदहा' शब्द के सुनते ही हमारे सामने एक विशिष्ट पशु का रूप उपस्थित होता है, किसी महल, पहाड़, मैदान आदि का नहीं। यहाँ–'मुख्या', 'अग्रिमा' या 'अभिधा' शक्ति ही काम करती है। यह शक्ति किसी शब्द का वही अर्थ बताती है जो व्याकरण, कोशादि से प्राप्त है और जिसे हम परम्परा से सुनते-सीखते चले आते हैं। इसी से यह अर्थ होता है–'साक्षात् संकेतित।' शब्द की **अभिधा शक्ति तीन प्रकार की होती है–योग, रूढ़ि और योगरूढ़ि।** इनके अनुरूप वाचक शब्द भी तीन प्रकार के–**यौगिक, रूढ़** और **योगरूढ़** होते हैं। '**रूढ़**' शब्दों के खण्ड नहीं होते। जबर्दस्ती खण्डित किये जाने पर उनका अर्थ बिखर जाता है। यथा, 'राजा', 'घर' आदि। ऐसे शब्दों में अवयवशक्ति नहीं होती, मात्र समुदाय शक्ति होती है। इनके विपरीत '**यौगिक**' शब्दों में अवयवशक्ति होती है एवं साथ ही समुदाय शक्ति भी। अर्थात जिस प्रकृति और प्रत्यय के योग से शब्द बनता है उनके अलग-अलग अर्थ तो होते ही हैं, इनका अपना अर्थ भी होता है। यथा, 'पाचक' (पच~ + अक =

पकाना, करनेवाला), 'नरपति', 'पाठक', 'गांगेय' आदि यौगिक शब्द हैं। **'योगरूढ़'** शब्द स्वरूपतः होते हैं यौगिक ही है, पर उनका अर्थ प्रायः रूढ़-सा हो जाता है। यथा, 'पंकज' (पंक + ज = कीचड़, जन्म लेनेवाला = कमल), 'चक्रधर' (विष्णु), 'पशुपति', 'चन्द्रमौलि', 'घनश्याम' आदि शब्द योगरूढ़ हैं।

लक्षणा

मुख्यार्थ के बाधित होने पर रूढ़ि या प्रयोजन के सहारे उससे सम्बन्धित अन्य (अभिप्रेत) अर्थ-बोधक व्यापार को लक्षणा कहते हैं।

दैनिक बोलचाल, भाषण आदि में कई बार ऐसा देखा जाता है कि मुख्यार्थ से काम नहीं चलता। तब उसकी जगह कोई दूसरा अर्थ प्रत्यक्ष होता है। उस दूसरे अर्थ को प्रगट करनेवाली शक्ति लक्षणा है एवं उससे प्राप्त अर्थ होता है लक्ष्यार्थ। वस्तुतः **लक्ष्यार्थ शब्द का वास्तविक अर्थ न होकर आरोपित अर्थ होता है।** ऊपर 'गदहा' का उदाहरण दिया गया है। लेकिन यदि कहा जाये कि 'राम गदहा है', तो यहाँ 'गदहा' (पशु विशेष) का मुख्यार्थ काम नहीं आता। सभी जानते हैं कि 'राम' आदमी है, 'गदहा' नहीं, पर ऐसे प्रयोग बहुधा होते हैं। अस्तु, समझने वाले समझ लेते हैं कि 'राम बज्रमूर्ख हैं', अर्थात् राम की मूर्खता गदहोपम है। यदि आप **'हिन्दी शब्दसागर'** उलट जायें, तो भी वहाँ आपको यह अर्थ नहीं मिलेगा। तो स्पष्ट है कि अभिधा के अतिरिक्त कोई अन्य शक्ति अवश्य है जिसने 'गदहा' के मुख्यार्थ को दबाकर अन्य अभिप्रेत अर्थ का प्रकाशन किया है। अभिप्रेत अर्थ मुख्यार्थ से भिन्न होकर भी उससे सम्बन्धित है। साथ ही अभिप्रेत अर्थ (मूर्खता) को प्रकाशन का निश्चित प्रयोजन भी है—राम की मूर्खता को प्रभावशाली ढंग से व्यक्त करना। यह अर्थ जिस शक्ति से प्रकाशित हुआ, यही लक्षणा है।

इस विश्लेषण से स्पष्ट होता है कि लक्षणा की सिद्धि के लिए तीन शर्तें हैं। आचार्यों ने उन्हें लक्षणा के निमित्त के रूप में विवेचित किया है। यथा—

(क) मुख्यार्थ (अभिधा से प्राप्त) का बाधित होना
(ख) तद्‌योग (मुख्यार्थ योग) = मुख्यार्थ एवं अभिप्रेत अर्थ का सम्बन्ध, एवं
(ग) उक्त सम्बन्ध हेतु किसी **'रूढ़ि'** या **'प्रयोजन'** का होना।

लक्षणा के प्रकार—ऊपर लक्षणा की तीन शर्तें बतायी गयीं। अपनी **तीसरी शर्त के अनुसार** लक्षणा दो प्रकार की होती हैं—**रूढ़ि लक्षणा** और **प्रयोजनवती लक्षणा**। प्रथम का कोई उपभेद नहीं होता। द्वितीय के कई भेद-प्रभेद होते हैं।

आगामी तालिका द्वारा लक्षणा के प्रमुख भेदों को स्पष्ट किया जाता है। यथा–

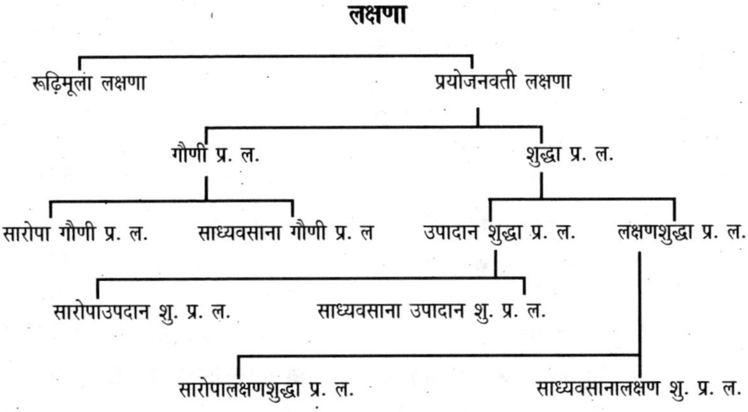

प्रयोजनवती लक्षणा सादृश्य और सादृश्यतेर सम्बन्धों के आधार पर गौणी और शुद्धा, दो प्रकार की होती है एवं उनके भी कई उपभेद होते हैं। आगे प्रत्येक का सोदाहरण वर्णन किया जाता है।

1. रूढ़िमूला लक्षणा

मुख्यार्थ के बाधित होने पर जहाँ अभिप्रेत अर्थ किसी रूढ़ि (लोकप्रसिद्धि) के कारण लक्षित होता है, वहाँ रूढ़िमूला लक्षणा होती है।

कभी-कभी आपका वैसे व्यक्ति से पाला पड़ जाता है, जो बहुधा व्यर्थ की बातें किया करता है। वैसी स्थिति में आप कह उठते हैं–'मुँह में ताला लगाओ'। यह सिद्ध है कि मुँह में ताला नहीं लगाया जा सकता, पर वह व्यक्ति आपके कहने का अभिप्रेत अर्थ 'चुप रहना', 'बकवास नहीं करना' समझ लेता है और आगे बोलना बन्द कर देता है। यहाँ (ताला नामक वस्तु विशेष) की बाधा स्पष्ट है। साथ ही अभिप्रेत अर्थ यानी लक्ष्यार्थ (चुप रहना) का मुख्यार्थ से सम्बन्ध भी बना है। यह अर्थ 'रूढ़ि' के कारण प्रगट हुआ है। पूर्व उदाहरण **'राम गदहा है'** अथवा **'पंजाब लड़ाका है'**, **'मगध साहसी है'** जैसे वाक्य भी इसी के उदाहरण हैं। कतिपय अन्य उदाहरण–

क. दृग उदझत टूटत कुटुम, जुरत चतुर चित प्रीति।
परति गाँठ दुरजन हिये, दई नई यह रीति।। –बिहारी

ख. **हाथ** जो / **चट्टान** को / तोड़े नहीं / वह टूट जाए। —केदारनाथ अग्रवाल

ग. उन हिंसक हुंकारों से, नतमस्तक आज **कलिंग** हुआ। —प्रसाद

घ. हैं कुपथ पर पाँव मेरे, आज **दुनिया** की नजर में। —बच्चन

रूढ़िमूला लक्षणा पर विचारने के क्रम में साहित्यिकों ने स्पष्ट किया है कि जो लक्षणाएँ आज रूढ़िमूला कही जाती हैं, वे भी कभी प्रयोजनवर्ती ही थीं। लोकप्रसिद्धि के कारण वे किसी विशेष अर्थ में धीरे-धीरे रूढ़ हो गयी हैं। आरम्भ में उनके अर्थों में भी प्रयोजन हो निहित था, पर कालान्तर में वे प्रयोजन समाप्त होकर रूढ़ि में परिणत हो गये।

2. प्रयोजनवती लक्षणा

मुख्यार्थ के बाधित होने पर जहाँ अभिप्रेत अर्थ किसी प्रयोजन के कारण लक्षित होता है, वहाँ प्रयोजनवती लक्षणा होती है।

प्रयोजनवती लक्षणा में मुख्यार्थ की बाधा होने पर लक्ष्यार्थ की प्रतीति के लिए किसी-न-किसी प्रयोजन (उद्देश्य) का होना आवश्यक है। मुख्यार्थ और लक्ष्यार्थ के सम्बन्ध—सादृश्य और सादृश्येतर सम्बन्ध—के आधार पर इसके दो भेद होते हैं—**गौणी** और **शुद्धा**।

3. गौणी प्रयोजनवती लक्षणा

मुख्यार्थ के बाधित होने पर लक्ष्यार्थ का ग्रहण जहाँ सादृश्य सम्बन्ध के आधार पर होता है, वहाँ गौणी प्रयोजनवती लक्षणा होती है।

गौणी से तात्पर्य है गुण-सादृश्य से। इसमें मूल बात है सादृश्य सम्बन्ध का होना। सादृश्य सम्बन्ध समान रूप, गुण, क्रिया या धर्म पर आधारित होता है। यथा—'चन्द्रमुखी जा रही है' जैसा कथन करने पर जो अर्थ प्रगट होता है, उसका आधार सादृश्य सम्बन्ध ही है। इसी प्रकार—

बीती विभावरी जाग री।
अम्बर-पनघट में डुबो रही **तारा-घट ऊषा नागरी**। —प्रसाद

यहाँ 'अम्बर-पनघट' 'तारा-घट' और 'ऊषा-नागरी' में सादृश्य सम्बन्ध है जिससे यहाँ प्रयोजनवती गौणी लक्षणा है। इस रूप में उपस्थित किये जाने का प्रयोजन है—उपमेय की सौन्दर्यवृद्धि। ये उदाहरण भी देखे जा सकते हैं। यथा—

क. उदित **उदयगिरी मंच** पर, **रघुवर बाल पतंग**।
बिकसे **संत सरोज** सब, हरषे **लोचन भृंग**।। —तुलसी

ख. पग पग मग अगमन परति, चरण अरुण दुति झूलि।
ठौर ठौर लखियत उठे, **दुपहरिया से फूलि**।। —बिहारी।

उपमेय-उपमान में आरोप और अध्यवसान के आधार पर इसके दो भेद मान्य हैं—**सारोपा गौणी** लक्षणा और **साध्यवसाना गौणी लक्षणा**। इनका आगे यथास्थान निरूपण किया जायेगा।

4. शुद्धा प्रयोजनवती लक्षणा

मुख्यार्थ के बाधित होने पर लक्ष्यार्थ का ग्रहण जहाँ सादृश्येतर सम्बन्ध के आधार पर होता है, वहाँ शुद्धा प्रयोजनवती लक्षणा होती है।

सम्बन्ध कई प्रकार के होते हैं। यथा—सादृश्य, सामीप्य, तात्कर्म्य, अंगांगि, आधाराधेय, कार्यकारण, वैपरीत्य इत्यादि। इनमें से प्रथम (सादृश्य) के अतिरिक्त शेष सम्बन्धों के आधार पर लक्ष्यार्थ का ग्रहण होने से लक्षणा शुद्धा होती है। इसके आवश्यक उदाहरण अग्रांकित हैं। यथा—

1. सामीप्य सम्बन्ध : क. **'गंगा पर गाँव है'**—यहाँ मुख्यार्थ (गंगा-प्रवाह) से लक्ष्यार्थ (गंगा-तट) का सामीप्य सम्बन्ध है।

ख. अबला जीवन हाय तुम्हारी यही कहानी।
आँचल में है दूध और आँखों में पानी।। —गुप्त जी

यहाँ (ख) 'आँचल' में 'दूध' का होना कथित है, जो असम्भव है। अतः मुख्यार्थ की बाधा स्पष्ट है। सामीप्य सम्बन्ध से 'आँचल' से 'वक्षोज' अभिप्रेत है जिसका प्रयोजन है मातृत्वभाव को प्रकाशित करना। अस्तु, यहाँ प्रयोजनवती शुद्धा लक्षणा है।

2. तात्कर्म्य सम्बन्ध : क. यहाँ **चपरासी ही प्राचार्य है**।
ख. आँसुओं का कोश डर, **दृग अश्रु की टकसाल**। — महादेवी
ग. पितु सुरपुर सियराम लषन वन मुनिव्रत भरत गह्यौ।
हौं रहि **घर मसान-पावक** अब मरिबोई मृतक दह्यौ।। —तुलसी

3. अंगांगि सम्बन्ध : क. राखी सजी पर **कलाई** नहीं है। (भाई के अर्थ में)
ख. मेरा निर्वाह तो अब इन्हीं **चरणों** में होगा (पति के अर्थ में)

4. आधाराधेय सम्बन्ध : क. सारा गाँव तमाशा देखता रहा। (गाँव के निवासी के अर्थ में)

ख. रोता है **राजगृह** आज उसी शोक में। —रघुवीर

ग. हे लाज भरे **सौन्दर्य**! बता दो मौन बने रहते हो क्यों? —प्रसाद

5. कार्य-कारण सम्बन्ध : क. **संगति** ही ज्ञान है। (विद्वन्मण्डली की संगति)।

ख. **पैसा** ही सुख है। (पैसे के द्वारा प्राप्त किये जाने वाले सुख के साधन)।

ग. **नैट** ही विजय है। (नैट विमान द्वारा प्राप्त विजय)।

6. धार्य-धारक सम्बन्ध : क. रिक्शा आ गया। (रिक्शाचालक रिक्शा लेकर आ गया)।

ख. **टैंक** बढ़ते चले आ रहे हैं।

ग. **किताबें** आ रही हैं।

7. वैपरीत्य सम्बन्ध : विश्वासघाती मित्र के प्रति कथन—'मित्र! तुम्हारे **उपकार** से मेरा भला तो हुआ, पर तुम्हारी **सज्जनता** भी छिपी न रही।' इसमें वक्ता के उद्देश्य एवं मुख्यार्थ पर ध्यान से स्पष्ट है कि '**उपकार**', 'भला' और '**सज्जनता**' से अभिप्रेत अर्थ 'अपकार', 'बुरा' और 'दुर्जनता' की प्रकट होता है, जो मुख्यार्थ के सर्वथा विपरीत है। आचार्यों ने लक्षणों में 'तद्योग' (मुख्यार्थयोग) शब्द से इन सम्बन्धों की ओर ही संकेत यो किया है। भर्तृमित्र ने 'तद्योग' (मुख्यार्थयोग) के पाँच भेद ही स्वीकार किये हैं।[1] किन्तु यह उससे अधिक भी हो सकता है। यह उपर्युक्त विवेचन से स्वतः सिद्ध है।

शुद्धा प्रयोजनवती लक्षणा दो प्रकार की होती है—उपादान लक्षणा और **लक्षण लक्षणा**। पुनः इसके उपभेद भी होते हैं।

5. उपादान लक्षणा

जहाँ लक्ष्यार्थ की संगति के लिए उसके अंगरूप में मुख्यार्थ भी बना रहता है, बहाँ शुद्धा उपादान लक्षणा होती है।

इसमें लक्ष्यार्थ के साथ-साथ वाच्यार्थ (मुख्यार्थ) भी बना रहता है। इसीलिए इसे '**अजहत्स्वार्था**' भी कहते हैं। संस्कृत के आचार्यों ने 'काकेभ्यो दधि रक्ष्यताम्' का उदाहरण रखा है। इसमें 'काकेभ्यः' पद का अर्थ 'कौए आदि', ऐसा मानना पड़ता है। इसी प्रकार—'**देखो! कहीं बिल्ली दूध पी न जाये**' में 'बिल्ली' आदि दूध पीने वाले अन्य जीव कुत्ते आदि? का भाव तो छिपा है ही, 'बिल्ली' का

मुख्यार्थ भी बना रहता है। अन्य जीवों का ग्रहण यहाँ **तात्कर्म्य सम्बन्ध** से होता है। अस्तु, यहाँ शुद्धा उपादान (अजहत्स्वार्था) लक्षणा है। इसी प्रकार—

1. **कलम** उठी **कविता** लिखने को। —दिनकर
2. जब हुई हुकूमत आँखों पर, जन्मी चुपके मैं आहों में।
   कोड़ों की खाकर मार पली, पीड़ित की दबी कराहों में। —दिनकर

6. लक्षण लक्षणा

जहाँ लक्ष्यार्थ की सिद्धि के लिए मुख्यार्थ अपना अर्थ पूरी तरह छोड़ दे, वहाँ लक्षण लक्षणा होती है।

मुख्यार्थ के बाधित होने पर इसमें सादृश्येत्तर सम्बन्धों के आधार पर लक्ष्यार्थ स्फुटित होता है। लक्ष्यार्थ के स्फुटित होते ही मुख्यार्थ उससे अपना पूर्ण सम्बन्ध छुड़ा लेता है। इसीलिए इसे **'जहत्स्वार्था'** भी कहते हैं। यथा, 'आप तो पूरे **पण्डित**' हैं में 'पण्डित' का मुख्यार्थ 'ज्ञानी' पूरी तरह समाप्त हो जाता है एवं उससे सर्वथा विपरीत अर्थ 'मूर्ख' ही ग्रहण किया जाता है। इस प्रकार यहाँ मुख्यार्थ का तिरस्कार-सा है जिसके मूल में है—सम्बन्ध वैपरीत्य। इसी प्रकार—

1. मोहिं दीन्ह **सुख सुजस सुराजू, कीन्ह कैकेयी सब कर काजू।**
   एहि ते मोर कहा अब नीका, तेहि पर दैन चहहु तुम टीका।। – तुलसी
2. मैंने चाहे कुछ इसमें विष अपना डाल दिया हो।
   रस है यदि तो वह तेरे **चरणों की जूठन** है। —माखनलाल चतुर्वेदी

ऊपर प्रयोजनवती शुद्धा लक्षणा के दो भेदों का सोदाहरण विवेचन किया गया। **आरोप** और **अध्यवसान** के कारण उनके दो-दो भेद और होते हैं—**सारोपा और साध्यवसाना। साथ ही प्रयोजनवती गौणी लक्षणा के भी ये दोनों** (सारोपा और साध्यवसाना) भेद होते हैं। इस प्रकार **प्रयोजनवती लक्षणा कुल छह प्रकार** की होती है। इनके विवेचन के पूर्व सारोपा लक्षणा और साध्यवसाना लक्षणा को समझ लेना आवश्यक है। यथा—

सारोपा लक्षणा

जहाँ आरोपभाव रहने पर भी आरोपविषय (उपमेय) और आरोप्यमान (उपमान) पूर्णतः स्पष्ट रहते हैं, वहाँ सारोपा लक्षणा होती है।

सारोपा का अर्थ है आरोप के साथ। आरोप का अर्थ है एक वस्तु में दूसरी वस्तु का अभेद ज्ञापन। जिस वस्तु पर आरोप किया जाता है वह होता है–विषय या '**आरोपविषय**' एवं जिस वस्तु का आरोप किया जाता है, वह होता है '**आरोप्यमान**'। आरोप की स्थिति दो प्रकार की होती है–प्रथम स्थिति में आरोपविषय और आरोप्यमान पूरी तरह स्पष्ट रहते हैं। यथा, 'मुख-चन्द्र'। रूपक अलंकार में भी यही स्थिति होती है। इसीलिए **सारोपा लक्षणा रूपक अलंकार का बीज कही गयी है।** दूसरी स्थिति होती है रूपकातिशयोक्ति अलंकार वाली जिसमें केवल आरोप्यमान ही वाच्य रहता है, आरोपविषय नहीं। इस विवेचन से स्पष्ट है कि **सारोपा लक्षणा तीन प्रकार** की होती है–1. सारोपा गौणी, 2. सारोपा शुद्धा उपादान और 3. सारोपा शुद्धा लक्षण लक्षणा। यथा–

1. सारोपा गौणी लक्षणा

मुख्यार्थ के बाधित होने पर जहाँ आरोपविषय एवं आरोप्यमान के स्पष्ट कथन द्वारा सादृश्य सम्बन्ध के आधार पर लक्ष्यार्थ की प्रतीति हो, वहाँ सारोपा गौणी लक्षणा होती है। यथा–

स्वर्ण-किरण-कल्लोलों पर बहता रे बालक मन। –निराला

यहाँ सुनहली किरणों (स्वर्ण-किरण) पर चमकती लहरों (कल्लोलों) का आरोप सादृश्य सम्बन्ध के आधार पर हुआ है। इसी प्रकार–

व्योम-सर में हो उठा विकसित **अरुण आलोक शतदल**। –दिनकर

2. सारोपा शुद्धा उपादान लक्षणा

मुख्यार्थ के बाधित होने पर जहाँ आरोपविषय और आरोप्यमान के स्पष्ट कथन द्वारा सादृश्येतर सम्बन्धों से लक्ष्यार्थ की प्रतीति हो एवं मुख्यार्थ की स्थिति भी बनी रहे, वहाँ सारोपाशुद्धा-उपादान लक्षणा होती है। यथा–

स्वर्गलोक की **तुम अप्सरि** थी, थी वैभव में पली हुई। –प्रेमी

यहाँ 'तुम' में 'अप्सरि' का आरोप, तात्कर्म्य सम्बन्ध (गुण सम्बन्ध भी हो सकता है) होने के कारण लक्षणा शुद्धा; आरोपविषय और आरोप्यमान को वाच्यता के कारण सारोपा और लक्ष्यार्थ के साथ मुख्यार्थ का भी बना होने के कारण उपादान है। अस्तु, यहाँ सारोपाशुद्धा उपादान लक्षणा है। इसी प्रकार–

नव अपांग-शर-हत व्याकुल उर। –निराला

3. सारोपा शुद्धा लक्षण लक्षणा

मुख्यार्थ के बाधित होने पर आरोपविषय और आरोप्यमान के स्पष्ट कथन द्वारा सादृश्येतर सम्बन्धों से जहाँ लक्ष्यार्थ की प्रतीति एवं मुख्यार्थ का पूर्ण परित्याग हो, वहाँ सारोपा शुद्धा लक्षण लक्षणा होती है। यथा–

आज **भुजंगों से बैठे हैं,** वे कंचन के घड़े दबाये।
विनय हार कर कहती है, **ये विषधर** हटते नहीं हटाये।। –प्रेमी

यहाँ 'भुजंग' और 'विषधर' (उपमान) में कंचन से पूर्ण घट दबाने वाले 'वे' और 'ये' यानी पूँजीपति (उपमेय) का आरोप है जिसका आधार है तात्कर्म्य सम्बन्ध (काटना, डँसना, कष्ट देना)। लक्ष्यार्थ के स्फुटित होते ही मुख्यार्थ (साँप) की यहाँ पूर्ण समाप्ति हो जाती है। अस्तु, यहाँ सारोपा शुद्धा लक्षणा लक्षण है। इसी प्रकार–

क. अनियारे दीरघ नयनि, किती न तरुनि समान।
वह चितवनि और कछु, जिहि बस होत सुजान।। –बिहारी
ख. तृष्णा-साँपिनी काहि न खाया, को जग जाहि न व्यापी माया।–तुलसी

यहाँ प्रथम उदाहरण में सामान्य-विशेष सम्बन्ध है और द्वितीय में तात्कर्म्य सम्बन्ध।

साध्यवसाना लक्षणा

मुख्यार्थ के बाधित होने पर जहाँ आरोप स्पष्ट (वाच्य) नहीं होता, वहाँ साध्यवसाना लक्षणा होती है।

इसमें आरोपविषय (उपमेय) को आरोप्यमान (उपमान) पूर्णतः निगीर्ण कर लेता है। यहाँ केवल आरोप्यमान ही स्पष्टतः कथित (वाच्य) होता है। आचार्यों ने इस **रूपकातिशयाक्ति** का **बीज कहा है**। यह भी तीन प्रकार की होती है– 1. साध्यवसाना गौणी, 2. साध्यवसाना शुद्धाउपादान और 3. साध्यवसाना शुद्धा लक्षण लक्षणा।

1. साध्यवसाना गौणी लक्षणा

मुख्यार्थ के बाधित होने पर जहाँ सादृश्य सम्बन्ध के कारण आरोप्यमान द्वारा लक्ष्यार्थ की प्रतीति हो, वहाँ साध्यवसाना गौणी लक्षणा होगी। यथा–

क. बाँधा है **विधु** को किसने, इन काली जंजीरों से।
मणि वाले फणियों का मुख, क्यों भरा हुआ हीरों से। –प्रसाद

ख. विद्रुम **सीपी सम्पुट** में मोती के दाने कैसे!
है हंस न शुक यह फिर क्यों चुगने को मुक्ता कैसे? —प्रसाद

2. साध्यवसाना शुद्धा उपादान लक्षणा

मुख्यार्थ के बाधित होने पर जहाँ सादृश्येतर सम्बन्धों से केवल आरोप्यमान द्वारा लक्ष्यार्थ की प्रतीति हो एवं मुख्यार्थ की स्थिति भी बनी रहे, वहाँ साध्यवसाना शुद्धा उपादान लक्षणा होती है। यथा—

अरी हृदय को थाम, **महल** के लिए **झोपड़ी** बलि होती है। —दिनकर

यहाँ 'महल' और 'झोपड़ी' में क्रमशः 'अमीर' और 'गरीब' का अध्यवसान हुआ है। आरोप का आधार है सामीप्य सम्बन्ध। पुनः लक्ष्यार्थ (महल के निवासी और झोपड़ी के निवासी) के साथ ही मुख्यार्थ (महल और झोपड़ी) की उपस्थिति भी बनी रहती है। अस्तु, यहाँ साध्यवसाना शुद्धा उपादान लक्षणा है। इसी प्रकार—

उठती है नग्न **तलवार** जब स्वतन्त्रता की। —निराला

3. साध्यवसाना शुद्धा लक्षणलक्षणा

मुख्यार्थ के बाधित होने पर जहाँ सादृश्येतर सम्बन्धों से केवल आरोप्यमान के कथन द्वारा लक्ष्यार्थ की प्रतीति एवं मुख्यार्थ का पूर्ण परित्याग हो, वहाँ साध्यवसाना शुद्धा लक्षण लक्षणा होती है। यथा—

क. **झंझा** झकोर गर्जन था, **बिजली** थी नीरदमाला।
पाकर इस शून्य हृदय को, आ सबने डेरा डाला।। —प्रसाद

ख. सहता गया **जिगर के टुकड़ों**
का बल हाँ, पाया! —माखनलाल चतुर्वेदी

लक्षणा के उपर्युक्त विवेचित प्रकार ही प्रमुख हैं। कई आचार्यों ने इसके अन्य भेदोपभेदों की कल्पनाएँ की हैं। इस दृष्टि से **'अगूढ़व्यंग्या'** एवं **'गूढ़व्यंग्या'** के नाम ज्यादा लिए गये हैं। पं. विश्वनाथ ने तो लक्षणा के अस्सी भेद तक किये हैं। वस्तुतः उसे अतिवादी दृष्टि मानना ही व्यावहारिक होगा। मम्मट ने स्वीकार किया है कि लक्षणा का प्रयोजन व्यंग्य अर्थात् ध्वनि है। व्यंग्य के अभाव में लक्षणा निरूढ़ होगी जिसे अभिधा की परिधि में समेटना होगा। प्रयोजनवती लक्षणा व्यंग्ययुक्त तो होती ही है, उसका प्रयोजन गूढ़ और अगूढ़ दोनों होता है। गूढ़ता ऐसी अवश्य हो कि वह सहृदयग्राह्य बने। अस्तु, प्रयोजन के आधार पर लक्षणा-भेद को निम्नांकित रूप में उपस्थित किया जायेगा। यथा—

लक्षणा

- रूढ़िमूला ल. (व्यंग्य रहित)
- प्रयोजनवती लं. (व्यंग्य सहित)
  - गूढ़व्यंग्या प्र. ल.
  - अगूढ़व्यंग्या प्र. ल.

इनके अलग से उदाहरण प्रस्तुत करने की आवश्यकता नहीं। ऊपर के विवेचन में इनके कई उदाहरण आ गये हैं।

3. व्यंजना

अपने-अपने अर्थ का बोध करा कर 'अभिधा' एवं 'लक्षणा' के विरत हो जाने पर जिस शक्ति द्वारा अभिप्रेत अर्थ (व्यंग्यार्थ) का बोध होता है, उसे व्यंजना शक्ति कहते हैं।

व्यंजना (वि + अंजन + आ) का अर्थ है—विशेष प्रकार के अंजन से युक्त। अंजन का कार्य है दृष्टिदोष को दूर कर आँखों को निर्मल बनाना। व्यंजना शक्ति भी वैसा ही कार्य करती है। यह शब्द के वाच्यार्थ एवं लक्ष्यार्थ (एवं तात्पर्यार्थ) को छोड़ कर उसमें अन्तर्निहित अकथित किन्तु अभिप्रेत अर्थ को घोतित कराती है। पूर्व पृष्ठों में व्यंग्यार्थ के स्पष्टीकरण के क्रम में **'घण्टी बज गयी'**, वाक्य का विश्लेषण हुआ है। ध्यातव्य है कि मात्र तीन शब्दों के इस वाक्य में 'छुट्टी होना', 'वर्ग बदलना', 'वर्ग छोड़ना', 'वर्ग में जाना', 'खल्ली पहुँचाना', 'निरीक्षण करना' आदि अनेक अर्थों की गुंजाइश कहाँ से हुई। ये सभी अर्थ न तो साक्षात् संकेतित हैं और न लक्षित ही। अभिधा और लक्षणा दोनों शक्तियाँ यहाँ विरत हो गयी हैं। उन शक्तियों से ये अर्थ-बोध नहीं होता। अर्थ-बोध विषयक सामान्य नियम है—**शब्दबुद्धिकर्मणां विरम्य व्यापाराभावः**। इस नियम से अभिधा वाच्यार्थ तक, लक्षणा लक्ष्यार्थ तक एवं तात्पर्या अन्वय तक ही सीमित है। अर्थ की प्रतीति यदि इनकी सीमाओं का अतिक्रमण करने पर होती है तो स्पष्टतः यह व्यंजना-व्यापार का परिणाम है। उपर्युक्त वाक्य में वाच्यार्थ से काम नहीं चलता। अर्थ लक्षित भी नहीं होता। कारण, लक्षणा की पहली शर्त है—मुख्यार्थ की बाधा, सो 'घण्टी' का मुख्यार्थ, जो थाली की तरह गोलाकार पदार्थ है, तो बजी ही है। अतः किसी प्रकार की बाधा भी नहीं है। अस्तु, उस वाक्य, से निकलने वाले अर्थ न तो वाच्य हैं और न लक्ष्य, पर सन्दर्भ विशेष से निकलनेवाले वे सभी अर्थ प्रतीयमान या व्यंग्य है। यह करामात व्यंजना शक्ति की है जिससे अभीष्टार्थ की प्राप्ति हुई है।

संस्कृत के आचार्यों को **'गंगायां घोषः'** (गंगा पर अहीरों की बस्ती) का

उदाहरण अधिक प्रिय रहा है। इस वाक्य में 'गंगायां' का अर्थ 'गंगा-प्रवाह' नहीं 'गंगा-तट' करना आवश्यक हो जाता है। गंगा-प्रवाह पर बस्ती हो नहीं सकती, अतः यहाँ मुख्यार्थ उपपन्न नहीं होता। इसलिए सामीप्य सम्बन्ध से 'गंगा-तट' अर्थग्रहण होगा, किन्तु इतने से काम नहीं चलता। यदि इतने ही काम चलाना होता तो वक्ता सीधे 'गंगातटे घोषः' भी कह सकता था। फिर 'गंगायां घोषः' कहने की क्या आवश्यकता थी? निश्चय ही उसका भी कोई विशेष प्रयोजन अवश्य होगा। वह प्रयोजन है (गंगा-तट पर बसे गाँव के) अहीरों के पावनत्वादि को सूचित करना। निवासियों की चारित्रिक पवित्रता, शुद्धता, उज्ज्वलता, भव्यता, सततप्रगतिशीलता, पास-पड़ोस के ग्रामीणों के मन में उनके प्रति आदर भाव इत्यादि का इससे सहज ही संकेत हो उठता है। इस अभीष्ट अर्थ की प्राप्ति जिस शक्ति से होती है, वही है 'व्यंजना'। व्यंजना-शक्ति का सहारा तभी लिया जाता है जब अभीष्ट अर्थद्योतन में अभिधा और लक्षणा असमर्थ हो जाती है। अर्थात् **अभिधेयार्थ स्पष्टतः कथित (वाच्य) होता है, लक्ष्यार्थ लक्षित होता है या सूचित कराया जाता है, पर व्यंग्यार्थ ध्वनित होता है।** यह अकथित अथवा अलक्षित होने पर भी भावक (मम्मट के शब्दों में प्रतिभाजुष्) द्वारा समझ अवश्य लिया जाता है।

अभिधा और लक्षणा मात्र शब्दाश्रित होती है, पर व्यंजना शब्दाश्रित और अर्थाश्रित दोनों। अर्थ की व्यंजकता मात्र व्यंजना में ही हो सकती है। तात्पर्य यह कि वाच्यार्थ, लक्ष्यार्थ और कभी-कभी व्यंग्यार्थ भी—तीनों व्यंजना का कार्य सम्पन्न कराते हैं। कभी-कभी तो एक व्यंग्यार्थ दूसरे व्यंग्यार्थ की एवं दूसरा तीसरे व्यंग्यार्थ की व्यंजना कराता है। इसके अनेक भेद-प्रभेद स्वीकृत हैं। आगामी तालिका में व्यंजना के प्रमुख भेदों को उपस्थित किया जाता है। यथा—

व्यंजना

- शाब्दी व्यंजना
  - अभिधामूला शा.
  - लक्षणामूला शा.
- आर्थी व्यंजना
  - वाच्यसंभवा आ.
  - लक्ष्य संभवा आ.
  - व्यंग्या संभवा आ.

इनका आवश्यक विवेचन आगे किया जाता है।

1. अभिधामूला शाब्दी व्यंजना

अनेकार्थक शब्दों का संयोगादि से प्रकृतोपयोगी एकार्थ निश्चय हो जाने पर जिस शक्ति द्वारा अभीष्ट अर्थ (व्यंग्यार्थ) ध्वनित होता है, उसे अभिधामूला शाब्दी व्यंजना कहते हैं।

शाब्दी व्यंजना शब्दों पर आधारित होती है। कभी-कभी शब्द अनेकार्थक होते हैं। वैसी स्थिति में एक ही शब्द के अनेक साक्षात् संकेतित् अर्थ होते हैं। उन अर्थों में से वक्ता आदि से सम्बन्धित अथवा प्रसंगानुसार अनुकूल अर्थ (प्रकृतोपयोगी एकार्थ) निश्चित कर लिया जाता है। वही अभीष्ट अर्थ 'व्यंग्यार्थ' होता है। अनेकार्थक शब्दों को प्रकृतोपयोगी एकार्थ में नियंत्रित करने के लिए कुल चौदह तरीके बताये हैं–1. संयोग, 2. असंयोग, 3. साहचर्य, 4. विरोध, 5. प्रयोजन, 6. प्रकरण, 7. लिंग, 8. अन्यसन्निधि, 9. सामर्थ्य, 10. औचित्य, 11. देश, 12. काल, 13. व्यक्ति और 14. स्वर।

इनमें से अंतिम 'स्वर' का विचार मात्र वेदों में किया जाता है, लौकिक काव्यों में नहीं। इनमें से कुछ के उदाहरण आगे रखे जाते हैं। यथा–

क. संयोग : 1. **परशुराम** बोले, शिव! शिव! तूने की यह मूर्खता बड़ी।

–दिनकर

2. **शंख-चक्र** लेकर हरि कर में, राज रहे थे आगे। –समदर्शी

यहाँ अनेकार्थक शब्द 'राम' (परशुराम, बलराम, दाशरथि राम) का 'परशु' और 'हरि' (विष्णु, सूर्य, सिंह, बन्दर आदि) का 'शंख-चक्र' के संयोग से प्रकृति के अनुकूल अर्थ (परशुराम एवं विष्णु) नियत किया गया है।

ख. असंयोग : 1. नहीं शोभा पाती है **नग** बिन, सोने की वह कान्त **मुद्रिका**।

–समदर्शी

2. सोहत **नाग न मद** बिना, **तान** बिना नहिं **राग**। –काव्यशास्त्र

यहाँ 'नग', (नगीना, पर्वत, संख्या आदि), 'नाग' (सर्प, हाथी, बादल, पुन्नाग आदि) और 'तान' (स्वर का विस्तार, खिंचाव, सूत्र, ज्ञान का विषय आदि) अनेकार्थक शब्द हैं जिनसे यहाँ क्रमशः 'नगीना', 'हाथी' और 'स्वर की विस्तार' ही अभिप्रेत अर्थ है। इन अर्थों का बोध निषेधात्मक अभिव्यक्ति एवं 'मुद्रिका', 'मद' और 'राग' के कारण होता है।

ग. साहचर्य : 1. **कृष्णार्जुन** ने किया वहाँ तक मोद भरा संलाप। –समदर्शी

2. करो नमन **बेनीमाधव** को, दुख से मुक्ति पाओ।

यहाँ प्रथम उदाहरण में 'कृष्ण' के साहचर्य से 'अर्जुन' (पाण्डुपुत्र) और द्वितीय में 'बेनी' के साहचर्य से 'माधव' (विष्णु) अभिप्रेत अभिप्रेत अर्थ लक्षित होता है।

घ. विरोध : 1. राहु ग्रस्यो **द्विजराज**।

2. **भार्गवार्जुन** में संग्राम हुआ।

यहाँ प्रथम उदाहरण में 'द्विजराज' का अभिप्रेत अर्थ 'चन्द्रमा' और द्वितीय में 'अर्जुन' का अभिप्रेत अर्थ 'कार्तवीर्य सहस्रर्जुन' होगा—ये सुप्रसिद्ध विरोधी हैं।

ङ प्रयोजन : 1. **पय** बिन पान न होत सरस है।
2. संसार-मुक्ति हेतु क्यों **स्थाणु** को भजते नहीं?

प्रयोजन का तात्पर्य है 'अर्थ' या 'उद्देश्य'। यहाँ 'पय' (दूध, जल) का अर्थ 'जल' और 'स्थाणु' (शिव, ठूँठ) का अर्थ 'शिव' प्रयोजन से निश्चित होता है। इनका क्रमशः 'दूध' और 'ठूँठ' अर्थ यहाँ नहीं किया जा सकता। वैसी स्थिति में अर्थसिद्धि नहीं होगी।

च. प्रकरण : 1. वृक्ष जानिये **दल** झरै, दल साजै नृप जानि।
2. चातक की चकित पुकारें, **श्यामा-ध्वनि** सरस रसीली।
—प्रसाद

प्रथम उदाहरण में वृक्ष के प्रकरण में 'दल' का अर्थ 'पत्ता' और नृप के प्रकरण में 'सेना' होगा। वैसे ही द्वितीय उदाहरण में 'श्यामा' का अर्थ 'कोयल' ही होगा (स्त्री, रात्रि, वसंत आदि नहीं)

छ. लिंग : लिंग का तात्पर्य किसी 'लक्षण', 'चिह्न', 'धर्म', व्याकरणिक नियम आदि से है। यथा—

1. कुशिकानन्दन के तप-तेज से, **सुमन** लज्जित दुर्मन हो उठे।
2. काहे को सोचति सखी, काहे होत बिहाल।
बुधि छल-बल करि राखि हैं, तेरी पति नव बाल।।"

यहाँ प्रथम उदाहरण में 'सुमन' (देवता, फूल) का अभिप्रेत अर्थ 'देवता' होगा, कारण 'दुर्मन' होना देवता का ही विशेष धर्म है, फूल का नहीं। द्वितीय उदाहरण में 'पति' (मर्यादा, स्वामी) का अभिप्रेत अर्थ 'मर्यादा' होगा, स्वामी नहीं।

ज. अन्यसंनिधि : इसका तात्पर्य किसी प्रसिद्ध पद से अर्थगत सम्बन्ध वाले पद की समीपता से है। यथा—

1. **विष** मय यह गोदावरी, अमृतन के फल देति। —केशव
2. मधुशाला में पीकर **मधु** सब झूम रहे थे।

यहाँ प्रथम उदाहरण में 'गोदावरी' (नदी) के सान्निध्य से 'विष' का अभिप्रेत अर्थ 'जल' ही ग्रहण किया जायेगा (जहर नहीं) एवं द्वितीय उदाहरण में 'मधुशाला' के सान्निध्य से 'मधु' का अभिप्रेत अर्थ 'मदिरा' ही होगा (शहद नहीं)।

झ. सामर्थ्य : 1. **ब्याल** वृक्ष तोरयो यहाँ।

2. **मधु** ने मुदित किया कोकिल को।

यहाँ प्रथम उदाहरण में 'ब्याल' का अभिप्रेत अर्थ है 'हाथी' (साँप नहीं) एवं द्वितीय में 'मधु' का अर्थ है 'बसंत' (शहद, मदिरा आदि नहीं)। कारण, वृक्ष को ताड़ने की सामर्थ्य हाथी में तो है, पर साँप में नहीं एवं कोयल को मुदित करने का सामर्थ्य वसंत में हो है, मदिरा आदि में नहीं।

ञ. औचित्य : 1. तरु पर **द्विज** बैठो उड़े, देख कपि सब साथ।

2. **हरि** के चढ़ते ही उड़े, डरकर **द्विजगण** साथ।

इन उदाहरणों में 'द्विज' का अभिप्रेत अर्थ 'पंछी' ही होगा, ब्राह्मण आदि नहीं। इसी प्रकार द्वितीय उदाहरण में प्रयुक्त 'हरि' का अभिप्रेत अर्थ 'हरि' नामक व्यक्ति विशेष अथवा 'बन्दर' ही होगा, विष्णु आदि नहीं।

ट. देश : देश का तात्पर्य है स्थान अथवा क्षेत्र विशेष की प्रकृति। अभिप्रेत अर्थ का निश्चय उक्त आधार पर ही किया जाता है। यथा–

1. ज्यों बिहरत **घनश्याम** नभ, त्यों बिहरत ब्रज राम।
2. 'मरु में **जीवन** दूरि है।'

यहाँ प्रथम उदाहरण में 'घनश्याम' का अर्थ देश (नभ) के कारण 'बादल' होगा एवं द्वितीय उदाहरण में 'जीवन' का अर्थ देश (मरु) के कारण 'पानी' होगा।

ठ. काल : काल से तात्पर्य है समय विशेष। यथा–

1. '**कुबलय** निशि फूल्यो'।
2. भीम **विभावसु** धधक रहा था, नैश ध्वान्त में। —समदर्शी

यहाँ प्रथम उदाहरण में 'कुबलय' का अर्थ काल (निशि) के कारण कोकाबेलि करना होगा, कमल नहीं। उसी प्रकार द्वितीय उदाहरण में 'विभावसु' का अर्थ अग्नि होगा, सूर्य नहीं।

ड. व्यक्ति : व्यक्ति का तात्पर्य स्त्रीलिंग-पुल्लिंगादि की सूचना से है। यथा–

1. ए री मेरी **बीर** जैसे जैसे इन आँखिन तैं,
   कढ़िगौ अबीर पै अहीर तो कढ़ै नहीं। —पद्माकर
2. र रे **बीर** पौन, तेरो सबै ओर गौन, वीरी
   तो सो और कौन, मनै ढरकौंहीं बानि दै। —घनानन्द

उपर्युक्त उदाहरणों में प्रयुक्त 'बीर' शब्द अनेकार्थक (योद्धा, भाई, पति,

सखी आदि) है, किन्तु प्रथम उदाहरण में 'वीर' स्त्रीलिंग में प्रयुक्त है और द्वितीय उदाहरण में पुल्लिंग में। अतः 'बीर' का प्रथम उदाहरण में अभिप्रेत अर्थ 'सखी', किन्तु द्वितीय उदाहरण में 'भाई' करना पड़ेगा।

उपर्युक्त उदाहरणों में विदित है कि अनेकार्थक शब्दों में प्रकृतोपयोगी एकार्थ का निश्चय करती है अभिधा शक्ति ही, पर उसके पश्चात् वह विरत हो जाती है और अभिप्रेत अर्थ को ध्वनित करती है व्यंजना शक्ति। अग्रांकित उदाहरण भी इसी (अभिधामूला शाब्दी व्यंजना) के ही हैं। यथा–

1. चिर जीवौ जोरी जुरै, क्यों न सनेह गँभीर।
को घटि में **वृषभानुजा**, वे **हलधर के बीर**।। – बिहारी

2. कुंज-भवनु तजि भवन कौ, चलियै नन्दकिसोर।
फूलति कलि गुलाब की, चटकाहट चहुँ ओर।। –बिहारी

यहाँ प्रथम उदाहरण में 'बृषभानुजा' और 'हलधर के बीर' का अभिधा से 'राधा' और 'कृष्ण' अर्थ निश्चित होता है जिससे ध्वन्यर्थ निकलता है कि यह जोड़ी एक दूसरे के लिए सर्वथा उपयुक्त है। द्वितीय उदाहरण में गुलाब की कली के खिलने की चटकाहट का अभिधा से 'सबेरा होने ही वाला है' अर्थ निश्चित होता है जिसका ध्वन्यर्थ है किं अब कुंजभवन से निकल कर घर चलना चाहिए।

अभिधामूला शाब्दी व्यंजना और श्लेष में भ्रम न हो इस हेतु यहाँ इतना ध्यान में रखना आवश्यक है कि प्रथम में अभिधा के विरत होने पर ही व्यंग्यार्थ ध्वनित होता है, पर दूसरे में सभी अर्थ प्रसंगानुसारी होने के कारण वाच्यार्थ ही होते हैं। साथ ही प्रथम में विशेष्य और विशेषण दोनों अनेकार्थक होते हैं, पर द्वितीय में केवल विशेष्य पद ही अनेकार्थक होता है।

2. लक्षणामूला शाब्दी व्यंजना

जिस प्रयोजन की सिद्धि के लिए लक्षणा का आश्रय लिया जाता है, उस प्रयोजन को व्यंजित करने वाली शक्ति लक्षणामूला शाब्दी व्यंजना कही जाती है।

यह व्यंजना शब्दाश्रित तो होती है, पर लक्षणामूला (अभिधामूला नहीं) भी होती है। लक्षणा की पहली शर्त है मुख्यार्थ की बाधा। मुख्यार्थ की बाधा के मूल में है, किसी प्रयोजन विशेष की सिद्धि; हेतु वक्ता द्वारा जान-बूझ कर वैसा कथन किया जाना। यथा, जब किसी से कोई कहता है–'**क्यों सिर खा रहे हो**?' तो उसे पूरी तरह पता होता है कि 'सिर' खाने की कोई वस्तु विशेष नहीं है। वैसा प्रयोग वह अपनी खीझ अथवा झुँझलाहट एवं उस व्यक्ति विशेष का अनावश्यक

रूप से बातूनी होने के स्वभाव को उजागर करने के लिए कहता है। 'सिर खाना' का यहाँ मुख्यार्थ बाधित हो गया है; मुख्यार्थ 'खाना' एवं लक्ष्यार्थ 'बकवास करना', इन दोनों में वैपरीत्य सम्बन्ध है एवं व्यक्ति विशेष के 'अनावश्यक रूप से बातूनी होने', 'बकवास करने' की प्रतीति कराना विशेष प्रयोजन है। अतः यहाँ लक्षणामूला शाब्दी व्यंजना है। अग्रांकित उदाहरण विचारणीय है। यथा–

फली सकल मन कामना, लूट्यौ अगणित चैन।
आजु अँचै हरि रूप सखि, भये प्रफुल्लित नैन।।

इस उद्धरण में 'फली', 'लूटयौ' और 'अँचै' का लक्षणा से अभिप्रेत अर्थ निकलता है जिससे व्यंग्यार्थ है कि आज मुझे हरि के दर्शन से बड़ा आनन्द मिला। ऊपर 'गंगायां गांवः' (गंगा पर गाँव) का उदाहरण विश्लेषित हुआ है। उक्त उदाहरण भी शब्दाश्रित प्रयोजनवती लक्षणामूला (लक्षणामूला शाब्दीव्यंजना) का ही है। **इस व्यंजना के उतने ही भेद स्वीकृत हैं जिनते प्रयोजनवती लक्षणा के।** उदाहरण के निमित्त भी प्रायः वे ही पद उपस्थित किये जाते हैं। आगे के उदाहरण देखे जा सकते हैं। यथा–

जल उठा **स्नेह दीपक**-सा, **नवनीत हृदय** था मेरा।
अब शेष **धूम-रेखा** से, चित्रित कर रहा चितेरा।। –प्रसाद

यहाँ प्रथम पंक्ति में सारोपा लक्षण-लक्षणा और द्वितीय पंक्ति में साध्यवसाना लक्षण-लक्षणा से विरह जन्य निराशा की अतिशयता व्यंग्य है। अस्तु, यहाँ लक्षणामूला शाब्दी व्यंजना है। इसी प्रकार

क. किस तापस की तपती हो तुम कन्या?
मदन भस्म से रचित कौन हो धन्या?
होम-शिखा-सम उजली कौन अनन्या? –इलाचन्द्र जोशी

ख. इस **हृदय-कमल** का घिरना, **अलि-अलकों** की उलझन में।
आँसू-मरन्द का गिरना, मिलना **निश्वास-पवन** में।। –प्रसाद

3. आर्थी-व्यंजना

वाक्य के सम्पूर्ण अर्थ में अन्तर्निहित व्यंग्यार्थ का बोध जिस शक्ति द्वारा वक्तादि की विशेषताओं के कारण होता है, उसे आर्थी व्यंजना कहते हैं।

पूर्व वर्णित अभिधामूला और लक्षणामूला व्यंजनाएँ शाब्दी हैं। कारण, अभिधा और लक्षणा दोनों शब्दवृत्तियाँ हैं। उन्हें शाब्दी कहने का महत्वपूर्ण कारण यह भी है कि उनमें शब्दों की परिवृत्ति नहीं हो सकती–**'शब्दस्य परिवृत्यसहत्वात्**

शब्दमूलकत्वेन व्यपदेशः' (नागेश भट्ट) अर्थात् प्रयुक्त मूल शब्द को हटाकर उनकी जगह पर्यायवाची शब्द रखे जाने पर व्यंग्यार्थ नष्ट हो जायेगा। उनमें मूल शब्दों का बदलाव हो ही नहीं सकता। उनके विपरीत आर्थी व्यंजना में शब्द-परिवृत्ति (शब्द का बदलाव) सम्भव है। इसमें पर्यायवाची शब्द रखे जाने पर व्यंजना नष्ट नहीं होती है। यानी आर्थी व्यंजना शब्द पर नहीं, वाक्य के पद्य के सम्पूर्ण अर्थ पर आश्रित होती है। **इसमें व्यंग्य आर्थ होता है, शाब्द नहीं।** इसमें व्यंग्यार्थ की प्रतीति निम्नांकित दस बातों पर निर्भर करती है–1. वक्ता, 2. श्रोता (बोधव्य), 3. वाक्य, 4. अन्यसन्निधि, 5. वक्तव्य,, 6. प्रकरण, 7. देश, 8. काल, 9. काकु (कंठस्वर) और 10. चेष्टा। इनके आधार पर आर्थी व्यंजना दस प्रकार की होती है। यहाँ एक उदाहरण विचारणीय है। यथा–

घाम घरीक निवारियै, कलित ललित अलिपुंज।
जमुना तीर तमाल तरु, मिलित मालती कुंज।। –बिहारी

यहाँ वक्तव्य (वाच्य)–वैशिष्टय से नायिका की रति-क्रीड़ा की अभिलाषा व्यंजित है। इसमें 'जमुना तीर' में देश-वैशिष्टय एवं 'घाम घरीक निवारियै' में काल-वैशिष्टय भी है, पर सम्पूर्ण दोहे में वक्तव्य-वैशिष्टय है। व्यंग्य शब्दाश्रित नहीं, अर्थाश्रित है, अतः व्यंजना आर्थी है।

चूँकि शब्दशक्ति की दृष्टि से अर्थ तीन प्रकार के (वाच्य, लक्ष्य और व्यंग्य) स्वीकृत हैं, इसलिए इस आधार पर **आर्थी व्यंजना के तीन अन्य प्रकार** भी स्वीकृत होते हैं–1. **वाच्यसंभवा**, 2. **लक्ष्यसंभवा** और 3. **व्यंग्यसंभवा**। उपर्युक्त कथित दस भेदों के ये तीन-तीन भेद अलग-अलग स्वीकार किये जाने पर आर्थी-व्यंजना कुल तीस प्रकारों की हो जाती है। यहाँ कतिपय उदाहरण प्रस्तुत किये जाते हैं। यथा–क. वक्ता (वक्तृवैशिष्टयोत्पन्न) की दृष्टि से :

वक्ता : वक्ता से तात्पर्य है कवि-कल्पित पात्र (व्यक्ति) या स्वयं कवि का कथन। इस विशिष्टता के कारण व्यंग्यार्थ की प्रतीति वाच्य, लक्ष्य या व्यंग्य, तीनों से होना सम्भव है। अतः वक्ता की विशिष्टता के कारण व्यंजना तीन प्रकार की होती है–वाच्यसंभवा, लक्ष्यसंभवा और व्यंग्यसंभवा।

1 वक्तृवैशिष्टयोत्पन्न वाच्यसम्भवा–

1. कनक कनक ते सौ गुणी, मादकता अधिकाय।
वा खाये बौराय नर, भा पाये बौराय।। –बिहारी

2. तंत्रीनाद कवित्तरस, सरस राग रतिरंग।
अनबूड़े बूड़े, तिरे जे बूड़े सब अंग।। —बिहारीं

प्रथम उदाहरण में व्यंग्यार्थ है—'धन पाकर सामान्य व्यक्ति पागल हो जाता है।' व्यंग्यार्थ दोहे के सम्पूर्ण अर्थ पर आश्रित होने के कारण 'आर्थी', वक्ता की विशिष्टता से प्रतिभासित होने के कारण 'वक्तृवैशिष्टयोत्पन्न' और वाच्यार्थ से ध्वनित होने के कारण 'वाच्यसम्भवा' है। द्वितीय उदाहरण में वाच्यार्थ से परस्पर विरोधी बातें प्रतिभासित होती हैं जिसका व्यंग्यार्थ है कि तंत्रीनाद आदि में आकण्ठ मग्न होने पर ही पूर्ण रसास्वादन होता है। अस्तु, इनमें वक्तृवैशिष्टयोत्पन्न वाच्यसंभवा आर्थी व्यंजना है।

2. वक्तृवैशिष्टयोत्पन्न लक्ष्यसम्भवा

1. कत सकुचत, निधरक फिरौ, रतियौ खोरि तुम्हें न।
कहा करौ जो जाइ ये, लगै लगौहैं नैन।—बिहारी
2. पावक झर तें मेह झर, दाहक दुसह बिसेषि।
दहै देह वाके परस, याहि टगन ही देखि।। —बिहारी

प्रथम उदाहरण में वाच्यार्थ है—'संकोच क्यों करते हो, निधड़क फिरा करो, तुम्हारा रत्ती भर भी दोष नहीं है। यदि ये लगौहैं (दूसरे के नेत्रों से लग जाने वाले) नैन कहीं लग जायें, तो तुम क्या करोगे", जिसका लक्ष्यार्थ है—'दोषी तुम स्वयं हो। न तो तुम्हें संकोच है और न डर। यदि तुम न जाओ तो क्या तुम्हारी आँखें तुम्हें घसीट ले जायेंगी।' एवं इसका व्यंग्यार्थ है—'तुम बड़े निर्लज्ज हो, बेहूया हो; यदि तुम चाहो तो अपना स्वभाव बदल सकते हो।' यहाँ व्यंग्यार्थ सम्पूर्ण अर्थ पर आश्रित होने के कारण 'आर्थी', वक्ता की विशिष्टता से प्रतिभासित होने के कारण 'वक्तृवैशिष्टयोत्पन्न' और लक्ष्यार्थ से ध्वनित होने के कारण लक्ष्यसम्भवा है। द्वितीय उदाहरण में वर्षा के देखने (दृगन ही देखि) में जलने का वाच्यार्थ बाधित है, जिसका लक्ष्यार्थ है 'जलन के समान दुखदायक' एवं उससे प्रतिभासित व्यंग्यार्थ है कि विरह की स्थिति में सुखदायक वस्तुएँ भी दुखदायक होती हैं। यह उक्ति नायिका की है। अतः इन उद्धरणों में वक्तृवैशिष्टयोत्पन्न लक्ष्यसम्भवा आर्थी व्यंजना है।

यहीं यह जान लेना आवश्यक है कि **लक्षणामूला शाब्दी-व्यंजना में लक्ष्यार्थ ही व्यंग्यार्थ होता है, पर लक्ष्यसम्भवा आर्थी व्यंजना में लक्ष्यार्थ से व्यंग्यार्थ ध्वनित होता है।** इस सूक्ष्म अन्तर को ध्यान में रखना आवश्यक है।

3. वक्तृवैशिष्ट्योत्पन्न व्यंग्यसम्भवा

सन सूक्यौ, बीत्यौ वनौ, ऊखौ लई उखारि।
हरी-हरी अरहरि अजैं, धरि धरहरि जिय नारि।। —बिहारी

यहाँ व्यंग्य है—'अरहर की सघनता' जिससे व्यंग्यार्थ 'उपयुक्त सहेटस्थल' प्रतिभासित हो रहा है। इसके मूल में हैं—वक्ता की विशिष्टता। अस्तु, यहाँ वक्तृवैशिष्ट्योत्पन्न व्यंग्यसम्भवा आर्थी व्यंजना है।

आर्थी व्यंजना के अन्य भेदों के उदाहरण भी इसी प्रकार निरूपित किये जा सकते हैं। अनावश्यक विस्तार-भय से यहाँ सबका विवेचन नहीं किया जा रहा है। तब भी कतिपय उदाहरण आगे रखे जाते हैं। यथा—

क. मैया मोहिँ दाऊ बहुत खिझायौ।
मोसौं कहत मोल कौ लीन्हौ, तु जसुमात कब जायौ। —सूरदास

ख. जेहि विधि होइहिं **परम हित**, नारद सुनहु तुम्हार।
सोइ हम करब न आन कछु, वचन न वृथा हमार।। —तुलसी

ग. सखी **री स्याम** सबै इकसार।
मीठे वचन सुहाये बोलत अन्तर जाननिहार।।
भँवर कुरंग काक अरु कोकिल कपटनि की चटसार।
कमलनैन मधुपुरी सिधारे, मिटि गयौ मंगलाचार।। —सूरदास

घ. है यह वैदिकवाद/विश्व का **सुख-दुखमय** उन्माद। —पन्त

ङ मैं वही, जिसको किया था विधिविहित अर्द्धांगिनी।
भूलें न मुझको नाथ! मैं हूँ **अनुचरी-चिरसंगिनी**।। —गुप्तजी

च. ऊधौ! भूलि भलै भटके।
तुमहिँ दियौ बहराइ **इतहि कौ,** वे कुब्जा कहँ अटके।। —सूरदास

छ. प्रिय प्यारी तनु स्रमित भये।
सकुचि उठी नागरि पट लीन्हौं, स्याम लजाइ गये।।
ऐसे गुन किनि तुमहिँ सिखाये, तिरनी कटि कस दीन्हीं।
सूर कहति पिय सौं तिय बातैं, **आजु तुमहिँ** मैं चीन्ही।। —सूरदास

ज. 1. मानस सलिल सुधा प्रतिपाली,
जिअइ कि लवन पयोधि मराली।। —तुलसी

2. मैं सुकुमारि नाथ बन जोगू,
तुमहिं उचित तप मों कहँ भोगू।। —तुलसी

झ. 1. ललन चलन सुनि पलन में, अँसुबा झलके आइ।
भई लखाइ न सखिन्ह हूँ, झूठे ही **जमुहाइ**।। —बिहारी

2. लखि गुरुजन बिच **कमल सौं, सीस छुवायौ** स्याम।
हरि सनमुख करि **आरसी, हियैं लगाई** बाम।। —बिहारी

उंपर्युक्त अंकित सभी उदाहरणों में व्यंजना सम्पूर्ण अर्थ पर आश्रित होने के कारण 'आर्थी' एवं वाच्यार्थ से प्रतिभासित होने के कारण 'वाच्यसम्भवा' है, किन्तु सबका वैशिष्ट्यजन्य वैभिन्य है। इनमें निहित व्यंजनाओं का बोध क्रमशः श्रोता, वाक्य, अन्यसंनिधि, वक्तव्य, प्रकरण, देश, काल, काकु और चेष्टा के वैशिष्ट्य के कारण सम्भव हुआ है। अतः ये क्रमशः श्रोतृवैशिष्ट्योत्पन्न वाच्यसम्भवा, वाक्यवैशिष्ट्योत्पन्न वाच्यसम्भवा, अन्यसंनिधिवैशिष्ट्योत्पन्न वाच्यसंभवा, वक्तव्यवैशिष्ट्योत्पन्न वाच्यसंभवा, प्रकरणवैशिष्ट्योत्पन्न वाच्यसंभवा, देशवैशिष्ट्योत्पन्न वाच्यसंभवा, कालवैशिष्ट्योत्पन्न वाच्यसंभवा, काकुवैशिष्ट्योत्पन्न वाच्यसंभवा और चेष्टावैशिष्ट्योत्पन्न वाच्यसंभवा व्यंजना के उदाहरण हैं। इसी प्रकार और प्रकारों के उदाहरण भी रखे जा सकते हैं।

भारतीय आचार्यों की शब्दशक्ति सम्बन्धी धारणाएँ गहन चिन्तन एवं काव्य के आन्तरिक गुण 'सौन्दर्य' के मार्मिक भावन से निष्पन्न हैं। अभिधा में वक्रता की गुंजाईश नहीं होती। उसकी पहुँच सीधी होती है। कल्पना-प्रसूत चित्रों में रंग और रूप भरा जाता है लक्षणा से, पर व्यंजना का आधार वक्रता होती है। वक्रताशाब्दी हो या आर्थी, काव्य-सौन्दर्य को उत्पन्न करने, उक्ति को रस-पेशल बनाने एवं गहरे रूप में सम्प्रेषण करने की अचूक रीति है। सूरदास (सूरसागर) के कृष्ण-राधा-गोप-गोपी मिलन एवं छेड़छाड़ और 'भ्रमरगीत' के प्रसंग इस दृष्टि से बेजोड़ है।

सन्दर्भ

1. शब्दः शब्दकरणे। शब्दः आविष्कारे।—सिद्धान्त कौमुदी
2. शब्दोऽक्षरयशोगीर्व्योमवाक्ये से श्रवणे ध्वनौ।—हैमः
3. व्याकरणस्मृतिनिर्णीतः शब्दः निरुक्तनिघंटाभिर्निर्दिष्टः। तदभिधेयोऽर्थः। तौ पदम्।
—काव्यमीमांसा, पृ. 21
4. काव्यशास्त्र में नव्य नैमामिकों के अनुसार ही '**इच्छामात्रं संकेतः**', संकेत का स्वरूप स्वीकृत है। वाचक शब्द एवं उससे अभीष्ट अर्थ—इन दोनों के बीच जो सम्बन्ध होता है, उसके 'ग्रहण' या 'ज्ञान' को 'संकेतग्रहण' कहा जाता है।
5. तात्पर्याख्यां वृत्तिमाहुः पदार्थान्वयबोधने।
त..त्पर्यार्थं तदर्थं च वाक्यं तद्बोधकम्।।—सा. दर्पण 2/20
6. क. स मुख्योऽर्थो, तत्र मुख्यो व्यापारोऽस्याभिधोच्यते।—का. प्रकाश 2/8
ख. तत्र संकेतितार्थस्य बोधनादग्रिमाभिधा।—सा. दप्रण 2/4

काव्य

काव्य का स्वरूप

काव्य वाणी का शृंगार है। स्वरूप के विचार से 'काव्य' जितना व्यापक है, उतना ही सूक्ष्म भी। उसके सतत विकासशील रूप को लक्षणबद्ध करने के जैसे-जैसे प्रयत्न होते रहे हैं, वैसे-ही-वैसे वह लक्षण की परिधि से बाहर पड़ता रहा है। धात्वर्थ के विचार से 'काव्य' का अर्थ है—**कवि द्वारा सम्पन्न किया गया समस्त कार्य**।[1] । 'काव्य' कवि-कर्म से सम्बन्धित है। अस्तु, काव्य के स्वरूप को समझने के लिए 'कवि' की व्याख्या आवश्यक है।

'कवि' शब्द की व्युत्पत्ति 'कु' (कुङ् शब्दे) धातु से 'अच्' प्रत्यय (इ) जोड़ कर की जाती है।[2] 'कु' का अर्थ है 'व्याप्ति', 'आकाश' अर्थात् 'सर्वज्ञता'। इस प्रकार कवि सर्वद्रष्टा अथवा सर्वज्ञ है। **'कविर्मनीषी परिभूः स्वयम्भपूः'**[3] जैसे वेद-उपनषिद्-वाक्य में 'कवि' की पूर्ण प्रतिष्ठा देखी-पायी जा सकती है। यहाँ कवि को अपने दृष्टिक्षेप यानी अनुभूति में सब को समेटने वाला (परिभूः) और अपनी अनुभूति के लिए किसी का ऋणी नहीं होने वाला (स्वयम्भूः) **मनीषि** कहा गया है। अस्तु, कवि और काव्य क्रमशः स्रष्टा और सृष्टि के अर्थ में स्वीकृत हैं।

वैदिक ऋषि की काव्य विषयक व्यापक दृष्टि की पुष्टि इससे भी होती है कि वे परमपिता परमात्मा द्वारा रचित कभी जीर्ण-शीर्ण अथवा मलिन नहीं होने वाले सृष्टि-काव्य को देखने का बार-बार आग्रह करते हैं—'**पश्य देवस्य काव्यं न ममार न जीर्यति**'। वैदिक साहित्य में कवि, द्रष्टा और ऋषि समानार्थक हैं जिनकी कवित्व-प्रतिभा का उद्घोष '**ऋषयः मंत्रद्रष्टारः**' द्वारा किया गया है। पुनः '**कवयः क्रान्तदर्शिनः**' की उक्ति भी इसी की पोषिका है।

पुराणों में 'कवि' शब्द ब्रह्मा (प्रजापति) के अर्थ में प्रयुक्त हुआ है। **श्रीमद्भागवत** में ब्रह्मा की वन्दना 'आदि कवि' कह कर की गयी है। कहा जायेगा कि यहाँ 'कवि' शब्द के पूर्व स्वीकृत अर्थ 'स्रष्टा' को ही व्याप्ति और महत्ता मिली है।

परवर्ती लौकिक साहित्य में 'कवि' शब्द अपेक्षया संकीर्ण अर्थ—विशिष्ट रमणीय

शैली में कवि-कर्म करने वाले के अर्थ—में प्रयुक्त होने लगा। आगे यह प्रायः इसी अर्थ में योगरूढ़ हो गया। कहा गया है कि कवि-कर्म ही अपार काव्य-संसार है जिसका प्रजापति कवि है।[4] 'नवनवोन्मेषशालिनी प्रतिभा' और 'वर्णन-निपुणता' कवि के लिए आवश्यक धर्म हैं। 'वर्णन-निपुणता' भी साधारण नहीं, असाधारण होनी चाहिए।[5] आधुनिक समय में भी 'कवि' विशेष प्रकार की रमणीय शैली में रचना प्रस्तुत करने वाले व्यक्ति के अर्थ में ही प्रयुक्त होता है। अस्तु, **'कवि के नाते 'काव्य' से हमारा अभिप्राय उस विशिष्ट प्रकार की रचना से है जिसमें जीवन के प्रति रमणीय शैली में रसात्मक दृष्टिकोण उपस्थित किया जाता है।**

गद्य-पद्यमयी समस्त अभिव्यक्ति के लिए प्राचीन काव्यशास्त्रियों ने प्रायः 'काव्य' शब्द ('वाङ्मय' के अतिरिक्त) ही प्रयुक्त किया है। पहले की अपेक्षा आज 'काव्य' के अर्थ में पर्याप्त अर्थ-संकोच हुआ है। छन्दोबद्ध अभिव्यक्ति के लिए प्रचलित शब्द 'पद्य', 'कविता' और 'काव्य' सामान्यतः समान अर्थ में प्रयुक्त तो यदा-कदा देखे-पाये जाते हैं, पर इनमें पर्याप्त मिलता है। **'पद्य' गद्य का विपक्षी रूप भर है** जो किसी भाव या विचार तक सीमित है। **'कविता' अपने व्यापक अर्थ में जहाँ काव्य की सीमा स्पर्श करती है, वहाँ संकीर्ण अर्थ में वह अपेक्षाकृत छोटे आकार की विशेष प्रकार की रचना के लिए भी प्रयुक्त होती है।** यदि किसी रचना-विशेष के निमित्त 'काव्य' शब्द प्रयुक्त होता है तो उससे सदा अपेक्षाकृत बड़ी, प्रायः प्रबन्धात्मक रचना का ही बोध होता है। आज बहुत दूर तक 'काव्य' और 'कविता' शब्द समान अर्थ-बोधन हेतु भी प्रयुक्त होते हैं।

काव्य विषयक धारणाओं का आदिस्रोत है वैदिक साहित्य ही। उसमें काव्य के सम्बन्ध में व्यापक दृष्टिकोण का परिचय मिलता है। तदुपरान्त **गीता** का नाम लिया जाना चाहिए। उसमें श्रद्धात्रयविभाग-योग (सतरहवाँ अध्याय) के निरूपण के क्रम में वाणी (वाङ्मय) के तप हेतु पाँच बातें आवश्यक मानी गयी हैं—अनुद्वेगकारिता, सत्यता, प्रियता, हितकारिता और शास्त्रवर्णित वाणी सम्बन्धी दोषों से राहित्य :

अनुद्वेगकरं वाक्यं सत्यं प्रियहितं च यत्।
स्वाध्यायाभ्यसनं चैव वाङ्मयं तप उच्यते।।—17/15।

यहाँ 'वाक्यम्' पद के साथ 'च' का प्रयोग महत्वपूर्ण है। अर्थात् अनुद्वेगकारी, सत्य (यथार्थ), प्रिय, हितकारी और शास्त्र-निरूपित वाणी-सम्बन्धी दोषों से रहित वाक्य ही वाणी-तप (काव्य) है। **गीता** की उपर्युक्त उक्ति भले ही शुद्ध अर्थों में काव्य-लक्षण के रूप में निरूपित नहीं हुई है, तथापि तद्युगीन काव्य-सम्बन्धी मान्यताओं को स्पष्ट करने में समर्थ है।

संत कवि कबीर के अनुसार सामान्य जन जिन शब्दों और वाक्यों का प्रयोग करते हैं, उन्हीं में कवि उक्ति का लावण्य मिला कर अमृतमय काव्य की रचना कर लेते हैं—

सोई आखर सोई बैन, जन जु जुवा चवन्त।
कोई एक मेले लावनि, अमिय रसाइन हन्त।।

कबीर द्वारा प्रतिपादित काव्य-परिभाषा हिन्दी में सर्व-प्राचीन है। इसमें '**वाक्यं रसात्मकं काव्यम्**' के साथ ही कबीर-परवर्त्ती आचार्य पण्डितराज जगन्नाथ की काव्य-परिभाषा '**रमणीय प्रतिपादकः शब्दः काव्यम्**' का भी संकेत हो गया है। '**रामचरितमानस**' में गोस्वामी तुलसीदास ने '**वर्णानामर्थसंघानां रसानां छन्दसामपि। मंगलानां च कर्त्तारौ...**' में, शब्दार्थों को रसात्मक होने की बात तो स्वीकार की, पर 'लोकमंगल' को सर्वाधिक महत्त्व दिया एवं छन्द को अपेक्षया कम। तात्पर्य यह कि तुलसी के अनुसार काव्य को केवल रसात्मक नहीं लोकमंगलकारी भी होना चाहिए।

काव्य-लक्षण उपस्थित करते समय प्राचीन आचार्यों के समक्ष या तो विशिष्ट काव्य-प्रकार (नाटक आदि) था या विशिष्ट मत (अलंकार, रीति आदि)। परिणामतः उनके द्वारा निरूपित काव्य-लक्षण सर्वथा वस्तून्मुखी (objective) नहीं हो सका है। पुनः दीर्घकालिक अन्तराल के कारण वर्तमान संदर्भ में उन लक्षणों पर पुनर्विचार करने की भी आवश्यकता हो गयी है। नाट्याचार्य भरत मुनि ने 'शुभ' (श्रेष्ठ) काव्य के सात लक्षण गिनाये हैं—[6] मृदुललित पदावली, गूढ़शब्दार्थहीनता, सर्वसुखदता या सर्व सुगमता, युक्तिमत्ता, नृत्य में उपयोग किये जाने की योग्यता, रसोत्पत्तिकारिता और संधियुक्तता। यह काव्य-लक्षण विशिष्ट काव्य-प्रकार (नाटक) को ध्यान में रख कर निर्धारित किया गया है। इनमें पाँचवाँ और सातवाँ लक्षण (नृत्य-योज्यता, संधियुक्तता) प्रत्यक्षतः रंगमंच और नाटक से जुड़ा है। शेष से गुण, रीति, अलंकार और रस का संकेत होता है।

ध्यातव्य है कि भामह-पूर्व के विवेचकों ने नाटक को ध्यान में रख कर ही काव्य-सम्बन्धी विचार किया है। **भरत** मुनि ने नाट्य-काव्य का विवेचन किया है, काव्य का नहीं। यह और बात है कि नाटक के साथ ही काव्य का विवेचन भी हो गया है। '**नाट्यशास्त्र**' में नाट्य के लिए अर्थ और अभिनय पर बल दिया गया है, पर काव्य में अर्थ और उक्ति पर। उसमें काव्य-लक्षण '**अर्थक्रियोपेतं काव्यम्**' किया जाना इसी का प्रमाण है। परवर्त्ती काव्याचार्यों ने **भरत मुनि** के मार्ग को पकड़ कर ही नाट्य-विवेचन से काव्य-विवेचन को अलग किया—**भरत मुनि** के 'अर्थक्रियोपेतं काव्यम्' की जगह **भामह** कृत काव्य-लक्षण—'**शब्दार्थों सहितौ काव्यम्**' उसी का परिणाम है। इसके बावजूद भामह ने 'कथायाः स्वभिनीतता' (3/54) अर्थात् 'काव्य में अर्थ अभिनीत होता है' को स्वीकार किया है। आगे '**काव्येऽपि सर्वोनाट्यायमान एवार्थः**' की घोषणा कर **अभिनवगुप्त** ने भी भामह के इस मत का समर्थन किया है।

स्वतंत्र इकाई के रूप में 'काव्य' पर विचार करते समय परवर्ती आचार्यों (**भामह**—छठी शती, से पंडितराज **जगन्नाथ**—सत्रहवीं शती, तक) द्वारा जितने भी लक्षण प्रस्तुत किये गये हैं, वे मूलतः दो भागों में अंकित किये जायेंगे—**बहिरंग-निरूपक** लक्षण (मूलतः अलंकार, रीति और वक्रोक्ति पर बल देने वाले) और **अंतरंग-निरूपक** लक्षण

(रसादि पर बल देने वाले)। **बहिरंग-निरूपक लक्षण कविता-वनिता के ललित हाव तक ही सीमित हैं, जबकि अन्तरंग-निरूपक लक्षण में उसकी आन्तरिक विशिष्टताओं का उद्घाटन हुआ है।** बहिरंग-निरूपक लक्षण काव्य की तीन विशिष्टताओं पर अधिक बल देते हैं—(क) दोष का परिहार, (ख) गुण का सद्भाव और (ग) अलंकार की प्रायः स्थिति। इनके अतिरिक्त शब्द और अर्थ में समवाय यानी जल और बीचि जैसा सम्बन्ध तो अनिवार्य है ही। काव्य की प्राचीनतम् व्यवस्थित परिभाषा **अग्निपुराणकार** की मानी जायेगी। उन्होंने यद्यपि रस को काव्य की आत्मा माना[7], तथापि **अभीष्ट अर्थ को संक्षेप में व्यक्त करने वाली दोषरहित, गुणसहित और अलंकारयुक्त 'पदावली'**[8] को काव्य घोषित किया है। यथा—

संक्षेपाद्वाक्यमिष्टार्थव्यवच्छिन्ना पदावली।
काव्यं स्फुरदलंकारं गुणवद्दोषवर्जितम्।।—337/6-7

बहिंरग-निरूपक लक्षणों का आधार यही है। भामह काव्य को शब्द और अर्थ का संयोग—शब्दार्थौ सहितौ काव्यम्—मानकर ऐसी आदर्श स्थिति का संकेत करते हैं जिसमें दोनों (शब्द और अर्थ) अपनी स्वतंत्र सत्ताएँ समाप्त कर एक दूसरे से अभिन्न हो जाते हैं। इस सूत्र को थाम कर ही दण्डी ने 'पदावली' यानी शब्दार्थ को स्पष्टतः काव्य-शरीर स्वीकार किया।[9] रुद्रट ने तो **भामह** की शब्दावली ही दुहरायी है—**'शब्दार्थौ काव्यम्'**। आचार्य वामन ने भी दोषरहित और अलंकारसहित शब्दार्थ को काव्य घोषित किया।[10] पर उनकी अलंकार सम्बन्धी धारणा बड़ी व्यापक है।[11] उनके अनुसार ही शब्दार्थ काव्य-शरीर है और रीति काव्य की आत्मा।[12] आगे हेमचन्द्र[13], वाग्भट[14], विद्यानाथ[15] आदि द्वारा निरूपित लक्षण भी बहिरंग-निरूपक ही हैं। **कुन्तक** का काव्य-लक्षण भी इसी वर्ग में पड़ता है। उनके अनुसार वक्रोक्ति-गर्भित शब्दार्थ ही काव्य है।[16] बहिरंग-निरूपक लक्षणों का चरमोत्कर्ष **मम्मट** निरूपित लक्षण में हो गया है—**'तददोषौ शब्दार्थौ सगुणावनलंकृती पुनः क्वापि'**। स्पष्ट है कि मम्मट ने काव्य में अलंकार की अनिवार्यता अस्वीकार की है, पर 'दोषराहित्य' और 'गुण के सद्भाव' को अनिवार्य माना है। हिन्दी के रीतिकालीन आचार्यों में **'केशवदास'**[17], **सोमनाथ**[18] आदि के लक्षण भी इसी वर्ग में पड़ते हैं। **चिन्तामणि** तो मम्मट के अनुगामी ही हैं—

सगुनालंकारन सहित, दोषरहित जे होइ।
शब्द अर्थ, ताको कवित, कहत विबुध सब कोइ।।

—कवि.कुलकल्पतरु 1/7

अन्तरंग-निरूपक लक्षणों में काव्य अवयव शब्द और अर्थ को ग्रहण करते हुए जब काव्य का लक्षण **'रसमय वाक्य'**[19] (**वाक्यं रसात्मकं काव्यम्**—पं. विश्वनाथ, सा. द. 1/3) अथवा रमणीय अर्थ का प्रतिपादक शब्द' (**रमणीयार्थप्रतिपादकः शब्दः काव्यम्**—पंडितराज जगन्नाथ, रं. गं. 9) किया गया, तो उसकी आन्तरिक

विशिष्टता—रसमयता और रंजकता—का ही निरूपण हुआ। इन लक्षणों में सबसे बड़ा दोष है—अव्याप्ति। काव्य को परिभाषित करने में कतिपय आचार्यों ने समन्वयात्मक दृष्टि भी अपनायी है। इस दृष्टि से चन्द्रालोककार **जयदेव** कृत अग्रांकित लक्षण देखा जा सकता है। यथा—

निर्दोषा लक्षणवती सरीतिगुणभूषिता, सालंकाररसानेकवृत्तिर्वा काव्यनामभाक्।—1/7

इसमें दोषराहित्य, लाक्षण्य (व्यंग्य), रीति, गुण, अलंकार, रस और वृत्ति, सबको समेट लिया गया है। रीतिकालीन आचार्य कवि **देव** का काव्य-लक्षण जयदेव के निकट पड़ता है। उनकी राय में समर्थ काव्य में शब्दार्थ, छन्द, भाव, अलंकार यानी सब कुछ सरस होना चाहिए।[20] **कुलपति** का काव्य-लक्षण "अलौकिक आनन्द प्रदायक शब्दार्थ काव्य है।"[21] अन्तरंग-निरूपक ही है। आलोचक प्रवर आचार्य रामचन्द्र शुक्ल के अनुसार, "**हृदय की...मुक्ति की साधना के लिए मनुष्य की वाणी जो शब्द-विधान करती आयी है, उसे कविता कहते हैं** (कविता क्या है?)"। उनके अनुसार काव्य का चरम लक्ष्य "**सर्वभूत को आत्मभूत करके अनुभव कराना है।**" ये मान्यताएँ आचार्य शुक्ल के काव्य-लक्षण को अन्तरंग-निरूपक ही बनाती हैं। काव्य को **प्रसाद जी** 'आत्मा की संकल्पात्मक अनुभूति[22]" और **वर्ड्सवर्थ** "आनन्दातिशय की अभिव्यक्ति"[23] मानते रहे हैं। स्पष्ट है कि इन विचारकों का ध्यान भी काव्य के आन्तरिक पक्ष पर ही टिका है। इस चर्चा से यह पुष्ट होता है कि अधिकांश काव्य-लक्षण व्याप्ति अथवा अव्याप्ति दोष से युक्त हैं। कहीं काव्य का अर्थ अति विस्तृत हो गया है तो कहीं संकुचित। परिणामतः वे काव्य विषयक सर्वसम्मत और समग्र दृष्टिकोण निर्मित करने में प्रायः विफल रहे हैं। इसके बावजूद सभी विचारक इस बात के प्रति आग्रही हैं कि उनके मत-विशेष अन्य मतवादों से अंगागी सम्बन्ध अवश्य रहे।

पश्चिमी विद्वानों ने भी काव्य पर अनेकविध विचार किये हैं। उनके द्वारा निरूपित लक्षणों को भी बहिरंग और अन्तरंग निरूपक कोटियों में सुविधापूर्वक वर्गीकृत किया जा सकता है। पश्चिमी समीक्षकों ने काव्य को कवि की अंतरंगता (Subjectivity) और बहिरंगता (Objectivity) के आधार पर वर्गीकृत करने पर बल दिया है। इन आधारों पर काव्य-लक्षणभी स्थिर किये गये हैं। प्रथम आधार पर काव्य कवि-मन का मुक्त उद्गार स्वीकार किया जाता है और द्वितीय आधार पर बाह्य परिस्थितियों की प्रतिक्रिया मात्र। बहिरंगता और बाह्य परिस्थितियों पर बल देने के कारण ही **मैथ्यू आरनॉल्ड** ने काव्य को जीवन से जोड़ते हुए उसे जीवन की समीक्षा स्वीकार किया।[24] **हडसन** ने भी काव्य को जीवन की व्याख्या माना पर आरनॉल्ड के विपरीत उसने कल्पना और मनोवेगों (बुद्धितत्त्व पर नहीं) के महत्त्व को भी स्वीकार किया।[25] "कविता भावना का परीवाह नहीं; भावना से पलायन हैं; वह व्यक्तित्व की अभिव्यंजना नहीं, व्यक्तित्व से पलायन है।"[26] का उद्घोष कर **टी. एस. एलियट** ने काव्य का वस्तून्मुखी और बहिरंग-निरूपक लक्षण ही किया है। कविता से शब्दों

(अभिव्यक्ति) के उत्तमोत्तम क्रम-विधान[27] की बात स्वीकार कर कॉलरिज ने भी काव्य के बहिरंग की ही बात की है। इनके विपरीत वर्ड्सवर्थ, मिल्टन, कार्लाइल, जानसन, शेली आदि के काव्य-लक्षण उपस्थित किये जा सकते हैं। भावों की प्रधानता स्वीकारते हुए वर्डसवर्थ ने काव्य को सशक्त आवेगों का मुक्त उद्‌गार कहा जो शांत क्षणों में स्मृत मनोविकार भर होते हैं।[28] मिल्टन के अनुसार काव्य को सहज, उत्तेजक और रागात्मक होना चाहिए।[29] कार्लाइल ने काव्य को संगीतमय विचार स्वीकार किया है।[30] इन लक्षणों में काव्य के आंतरिक पक्ष पर ही बल दिया गया है। डॉ. जानसन का काव्य-लक्षण समन्वयवादी है। उनकी राय में "विवेक एवं कल्पना के योग से सत्य और आनन्द को संयुक्त करने की कला काव्य है।"[31]

स्पष्ट है कि भारतीय और पश्चिमी विचारकों में काव्य के सम्बन्ध में मतानैक्य हैं। उन्हें एक बिन्दु पर समेटना असम्भव नहीं तो मुश्किल अवश्य है। प्राचीन भारतीय आचार्यों में पं. विश्वनाथ कृत काव्य-लक्षण को अधिक महत्व मिला है। पर आज के संदर्भ में वह भी संकीर्ण प्रतीत हो रहा है। काव्य हृदय और बुद्धि दोनों की सम्मिलित ऊपज है, संश्लिष्ट है। उसे मात्र रसवाद की परिधि में रख कर व्याख्यायित करना अप्रासंगिक बनाना होगा। पश्चिमी विचारकों में हडसन का काव्य-लक्षण परिष्कृत होने के बावजूद दुर्बल इसलिए हैं कि उसमें अभिव्यक्ति के सौन्दर्य के बारे में कुछ नहीं कहा गया है। उसकी अपेक्षा डॉ. जानसन की परिभाषा अधिक पूर्ण है।

काव्यशास्त्रीय चिन्तन में भारतीय रसवाद महती उपलब्धि है। वह विश्व-काव्य के लिए वरदान स्वरूप है। पश्चिम में भी उसकी महत्ता स्वीकार की जा रही है। "जैसे **जॉन ड्रिंकवाटर** की स्थापना है कि कविता मूलतः भाव-संवेदनाओं से सम्बद्ध है जो परिवर्तनशील संसार में नित्य है। **जे. सी. पॉवे** के मतानुसार भी काव्य में रसात्मकता और मानवीयता के उपादान परमावश्यक हैं।"[32] वस्तुतः रस और भाव काव्य के हृदय पक्ष हैं और विचार, वाग्वैदग्ध्य एवं अभिव्यक्ति बुद्धिपक्ष। काव्य में इनकी संश्लिष्टि आवश्यक है। इनके समन्वय के अभाव में कोई भी काव्य-लक्षण सम्पूर्ण नहीं होगा।

काव्य के तीन पक्ष होते हैं—कर्त्ता, कृति और ग्राहक (भावक)। अस्तु, काव्य-लक्षण का निर्धारण भी इन तीनों के अनुरूप होना चाहिए। **काव्य एक ओर जहाँ कर्त्ता (कवि) के व्यक्तित्व का परिचायक है, वहाँ दूसरी ओर ग्रहीता (भावक = पाठक, आलोचक) की रुचि का परीक्षक भी। कृति का अस्तित्व एक सेतु के समान है जिससे दोनों एक दूसरे से सम्बन्धित होते हैं।** वह कर्त्ता (सहृदयः कवि) के हृदय से अभिव्यक्त होकर ग्रहीता (सहृदयः पाठक, आलोचक आदि) के हृदय में प्रविष्ट होता है। अस्तु, इनमें एकात्म भाव आवश्यक है, किन्तु व्यावहारिकता यह बतलाती है कि काव्य में "प्रसाधन की मात्रा" और "परिच्छद के प्रकार" पर कर्त्ता और ग्रहीता की कौन कहे, सभी ग्रहीता भी एक मत नहीं हैं। चूँकि काव्य का चरम

लक्ष्य है मानव मनोवृत्तियों का परिशोधन करना[33], इसलिए उसका मूल्य वस्त्राभरण से नहीं प्रत्युत विचार और भाव से ही निर्धारित होना चाहिए। कविता-वनिता ललित हाव के अभाव में भी—मात्र विच्छिति हाव में भी—हृदय पर अधिकार करती है। इसी से विश्व कवि रवीन्द्रनाथ ठाकुर काव्य को 'आनन्दातिरेक का परिणाम' मानते रहे हैं। एवं शेली 'आनन्द से सदा संपृक्त'[34] यहाँ विचारकों का ध्यान काव्य के आंतरिक पक्ष पर ही टिका है। प्रसाधन की मात्रा के सम्बन्ध में पर्याप्त मतभेद होते हुए भी आधुनिक विचारकों में काव्य की प्रभावोत्पादकता के सम्बन्ध में मतैक्य दीखता है। आ. महावीर प्रसाद द्विवेदी ने भी काव्य के प्रभावोत्पादक गुण पर ही अधिक ध्यान दिया है।[35] काव्य को चाहे 'स्पष्टतः संगीत' कहें[36] या 'प्रसादचेता और मेधावी महाप्राणों के श्रेष्ठ और सर्वाधिक आनन्दमय क्षण का लेखा।''[37] इनके मूल में काव्य का प्रभावोत्पादक गुण ही है। आचार्य रामचन्द्र शुक्ल के काव्य-लक्षण का सार—**सत्वोद्रेक या हृदय की मुक्तावस्था के लिए किया हुआ शब्द-विधान काव्य है**, जहाँ काव्य के मात्र अन्तर पक्ष को ही उद्घाटित करता है, वहाँ आ. हजारी प्रसाद द्विवेदी ने अपने लक्षण में अंतर और बाह्य दोनों पक्षों पर विचार किया है। उनके अनुसार, ''कवि-चित्त जब बाह्य परिस्थितियों के साथ समझौता नहीं कर पाता तब छन्दों की भाषा अत्यन्त प्रभावशाली होकर प्रकट होती है, आंतरिक सौन्दर्यानुभूति और बाह्य असुन्दर-सी लगने वाली परिस्थिति की टकराहट से जो विक्षोभ पैदा होता है वह सब देशों में काव्य की भाषा को मुखर बना देता है, उसमें सम्मूर्तन का रूप और आवेश का पंख लगा देता है।''[38] इस काव्य-चर्चा को समाप्त करते हुए निष्कर्ष रूप में कहना पड़ता है कि **जीवन के प्रति कवि-अनुभूत-भावों की सत्य पर रागात्मक (लयात्मक) अभिव्यक्ति ही काव्य है** जिसके लिए छन्द, मात्रा, काव्य-गुण, अलंकारादि का औचित्य-निर्वाह हो जाता है। कविता-वनिता के लिए प्रसाधन-तत्त्व—अलंकारादि सौंदर्य—भी अनिवार्य तो हैं, पर स्वाभाविकता के निर्वाह तक ही[39], जो बहुत दूर तक कवि-प्रतिभा और वर्णन-निपुणता पर निर्भर है। कवि के स्वभाव, संस्कार और युगीन परिवेश से इसमें परिवर्तन होते हैं, तब भी युगातीत जातीय वैशिष्ट्य की अन्तःसंलिला से उसे सर्वथा मुक्त करना असम्भव है।

काव्य-हेतु

काव्य-हेतु का अर्थ है—'काव्य के कारण' **काव्य-सर्जन की सामर्थ्य उत्पन्न करने वाले साधन** अथवा **काव्य-सर्जन के कारण-रूप उपादान अथवा** वे साधन जो काव्य-रचना में सहायक होते हैं। आधुनिक शब्दावली में इन्हें **काव्य-रचना की प्रेरक शक्तियों के रूप में स्वीकार किया जायेगा।**

काव्य-सर्जन को भारतीय चिन्तकों ने बड़ा महत्वपूर्ण स्थान प्रदान किया है।[40]

इसीलिए काव्य-सर्जन के कारण-रूप मूल उपादानों पर आचार्यों ने गम्भीरता से विचार किया है। काव्य-सर्जन में सर्जक की **प्रतिभा** को सर्वाधिक श्रेय दिया गया है।[41] शब्दार्थों का संयोजन कर कवि बनने का शौक पूरा करना और बात है, पर सच्चे अर्थों में कवि होना और बात। तभी अधिकांश प्रयोगकर्त्ता तुक्कड़ों की कोटियों में ही सिमटते हुए दिखायी पड़ते हैं। कवि भले ही रोज पैदा होते हों, पर सच्चे कवि और महाकवि का जन्म तो कभी-कभार ही होता है। पुनः अमरता तो किसी-किसी का काव्य ही प्राप्त करता है। तभी कवि-वाणी का जयघोष करते हुए कहा गया है कि महाकवियों के काव्य का स्वरूप लोकातिक्रान्त होता है। कारण, अचेतन भावों को भी सचेतन करते हुए उन्हें भावक के हृदय में संक्रान्त करने वाली कवि-वाणी सामर्थ्यशाली होती है।[42] इसके बावजूद काव्यशास्त्रियों ने काव्य के कारण-रूप उपादानों (काव्य-हेतुओं) पर जो विचार किये हैं, वे काव्य को अलौकिक और अपौरुषेय नहीं, प्रत्युत सर्वथा लौकिक और मानवी ही बनाते हैं।

काव्य-हेतु की संख्या के सम्बन्ध में मतैक्य नहीं है, पर **आ. मम्मट** द्वारा स्वीकृत तीन हेतुओं[43] में सभी के मतों का समाहार हो गया है। वे इस प्रकार हैं—(1) **शक्ति** अथवा **प्रतिभा** (2) **निपुणता** अथवा **व्युत्पत्ति** और (3) **सतत अभ्यास**। परिवर्तित परिस्थितियों में इधर कुछ नये विचार भी आये हैं। भगीरथ मिश्र का विचार है कि "प्रतिभा और व्युत्पत्ति होने पर भी हो सकता है कि काव्य की रचना न हो। अतः काव्य की प्रेरणा देने वाली वृत्तियों को भी हम काव्य-कारण के क्षेत्र से बहिष्कृत नहीं कर सकते। ये वृत्तियाँ हैं—आत्माभिव्यक्ति, सौन्दर्य के प्रति आकर्षण और कौतुक। अंतिम दो वृत्तियाँ पृष्ठभूमि तैयार करती हैं और प्रथम द्वारा काव्य-रचना की प्रेरणा मिलती है।"[44] इसीलिए वे सब विचारों को संकलित करते हुए काव्य के तीन कारण मानते हैं—**प्रेरक** कारण, **निमित्त** कारण और **उपादान** कारण। पूर्वाचार्यों द्वारा स्वीकृत प्रतिभा को वे निमित्त कारण एवं व्युत्पत्ति और अभ्यास को उपादान कारण कहते हैं। उनकी यह मान्यता अप्रासंगिक, अनुचित अथवा अहैतुकी नहीं है। अतः काव्य-हेतुओं को अग्रांकित तालिका द्वारा स्पष्ट किया जाता है :

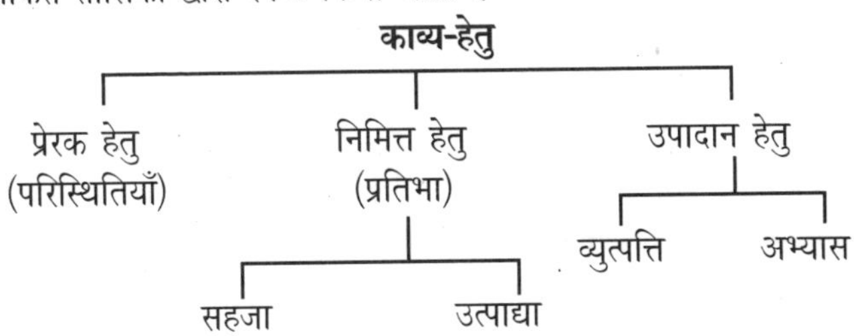

इससे स्पष्ट है कि काव्य-हेतुओं की कुल संख्या चार होंगी—1. प्रेरणा, 2. प्रतिभा, 3. व्युत्पत्ति और 4. अभ्यास। इन पर अपेक्षित चर्चा आगे की जाती है।

प्रेरणा

प्रेरणा से तात्पर्य है प्रेरक कारण। इसके अन्तर्गत कवि की वैयक्तिक और उसके चतुर्दिक परिवेश की परिस्थितियाँ आती हैं। कवि की वैयक्तिक, पारिवारिक, सामाजिक, आर्थिक, धार्मिक परिस्थितियाँ और उसकी निजी प्रकृति काव्य-रचना को सर्वाधिक प्रभावित करती हैं। साथ ही कवि जिस युग में जीता है वह युग-धर्म भी उसे प्रेरित-प्रभावित करता है। कवि जिस जाति, समाज और राष्ट्र का घटक होता है उसकी स्थितियाँ भी काव्य-रचना में अनुकूलता अथवा प्रतिकूलता उत्पन्न करती हैं। कवि का चतुर्दिक परिवेश काव्य-रचना का प्रेरक होता है। ये सभी प्रेरणा (प्रेरक कारण) के अन्तर्गत ही स्वीकार किये जायेंगे।

प्रतिभा

प्रतिभा को ही रुद्रट, राजशेखर, मम्मट आदि ने 'शक्ति' कहा है। भट्टतौत के अनुसार **नये-नये भावों के उन्मेष से मुक्त प्रज्ञा ही प्रतिभा है**।[45] विद्याभूषण और क्षेमेन्द्र को भी यही मान्य है। यह व्याख्या बहुस्वीकृत है। अभिनवगुप्त ने इसे ही किंचित् परिष्कृत रूप में उपस्थित किया है।[46] इस लक्षण में **मौलिक उद्भावना** पर बल दिया गया है, किन्तु राजशेखर, कुन्तक, पं. जगन्नाथ आदि कृत व्याख्याओं में **अभिव्यक्ति** पर अधिक बल है।[47] बाग्भट्ट की व्याख्या में दोनों का समन्वय मिलता है। उनकी राय में ''सत्कवि के प्रसन्न (ललित) पदों में अभिव्यक्त नव्यार्थ से पूर्ण युक्तियों को उद्बुद्ध कर चतुर्दिक प्रसरित होने वाली चमत्कारिक बुद्धि ही प्रतिभा है।''[48] इस प्रकार मौलिक सूझ यानी उद्भावना की नवीनता और अभिव्यक्ति की ललितता एवं संप्रेषणीयता, दोनों को प्रतिभा की परिधि में समेटने की चेष्टा हुई है। वामन ने प्रतिभा को जन्मांतर से प्राप्त संस्कार-विशेष कहा है। उन्होंने इसे ही 'कवित्व-बीज' भी माना है। उनके अनुरूप ही **मम्मट** का मत है कि ''शक्ति (प्रतिभा) कवित्व का बीज-रूप संस्कार-विशेष है जिसके बिना काव्य प्रसरित नहीं होता।''[49] वस्तुतः प्रतिभा ही काव्य का सहज और प्रधान हेतु है। प्रचलित मान्यता है—कवि बनाये नहीं जाते, उत्पन्न होते हैं। काव्य-रचना में इसकी महत्ता इसी से स्पष्ट है कि कवित्व का बीज-रूप संस्कार-विशेष मानी गयी है।

रुद्रट ने प्रतिभा दो प्रकार की मानी है—**सहजा** और **उत्पाद्या**। सहजा स्वाभाविक प्रतिभा है। **दण्डी** ने इसे ही **नैसर्गिकी** कहा है। यह पूर्व जन्म से प्राप्त संस्कार-विशेष है। **अभिनवगुप्त** ने इसे '**प्राक्तन संस्कार**' कहा है। उत्पाद्या विभिन्न साधनों (शास्त्राध्ययन आदि) से अर्जित की जाती है।

राजशेखर ने प्रतिभा का अन्य प्रकार से भेद किया हे। उनके अनुसार भी प्रतिभा दो प्रकार की होती है—**कारयित्री** (काव्य-रचना कराने वाली) और **भावयित्री** (काव्य-बोध कराने वाली)। कारयित्री प्रतिभा (Genius) कवि का उपकारक होती है।

वह तीन प्रकार की मानी गयी है—**सहजा** (पूर्व जन्म के संस्कार से प्राप्त, **आहार्या** (वर्तमान जन्म के संस्कार से प्राप्त) और **औपदेशिकी** (देव-कृपा और मंत्र-तंत्रादि साधनों से प्राप्त)। भावयित्री प्रतिभा (Taste) का सम्बन्ध भावक (सहृदय, पाठक, आलोचक आदि) से होता है। काव्य-सर्जन और काव्यास्वादन की दृष्टि से प्रतिभा के प्रकार में अन्तर होना अस्वाभाविक नहीं है, किन्तु अपने भावों को दूसरों तक संप्रेषित करने की दृष्टि से कवि और भावक की प्रतिभा में अन्तर नहीं होता।

पाश्चात्य विचारकों ने 'इमैजिनेशन', 'पोयटिक सेंस', ''इन्टयूटिव फैकल्टी आदि शीर्षकों के अन्तर्गत अनेकविध विचार किये हैं। वे सभी विचार प्रतिभा के विस्तृत विवेचन की परिधि में ही सिमटते हैं। **स्पिनगार्न** द्वारा स्वीकृत 'जीनीयस' और 'टेस्ट' क्रमशः कारयित्री और भावयित्री प्रतिभा के ही किंचित् भिन्न रूप हैं। किन्तु सचाई यह है कि पश्चिम के अधिकांश विचारक 'इमैजिनेशन' (कल्पना), 'फैन्टेशिया' (मानस बिंब), 'फैन्टेसी' (जल्पना), 'फैंसी' (व्यामोह), 'इमेजरी' (काल्पनिक चित्रविधान), 'इंसपायरेशन' (अंत-स्फुरण), 'स्पौनटैनीटी' (मुक्त उद्गार), 'सेन्टिमेन्टलिटी' (भावुकता), 'एक्सटैसी' (उल्लास) आदि तक ही सोच सके हैं। ये सभी प्रतिभा की निम्नतम भूमिकाएँ भर कही जायेंगी। **टी. एस. एलियट** को काव्य-हेतु के रूप में वस्तुमूलक समरूपता (Objective Correlative) का सिद्धान्त मान्य हैं साहित्याचार्यों के प्रतिकूल मनोवैज्ञानिकों ने 'काम' (फ्रायड), 'प्रभुत्व-कामना' (एडलर), 'कलेक्टिव अनकाँन्शस' (जुंग) आदि को ही मूल प्रेरक तत्त्व के रूप में स्वीकार किया है। इन सब का समाहार प्रायः 'प्रतिभा' में ही हो जाता है।

व्युत्पत्ति

व्युत्पत्ति का अर्थ है बहुज्ञता। **मम्मट** ने इसे ही निपुणता के नाम से व्याख्यायित किया है। प्रतिभा के समर्थक आचार्य व्युत्पत्ति को प्रायः महत्त्व देना ही नहीं चाहते हैं, किन्तु अधिकांश आचार्यों ने इसे प्रतिभा का संस्कारक माना है। केवल **राजशेखर** का मत किंचित् भिन्न है। **मम्मट** ने प्रतिभा को महत्त्व देने के साथ ही व्युत्पत्ति (निपुणता) की महत्ता भी स्थिर की। इसकी उपलब्धि के लिए उन्होंने तीन बातों को आवश्यक माना—(क) लोकजीवन का निरीक्षण एवं उससे संचित अनुभव, (ख) विभिन्न शास्त्रों का तत्त्वानुशीलन और (ग) पूर्वरचित काव्यों का अध्ययन एवं इतिहासादि का विमर्श। ऐसा करने पर कवि बहुत और निपुण तो होता ही है, उसमें उचित-अनुचित अथवा ग्राह्य-अग्राह्य के चयन करने का विवेक भी होता है। संभवतः इसी कारण आचार्यों ने उचित-अनुचित के विवेक[50] को व्युत्पत्ति कहा है।

अभ्यास

निरन्तर प्रयास करते रहना ही अभ्यास है। इसे भी प्रतिभा का पोषक माना गया है। दण्डी की मान्यता है कि सतत अभ्यास के परिणाम स्वरूप क्षीण प्रतिभा के कवि

भी श्रेष्ठ रचना करने में समर्थ होते हैं[51] (श्रेष्ठ कवियों की गोष्ठी में विहार करने योग्य हो जाते हैं) : **'करत-करत अभ्यास ते, जड़मति होत सुजान'**। अभ्यास की स्वरूप-व्याख्या करते हुए **मम्मट** ने कहा है कि काव्य-सर्जन या काव्य-मूल्यांकन में पटु व्यक्तियों के निर्देशानुसार काव्यमय सन्दर्भों की रचना एवं तदनुकूल पदयोजना हेतु किया गया निरन्तर परिश्रम ही अभ्यास है।[52] राजशेखर के साक्ष्य से पता चलता है कि आ. **मंगल** अभ्यास को ही प्रमुख हेतु मानते हैं। उनके अनुसार अनवरत अनुशीलन ही अभ्यास है।[53]

काव्य-हेतु में राजशेखर ने **श्यामदेव** के मतानुसार 'समाधि' (मन की एकाग्रता) का भी उल्लेख किया है[54] **वामन** ने समाधि को ही 'अवधान' कहा है। वस्तुतः आभ्यान्तर प्रयत्न होने के कारण रसमाधि की सत्ता प्रतिभा से अभिन्न ही मानी जायेगी। **मम्मट** समन्वय और सामंजस्य के विश्वासी थें तभी उन्होंने जहाँ 'प्रतिभा' (शक्ति), 'व्युत्पत्ति' (निपुणता) और 'अभ्यास' की स्वतंत्र सत्ता और महत्ता स्थापित की, वहीं काव्य-सर्जन में तीनों के परस्परालम्बित एकरूप को महत्त्व दिया[55] —तीनों स्वतंत्र रूप में शास्त्रतः विवेच्य (Logically distinguishable) होते हुए भी व्यवहारतः अविभाज्य (practically inseparable) माने गये। इस प्रकार 'प्रेरणा' और 'प्रतिभा' का महत्त्व स्वयंसिद्ध है। काव्य-हेतुओं में 'प्रतिभा' की सर्वोपरि महत्ता और श्रेष्ठता की किसी प्रकार की चुनौती नहीं दी जा सकती।

काव्य-प्रयोजन

व्यक्ति का कोई कार्य निष्प्रयोजन नहीं होता। काव्य-रचना में भी कवि का कोई-न-कोई प्रयोजन अवश्य होता है। कर्त्ता की प्रत्येक कृति किसी हेतु का परिणाम और किसी प्रयोजन का वरदान होती है। 'प्रयोजन' का अर्थ है **कारण भूत उद्देश्य**। काव्य-प्रयोजन पर विचार करने का तात्पर्य है उस उद्दरेश्य पर विचार करना जिसकी पूर्ति के लिए कवि काव्य की रचना करता है।

काव्य प्रयोजन का प्रथम उल्लेख **भरतमुनि** ने ही किया है। उनके अनुसार (दृश्य) काव्य का मुख्य प्रयोजन लोकरंजन[56] है। **भामह** ने चतुःपुरुषार्थों की प्राप्ति, कलाओं में वैचक्षण्य, कीर्ति और प्रीति को काव्य-प्रयोजन माना है।[57] परवर्त्ती आचार्यों में अलंकारवादियों ने 'कीर्ति' और 'प्रीति' पर बल दिया[58], पर ध्वनिवादियों ने मात्र 'प्रीति' को ही महत्त्व दिया।[59] हिन्दी के कवियों-आचार्यों ने प्रायः 'स्वान्तः सुखाय' और 'सुरसरि सम कहँ हित' (**तुलसी**), 'हृदय को मुक्तावस्था में लाना' (**आ. शुक्ल**), 'मानव-हित' (**आ. हजारी प्र. द्विवेदी**), 'आत्माभिव्यक्ति' (**डॉ. नगेन्द्र**), 'आत्मानुभूति' (**नन्ददुलारे वाजपेयी**), 'आत्महित' (**गुलाबराय**) आदि को काव्य-प्रयोजन स्वीकार किया है। संख्यात्मक वृद्धि को यदि ध्यान में रखा जाये, तो कहा जायेगा कि अपनी समन्वयात्मक दृष्टि के कारण **मम्मट** ने प्रायः सभी के मतों का अन्तर्भाव

कर लिया है। **मम्मट** द्वारा परिगणित छह काव्य-प्रयोजनों में ही सब सिमट जाते हैं। वे ये हैं[60]

1.	यशोलाभ	2. अर्थलाभ
3.	व्यवहारज्ञान (व्युत्पत्ति)	4. शिवेतरक्षय (अनिष्ठ-निवारण)
5.	सद्यः परनिर्वृति (आनन्दलाभ; प्रीति)	6. कान्तासम्मिततयोपदेश

यशोलाभ—नश्वर प्राणी यशोलाभ द्वारा अनश्वर बनता है। इसी से यश काव्य-रचना का प्रथम प्रयोजन कहा गया है। इसकी महत्ता इसी से विदित है कि 'गीता (11/13) में निष्काम कर्म की उक्ति को 'यशो लभस्व' से पुष्ट किया गया है। यश-प्राप्ति की आकांक्षा मानव की दुर्बलता है। इस प्रयोजन को पश्चिम में भी स्वीकार किया गया है।[61] तुलसी का 'स्वान्त सुखाय', डॉ. नगेन्द्र की '**आत्माभिव्यक्ति**', वाजपेयी की '**आत्मानुभूति**', गुलाबराय का '**आत्महित**' आदि, सब का मोटे तौर पर इसी में अन्तर्भाव हो जाता है। यशोलाभ न केवल कर्त्ता के कृतित्व के श्रम का पुरस्कार है, प्रत्युत उसके अमरत्वलाभ का साधन भी।[62] यह प्रयोजन उभय पक्षीय हे। श्रेष्ठ रचना से कवि तो अमरत्व लाभ करता ही है, वह रचना के माध्यम से दूसरों का भी यश-विस्तार करता है।

अर्थलाभ—दूसरा काव्य-प्रयोजन है अर्थलाभ। यह ठीक है कि काव्य का अर्थगत मूल्यांकन नहीं हो सकता, पर काव्यकार की भी दैनंदिन आवश्यकताएँ होती हैं जिनकी पूर्ति के लिए अर्थ की आवश्यकता है। संस्कृत, हिन्दी के अनेक कवियों को पहले राजाश्रय प्राप्त था जिससे उन्हें भौतिक सुखोपाोग की सुविधाएँ प्राप्त थीं। आज भी साहित्यकारों को पुरस्कार, सम्मान आदि प्राप्त होते हैं। रचनाओं से पारिश्रमिक भी प्राप्त होते हैं। अर्थ की समस्या को नकारा नहीं जा सकता। इतना अवश्य है कि यह प्रयोजन एकपक्षीय—मात्र कवि-पक्ष से ही सम्बन्धित है।

व्यवहारज्ञान—तीसरा प्रयोजन है व्यवहारज्ञान। इसका अपर नाम 'व्युत्पत्ति' भी है। स्पष्ट शब्दों में इसे प्रतिभा-विकास कहना संगत है। यह प्रयोजन भी उभयपक्षीय है। काव्यानुशीलन से पाठक को और काव्य-रचना से कवि (कर्त्ता) को लोक-व्यवहार का ज्ञान प्राप्त होता है। काव्य-रचना के पूर्व कवि अपने लोक-ज्ञान को निश्चित कर लेता है और पाठक उसकी कृति को पढ़कर उस समय की रीति-नीति, लोक-विश्वास आदि का ज्ञान प्राप्त करता है। कालिदास, सूर, तुलसी, बिहारी आदि की कृतियों को पढ़कर पाठक उनके युग से साक्षात्कार करता है। यहीं ध्यातव्य है कि काव्य से प्राप्त होने वाला ज्ञान पाण्डित्य नहीं है। वह लोक-व्यवहार के लिए 'आवश्यक चातुर्य' भी नहीं है। काव्यानुशीलन से प्राप्त व्यवहार-ज्ञान अथवा व्युत्पत्ति का अर्थ है काव्यास्वाद के लिए आवश्यक भावक-प्रतिभा का विकास।[63] "**भाव-प्रसार द्वारा**

कर्मण्य के लिए कर्मक्षेत्र का विस्तार"[64] करने की बात कह कर आ. शुक्ल ने इस प्रयोजन के महत्त्व को स्वीकार किया है।

शिवेतरक्षय—चौथा प्रयोजन है शिवतेरक्षय अर्थात अनिष्ट का निवारण। स्तुतिपरक काव्यों की रचना इसी प्रयोजन से होती रही है। मम्मट ने मयूर कवि का उदाहरण दिया है जिनके कुष्ट की समाप्ति सूर्य की शतश्लोकात्मक स्तुति से हुई थी। कहा जाता है कि बाहुपीड़ा-निवारणार्थ तुलसी ने 'हनुमान बाहुक' की रचना की थी। आज दैवी शक्तियों की स्तुति बात भले ही अटपटी लगे, पर उसकी जगह मानवी शक्तियों से प्राप्त होने वाले कष्टों के निवारणार्थ काव्य-रचना में पर्याप्त वृद्धि हुई हे। मात्र वैयक्तिक कष्ट के निवारणार्थ ही नहीं, वरन् समाज और राष्ट्र के सामूहिक कष्ट के निवारणार्थ भी काव्य रचे जाते हैं। युद्ध, साम्प्रदायिकता आदि अनिष्टों के प्रेरक तत्त्वों के मूलोच्छेदन के लक्ष्य से आज काव्य का महत्त्व और भी बढ़ गया है।[65] तुलसी का '**सुरसरि सम राब कहँ हित**', आचार्य हजारी प्रसाद द्विवेदी का 'मानव-हित' आदि इसी प्रयोजन में परिगणित किये जायेंगे।

सद्यः परनिर्वृत्ति—काव्य का पाँचवाँ किन्तु शीर्षस्थानीय प्रयोजन है सद्यः परनिर्वृत्ति। काव्य का मूल प्रयोजन यही है। काव्य के पठन-श्रवण (आस्वादन) से प्राप्त होने वाले रसरूप 'आनन्द' का संकेत ही इस प्रयोजन में किया गया है।[66] ध्वनिवादियों की 'प्रीति' और आ. शुक्ल द्वारा संकेतित '**हृदय को मुक्तावस्था में ले जाना**' भी यही है। आ. मम्मट ने 'सकल प्रयोजन मौलिभूत' के रूप में रस-चर्वणा से प्राप्त जिस 'आनन्द' को लक्ष्य किया है, वह यही है। आ. मम्मट ने '**आनन्द**' के लिए तीन विशेषण दिये हैं—'सकल प्रयोजन मौल्भूितम्', 'रसास्वादनसमुद्भूतम्' और 'विगलितवेद्यान्तरम्'[67] कविता 'ह्लादैकमयी' कही गयी है। यह जितना आह्लाद और आनन्द पाठक को प्रदान करती है उतना ही कवि को भी। इसलिए यह प्रयोजन भी उभयपक्षीय है। डा. नगेन्द्र की 'आत्माभिव्यक्ति' और वाजपेयी जी की 'आत्मानुभूति' आदि को 'यशोलाभ' की अपेक्षा इसी प्रयोजन में स्थान देना अधिक संगत होगा। इसी वैशिष्टय के कारण काव्यानन्द ब्रह्मानन्द-सहोदर बनने में समर्थ होता है। पश्चिमी विचारक **अरस्तु** ने भी आनन्द को सर्वोपरि महत्व दिया है।[68] अन्य प्रयोजनों के परिणाम भले ही देर से प्राप्त हों, पर काव्य-सर्जन से कवि को और काव्यानुशीलन से पाठक को सद्यः आनन्दलाभ मिलता है।

कान्तासम्मिततयोपदेश—यह छठा और अन्तिम प्रयोजन है। इसका तात्पर्य है **सरस उपदेश**। इसे भी आनुषंगिक प्रयोजन माना गया है। उपदेश तीन प्रकार के कहे गये हैं (क) प्रभुसम्मित, (ख) सुहृत्सम्मित और (ग) कान्तासम्मित। जहाँ प्रभुसम्मित उपदेश आज्ञामूलक होने के कारण और सुहृत्सम्मित उपदेश विधि-निषेधमूलक होने के कारण अग्राह्य रह जाते हैं, वहाँ कान्तासम्मित उपदेश अपनी सरसता और व्यंजकता के कारण पूर्णरूपेण ग्राह्य बनते हैं। अनिंद्य सुन्दरी प्रेयसी से मिलने वाले संकेतों को

किनारे कर देना सहज नहीं होता। कोरे उपदेशक और काव्यकार के दृष्टिकोण में अन्तर होने के कारण ही यह संभव होता है। काव्य-रस उपदेश-औषधि को मीठा बना देता है। इसकी तुलना **'गुड़जिह्विकया शिशूनिवौषधम्'** ('काव्य-प्रदीप'–1/2)–तिक्त औषधि की शर्करावेष्ठित बटी (Sugar-Coated pills) से की जाती है।

पश्चिमी साहित्यशास्त्रियों ने काव्य को कला के अन्तर्गत ही स्वीकार किया है। अतः कहा जायेगा कि कला-प्रयोजन ही वहाँ प्रकारान्तर से काव्य-प्रयोजन के रूप में मान्य है। वहाँ बहुचर्चित प्रयोजन अग्रांकित हैं–

1. कला कला के लिए – Art for Art's sake
2. कला सृजन की आवश्यकता के लिए – Art as Creative necessity
3. कला जीवन के लिए – Art for life's sake.
4. कला जीवन में प्रवेश के लिए – Art as an entranace in to life.
5. कला सेवा के लिए – Art for service's sake.
6. कला जीवन से पलायन के लिए – Art as an escape from life.
7. कला आत्म-अनुभूति के लिए – Art for self-realisation.
8. कला आनन्द के लिए – Art for joy.
9. कला विनोद के लिए – Art for recreation.

ये सभी प्रयोजन किसी-न-किसी रूप में ऊपर विवेचित छहों काव्य-प्रयोजनों में ही देखे जा सकते हैं। इन सब को अन्तर्भाव उनमें ही हो जाता है। यहाँ केवल इतना संकेत करना ही पर्याप्त होगा कि प्रथम और द्वितीय प्रयोजन प्रायः 'स्वान्तः सुखाय' के निकट पड़ते हैं। तृतीय प्रयोजन का विचार, जिसमें चौथे और पाँचवें का भी प्रायः अन्तर्भाव है, 'शिवेतरक्षय' और 'कान्तासम्मिततयोपदेश' में ही मिल जाता है। इस प्रकार छठे की व्यर्थता स्वयंसिद्ध हे। सातवाँ प्रयोजन शीर्षस्थानीय महत्त्व का है जिसका अन्तर्भाव 'सद्यः परनिर्वृत्ति' में हो जाता है। आठवें और नवें प्रयोजनों का सम्बन्ध क्रमशः रचना-शिल्प-सौन्दर्य और काव्य-पाठ से प्राप्त होने वाली जिन्दादिली से है जिसका अन्तर्भाव सातवें प्रयोजन में ही मानना चाहिए। अस्तु, स्पष्ट है कि भारतीय और पश्चिमी विचार में अन्तर नहीं के बराबर है। किंचित् भिन्नता यदि है भी तो उन्हें भिन्नता की अपेक्षा भौमिक विशिष्टता ही मानना श्रेयस्कर है।

उपर्युक्त विवेचन से स्पष्ट है कि काव्य-प्रयोजनों में शीर्षस्थानीय महत्त्व का प्रयोजन है–**सद्यः परनिर्वृत्ति**। इसे ही **'आनन्दलाभ'** और **'प्रीति'** भी कहा गया है। अरस्तु का pleasure भी यही है। कलावादियों ने इसे ही **'कला आत्मानुभूति के लिए'** (Art for Self-realisation) के नाम से स्वीकृत और व्याख्यायित किया है।

काव्य के भेद

काव्य के भेद कई दृष्टियों से किये गये हैं, जिनमें प्रमुख ये हैं–(1) दृश्य-श्रव्य अथवा प्रयोजन के आधार पर, (2) शैली अथवा छन्द-प्रयोग की दृष्टि से, (3) अर्थ अथवा ध्वनितत्त्व की दृष्टि से, (4) बन्ध अथवा स्वरूप की दृष्टि से, एवं (5) कवि के आन्तर और बाह्य सम्बन्धों की दृष्टि से।

प्रयोजन/दृश्य-श्रव्य दृष्टि से

भारतीय आचार्यों ने इन्द्रियों को प्रभावित करने के प्रयोजन अथवा दृश्य-श्रव्य आधार पर दो प्रकार का काव्य स्वीकार किया–**दृश्य काव्य** एवं **श्रव्य काव्य**[69]। रंगमंच पर अभिनीत होने वाले[70] दृश्यकाव्य के अन्तर्गत रखे गये। ये अभिनयार्थ रचित होते थे। इनका अभिनय देखने से दर्शक इन्हें ग्रहण करता था। दृश्यकाव्य भी दो प्रकार के–रूपक और उपरूपक–स्वीकृत हुए। पुनः इनके और भी उपभेद हुए। सम्प्रति रूपक-उपरूपक के अवान्तर भेद व्यावहारिक दृष्टि से निश्शेष प्राय हो गये हैं। आज इन सब का अर्थबोध प्रायः 'नाटक' शब्द से हो जाता है। 'नाटक' में भी आज स्वरूपगत अनेक महत्त्वपूर्ण परिवर्तन हो गये हैं। दृश्यकाव्य की उपयोगिता अनपढ़ों के लिए भी है। उसे अभिनीत होते देख कर वे भी उतना ही आनन्द लाभ कर सकते हैं जितना पढ़ा-लिखि वर्ग। इस व्यावहारिकता ने ही इसे पाँचवाँ वेद का स्थान दिया होगा। भरतमुनि की मान्यता है–

> न वेदव्यवहारोऽयं संश्राव्यः शूद्रजातिषु।
> तस्मात् सृजापरं वेदं पञ्चमं सार्ववर्णिकम्।।–नाटयशास्त्र 1/12

कालिदास के अनुसार नाटक सब प्रकार की बुद्धि और रुचि के अनुकूल होता है।[71] आजकल नाटक को अभिनीत होते देखकर ही नहीं, पढ़कर और सुनकर (रेडियो आदि से प्रसारित) भी आनन्द लाभ किया जाता है। अस्तु, इसे भी तीन विभागों में रखने की आवश्यकता है–'नाट्य', 'पाठ्य' और 'श्रव्य'।

कानों से सुनकर जिनका आनन्द पाया जाय, वे श्रव्य काव्य कहे गये। किन्तु, श्रव्य काव्यों का आनन्द पढ़कर भी पाया जाता है। यह परम्परा अति प्राचीन हे। वाल्मीकीय **रामायण** को पढ़ने और गाने, दोनों में मधुर कहा गया है।[72] उसकी गेयता प्रशंसनीय है।[72] इस प्रकार श्रव्यकाव्य के भी 'पाठ्य' और 'श्रव्य' दो विभाग होंगे। दर्शन तथा श्रवणेन्द्रियों के आधार पर किया गया काव्य का यह वर्गीकरण प्रचीनतम है। यह वर्गीकरण ऐसा सोचने को बाध्य करता है कि **अति प्राचीन समय में काव्य-प्रचार के दो मुख्य साधन थे–अभिनय और गायन**। अभिनय आँख और कान दोनों को प्रभावित करता था, जबकि गायन केवल कानों को। काव्य का आस्वादन पढ़ कर भी किया जाता था,

पर पठन का स्थान और महत्त्व अभिनय और गायन के पश्चात् यानी तीसरे स्थान पर था। इस विभाजन को तालिका द्वारा निम्नांकित रूप में प्रस्तुत किया जाता है–

काव्य

- दृश्य काव्य
  - नाट्य
  - पाठ्य
  - श्रव्य
- श्रव्य काव्य
  - पाठ्य
  - श्रव्य

शैली/छन्द-प्रयोग की दृष्टि से

शैली का तात्पर्य यहाँ शाब्दिक अभिव्यक्ति-शैली से है। शाब्दिक अभिव्यक्ति मूलतः दो प्रकार की होती है–**साधारण** अथवा **स्वाभाविक** और **असाधारण** अथवा **लयात्मक**। प्रथम से गद्य की उत्पत्ति होती है और द्वितीय से पद्य की। पुनः इन दोनों के योग से अन्य काव्य-विधाएँ विकसित होती हैं। स्वाभाविकता, तीव्रता, सांकेतिकता, नाटकीयता आदि के कारण ही शाब्दिक अभिव्यक्तियाँ विभिन्न विधाओं का रूप ग्रहण करती हैं। प्राचीन काव्यशास्त्रियों द्वारा स्वीकृत गद्य और पद्य के विभिन्न रूप इसी का साक्ष्य उपस्थित करते हैं। इसी कारण संस्कृताचार्यों ने शैली अथवा छन्द-प्रयोग के अनुसार काव्य के तीन भेद किये हैं–पद्य, गद्य और मिश्र (चम्पू)।

पद्य, कर्त्ता (कवि) की असाधारण अथवा लयात्मक अभिव्यक्ति का परिणाम है। इसका सम्बन्ध 'पद्' धातु से है। **पदयुक्त रचना पध है**। अर्थात् पद्य, काव्य-रचना की वह विशिष्ट शैली है जिसमें छन्द-विधान आवश्यक है। कवि **अज्ञेय** के अनुसार छन्द कविता (पद्य) की आँख है।[74] पद्य में व्याकरणिक नियमों के सामान्य क्रम का उल्लंघन भी किया जा सकता है। इसमें भावों का प्राधान्य होता है। श्रवण-सुखदता, लयात्मकता, सांगीतिकता, मधुरता जैसे गुण इसमें सहज ही होते हैं। मूलतः हर जीवन के रागात्मक और भावात्मक पक्ष से सम्बन्धित होता है। भारतीय आचार्यों ने अनेक बार 'पद्य', 'काव्य' और 'कविता' तीनों को समान अर्थ में भी प्रयुक्त किया है। वर्तमान समय में इस स्थिति में पर्याप्त बदलाव हो गया है। 'पद्य' का छन्दोबद्ध होना अनिवार्य है, पर 'कविता' के लिए छन्द की अनिवार्यता नहीं रह गयी है। आज कविता गद्य में भी लिखी जाती है जिसे गद्य-गीत या गद्य-कविता (prose poem) की आख्या मिली है। काव्य और छन्द पर विचार करते हुए रवीन्द्रनाथ ठाकुर ने मत व्यक्त किया है कि, "काव्य का लक्ष्य हृदय-जय करना है, चाहे पद्य के घोड़े पर सवार होकर हो या गद्य की पैदल मात्रा से हो।"[75] कविता गद्य में भी हो सकती है, पद्य में भी हो सकती है और मुक्त छन्द में भी, पर पद्य केवल छन्दों में ही हो सकता है।

गद्य, पद्य का विपक्षी रूप है। गद्य, कर्त्ता की स्वाभाविक अभिव्यक्ति का परिणाम है। इसमें छन्द का बन्धन नहीं होता एवं वाक्य-विन्यास सदा व्याकरण के नियमों के अनुसार होता है। गद्य का सम्बन्ध 'गद्' धातु से है जिसका तात्पर्य 'बोलने' यानी बोल-चाल की भाषा से है। प्राचीनों ने कर्त्ता की परख के लिए गद्य को ही निकष स्वीकार किया है—'गद्यं कवीनां निकषं वदन्ति'। गद्य कर्त्ता के बौद्धिक पक्ष का प्रत्यक्षीकरण है। पद्य की सरलता, तरलता सांकेतिकता आदि के विपरीत गद्य में गंभीरता, गुरुता, बौद्धिकता आदि का आधिक्य होता है।

गद्य और पद्य की मिश्रित शैली **चम्पू** या मिश्र काव्य है। संस्कृत, प्राकृतादि से लेकर आधुनिक भारतीय भाषाओं में इन तीनों शैलियों में विपुल रचनाएँ होती रही हैं। प्राचीनों ने गद्य और पद्य को विभिन्न रूपेण वर्गीकृत किया है। आज अनेक काव्यरूप विकसित-प्रचलित हो चुके हैं। अस्तु, उन्हें नवीन ढंग से वर्गीकृत करना आवश्यक हो गया है। इस सम्बन्ध में आवश्यक विचार यथास्थान आगे किया जायेगा।

अर्थ अथवा ध्वनितत्त्व की दृष्टि से

अर्थ अथवा ध्वनि-तत्व के अनुसार काव्य के तीन भेद मान्य हैं—(क) उत्तम अथवा ध्वनि-काव्य, (ख) मध्यम अथवा गुणीभूत व्यंग्य और, (ग) अवर अथवा चित्रकाव्य।

क. उत्तम / ध्वनिकाव्य

वाच्य अर्थ से व्यंग्य अर्थ में चमत्कार की योजना अधिक होने पर रचना उत्तम अथवा ध्वनिकाव्य कही जाती है।[76] यहाँ केवल अर्थग्रहण से काम नहीं चलता, वरन् बिम्ब-ग्रहण भी होता है। यथा—

> साँप!
> तुम सभ्य तो हुए नहीं, (न होगे)
> नगर में बसना भी तुम्हें नहीं आया।
> एक बात पूछूँ—(उत्तर दोगे?)
> तब कैसे सीखा डसना—
> विष कहाँ पाया? —अज्ञेय, *इन्द्रधनु रौंदे हुए ये*

यहाँ कवि साँप से पूछता है कि वह नगर में बस कर सभ्य तो हुआ नहीं, फिर उसने डराना— दूसरों को दंशित करना किससे सीखा और विष की प्राप्ति कहाँ से की। कविता के इस वाक्यार्थ से प्रतीयमान अर्थ निकलता है कि अपनी स्वार्थसिद्धि हेतु नगरवासी दूसरों को कष्ट पहुँचाते, दूसरों की निर्मम हत्या करते हैं। इस प्रकार वे विषाक्त हो गये हैं। इस सम्भावना का संकेत करके, कि साँप को डसने की शिक्षा

नगरों से ही मिल सकती है, व्यंग्य को और भी तीखा बना दिया गया है। अर्थ की इसी प्रतीति के कारण यह 'उत्तम' अथवा 'ध्वनिकाव्य' बन सका है।

ध्वनि काव्य के अनेक भेद आचार्यों ने किये हैं। इस सम्बन्ध में आवश्यक विवेचन इसी पुस्तक में आगे 'ध्वनिकाव्य' शीर्षक से किया गया है। वे वहाँ द्रष्टव्य हैं।

ख. मध्यम काव्य / गुणीभूत-व्यंग्य

व्यंग्य अर्थ का गौण हो जाना अथवा मुख्य अर्थ के तुल्य हो जाना ही मध्यम अथवा गुणीभूत-व्यंग्य काव्य है।[77] इस प्रकार का काव्य न तो उत्तम कोटि का होता है और न एकदम निम्नकोटि का। इसमें ध्वनि का चमत्कार सर्वोपरि नहीं होता, पर वह रमणीय अवश्य होता है। तात्पर्य यह कि शब्दार्थ सहज और रमणीय होते हैं, पर ध्वनि का चमत्कार गौण अथवा मन्द होता है। यथा–

सो रहा है झोंप अँधियारा
नदी की जाँघ पर :
डाह से सिहरी हुई यह चाँदनी
चोर पैरों से उझक कर
झाँक जाती है। —अज्ञेय, *हरी घास पर क्षण भर*

इस स्तवक में कवि ने नदी पर फैल रही वृक्षों की सघन छाया के अन्धकार पर चाँदनी की बिखरी किरणों के गिरने का दृश्य अंकित किया है, पर व्यंग्य-रूप में पूरे दृश्य को एक चेतना प्रदान करने का प्रयत्न किया है जो सम्पूर्ण दृश्य को मानव की एक परिचित भंगिमा प्रदान करती है। यहाँ मानवीय व्यापार का आरोप है। यहाँ व्यंग्यार्थ इतना स्पष्ट है कि 'ध्वनि' की सम्पूर्ण गरिमा ही समाप्त हो गयी है। अस्तु, यह उत्तम काव्य न होकर मध्यम अथवा गुणीभूत-व्यंग्य काव्य की श्रेणी में आ गया है। गुणीभूत-व्यंग्य के कई प्रकार स्वीकृत हैं। इस निमित्त इसी पुस्तक में आगे 'गुणीभूत-व्यंग्य' पठनीय है।

ग. अवर काव्य / चित्र काव्य

मुख्यार्थ की प्रधानता ही अवर काव्य है।[78] अवर काव्य का तात्पर्य वैसे काव्य से है जो श्रेष्ठ कोटि का नहीं (अ + वर) हो, अर्थात् उत्तम या मध्यम कोटि का न हो। आ. मम्मट ने इसे ही 'अधम' काव्य भी कहा है, पर 'अधम' की संज्ञा ठीक नहीं है। इसे ही चित्र-काव्य भी कहा गया है, जिसके दो भेद प्राचीनों द्वारा स्वीकृत हैं—**अर्थचित्र काव्य** और **शब्दचित्र काव्य।** 'शब्दचित्र' के अन्तर्गत 'चित्रालंकार' (खड्गबन्ध, मुरजबन्ध, अष्टदलपद्य बन्ध, पक्ष बन्ध आदि) रखे गये हैं। सम्प्रति हिन्दी-काव्य ने उन बन्धों का परित्याग कर दिया है। काव्य-चित्रों को हिन्दी काव्य में पर्याप्त महत्व मिला है। वस्तुतः काव्य में सफल चित्रों की योजना महत्ती उपलब्धि मानी जाती है,

भले ही ध्वन्यार्थ-शून्य ही क्यों न हो। 'चित्रकाव्य' की पारम्परीण हीन स्थिति से उबर कर हिन्दी की आधुनिक कविता ने उसे नयी महत्ता और अर्थवत्ता दी है। इस दृष्टि से अग्रांकित उदाहरण देखे जा सकते हैं। यथा–

अर्थचित्र – उड़ गयी चिड़िया
काँपी फिर
थिर
हो गयी पत्ती। – अज्ञेय, *अरी ओ करुणा प्रभामय*

क्वांर की पत्ती पर एक चिड़िया आकर बैठी थी किसी हलचल का आभास पाकर, पत्ती को ठेलती हुई फिर उड़ गयी जिससे पत्ती एक-दो बार काँपी और फिर स्थिर हो गयी। यहाँ एक अर्थचित्र भर है। यहाँ किसी प्रकार की 'ध्वनि' या 'व्यंग्यार्थ' प्रयत्नपूर्वक खोजने पर भी निराशा ही होगी। इस काव्य का धरातल उत्तम अथवा मध्यम काव्य के स्तर को तो नहीं है, पर आ. मम्मट के 'अधम' विशेषण का भी अधिकारी नहीं माना जा सकता, कारण इसमें 'क्षण' विशेष को उसकी समग्रता में चित्रित करने की क्षमता है और यही इसकी उपलब्धि भी है। **अर्थचित्र** का निम्नांकित उदाहरण भी उत्तम है–

पावस ऋतु थी पर्वत-प्रदेश
पल-पल परिवर्तित प्रकृति-वेश!
अपने सहस्र दृग-सुमन फाड़,
अवलोक रहा है बार-बार
नीचे जल में निज महाकार,
–जिसके चरणों में पला ताल
दर्पण-सा फैला है विशाल! –पन्त, *पर्वत-प्रदेश में पावस*

सुमित्रानन्दन पन्त की कविता से ही आगे शब्दचित्र के भी दो उदाहरण रखे जाते हैं। यथा–

(क) बाँसों का झुरमुट
संध्या का झुटपुट
हैं चहक रही चिड़ियाँ
टी. बी. टी-टुट्-टुट।

(ख) पपीहों की वह पीन पुकार
निर्झरों की भारी झर-झर
झींगुरों की झीनी झनकार
घनों की गुरु गंभीर घहर
बिन्दुओं की छनती छनकार
दादुरों के वे दुहरे स्वर
हृदय हरते थे विविध प्रकार
शैल-पावस के प्रश्नोत्तर।

बन्ध अथवा स्वरूप की दृष्टि से

बन्ध अथवा स्वरूप की दृष्टि से काव्य दो प्रकार के होते हैं—**प्रबन्ध** और **निर्बन्ध**। **प्रबन्ध** में कथा सानुबन्ध चलती है। इसमें कथानक का क्रम आरम्भ से अंत तक अटूट रहता है। **निर्बन्ध** काव्य कथानक-रहित होता है। इसमें कथा की निबद्धता की बात ही नहीं उठती है। इसमें छन्द स्वतंत्र और स्वतःपूर्ण रहते हैं। किसी विचार अथवा भाव को निरपेक्ष रूप में उपस्थित करना ही इनका लक्ष्य होता है। ऐसे ही काव्य **अनिबद्ध काव्य** अथवा **'मुक्तक काव्य'** भी कहे गये हैं। इसके कई अवान्तर भेद भी किये गये हैं। इस दृष्टि से समन्वयवादी आचार्य पं. विश्वनाथ का अग्रांकित वर्गीकरण देखा जा सकता है। यथा—

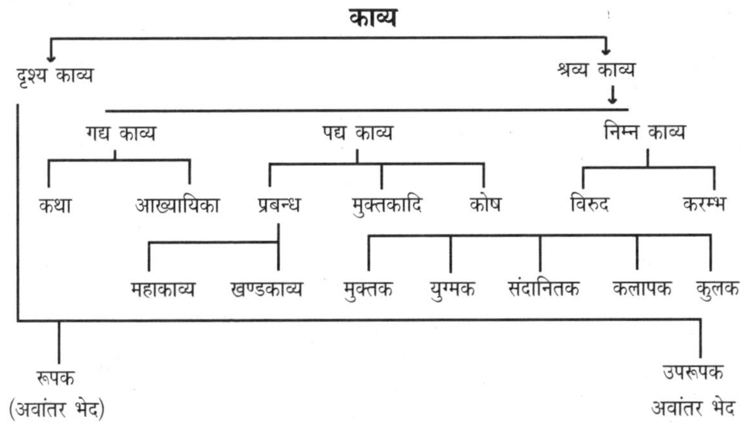

1. नाटक 2. प्रकरण	1. नाटिका, 2. त्रोटक, 3. गोष्ठी, 4. सट्टक
3. भाण 4. व्यायोग	5. नाट्यरासक, 6. प्रस्थानक, 7. उल्लाप्य, 8. काव्य
5. समवकार 6. डिम	9. रासक, 10. प्रेखण, 11. संलापक, 12. श्रीगदित
7. ईहामृग 8. अंक	13. शिल्पक, 14. विलासिका, 15. दुर्मल्लिका
9. वीधी 10. प्रहसन	16. प्रकरणिका, 17. हल्लीश और 18. भाणिका।

यद्यपि अपने युग के अनुरूप पं. विश्वनाथ ने यह वर्गीकरण स्वयं पर्याप्त परिष्कार-संस्कार के पश्चात् और कतिपय निश्चित आधारों पर प्रस्तुत किया था, तथापि यह वर्तमान समय में प्रचलित हिन्दी-काव्यरूपों के लिए उतना उपयुक्त नहीं रह गया है। इसमें भी परिष्कार और किंचित् परिवर्तन करने की आवश्यकता हो गयी है। पुनः उन्होंने 'काव्य' को समस्त 'ललित वाङ्मय' के अर्थ में स्वीकार किया है, तभी 'गद्य' को भी यहाँ स्थान मिला है। ध्यातव्य है कि आज 'गद्य' को काव्य में स्थान प्राप्त नहीं दिया जाता है। 'काव्य' अथवा 'कविता' शब्द कहने-सुनने से

हमारे मन में सर्वप्रथम यही बात आती है कि वह 'गद्य' नहीं है। अस्तु, काव्य का वर्गीकरण करते समय 'गद्य' को उसमें स्थान नहीं मिलना चाहिए। यों 'गद्य काव्य' नाम की एक स्वतंत्र विधा भी काफी लोकप्रिय हुई है। तब भी 'गद्य' को स्वतंत्र रूप से ही वर्गीकृत[79] करने की आवश्यकता है। अस्तु, मोटे तौर पर 'काव्य' का निम्नांकित रूप में वर्गीकरण किया जा सकता है। यथा–

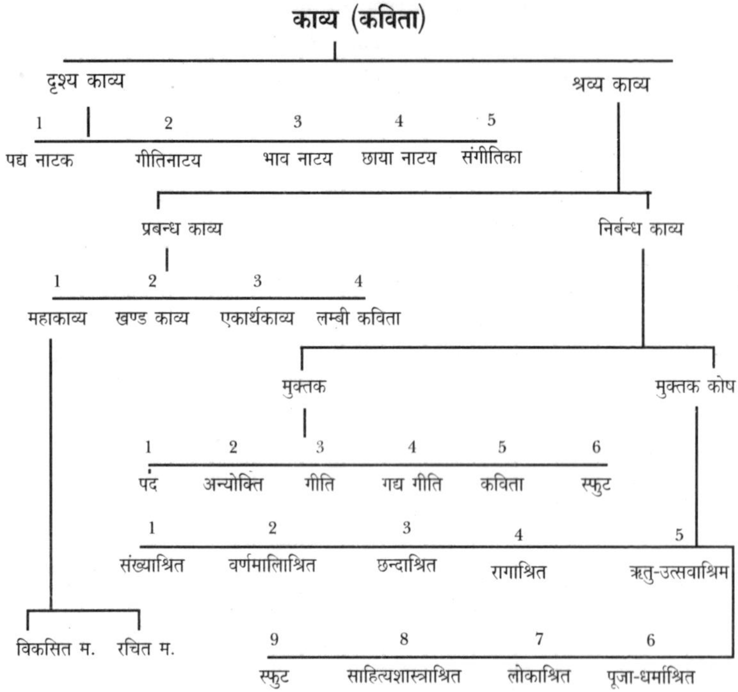

व्यावहारिक सुविधा और वर्तमान समय में हिन्दी में प्रचलित विधाओं की दृष्टि से उपर्युक्त वर्गीकरण अधिक समीचीन है। ध्यातव्य है कि पूर्व पृष्ठों में दृश्यकाव्य के तीन–'नाट्य', 'पाठ्य' और 'श्रव्य'–एवं श्रव्यकाव्य के दो–'पाठ्य' और 'श्रव्य'–भेद किये गये हैं। वे उपर्युक्त वर्गीकरण पर भी लागू हैं। इसी वर्गीकरण में जिसे **'गद्यगीति'** कहा गया है, उसे सम्प्रति **'गद्य-कविता'** (Prose Poem) के नाम से अधिक पहचाना जा रहा है। इसी प्रकार आजकल **'ठोस कविता'** (Concrete poem) का भी प्रचलन हो रहा है। इसे वर्गीकरण में स्थान नहीं मिला है–अभी इसे 'स्फुट' वर्ग में ही रखना संगत है, क्योंकि वह विधा अभी तक पूर्णतः न तो स्थिर हुई है और न बहुमान्य ही।

उपर्युक्त वर्गीकरण में 'काव्य' शब्द 'कविता' के रूढ़ अर्थ में ही प्रयुक्त हुआ है।

'काव्य' का प्रयोग 'साहित्य' के रूढ़ अर्थ (यथा—'काव्यशास्त्र') में भी होता है। वैसी स्थिति में 'गद्य' की मौलिक अर्थ-भिन्नता है। इसलिए गद्य की विधाओं को उक्त वर्गीकरण में स्थान नहीं मिला है। संस्कृताचार्यों के समान ही 'काव्य' में आज 'गद्य विधाओं का अन्तर्भाव करना सम्भव नहीं है।' **'गद्यकाव्य'** शब्द सम्प्रति गद्य की एक विधाविशेष (गद्यगीत अथवा गद्यकविता से किंचित् भिन्न) का सूचक भर हो गया है। अस्तु, गद्य-विधाओं को अलग से वर्गीकृत करने की आवश्यकता है।

स्वाभाविक शाब्दिक अभिव्यक्ति ही गद्य है। सर्वमान्य गद्य-भाषा दैनन्दिन व्यवहार में कथित अथवा उच्चरित भाषा ही होती है। कथित भाषा में अनेकबार बदलाव भी आ जाता है। बदलाव मूलतः पारस्परिक वार्तालाप अथवा कथ्य के कथन में नाटकीयता, ऋजुता, चिन्तन-तत्त्व की प्रधानता और वर्णन-शैली की विविधता के कारण होता है। परिणामतः अभिव्यक्ति-भेद से गद्य की विभिन्न विधाएँ सहज ही रूप प्राप्त कर लेती हैं। नाट्य-विधाओं में जहाँ वार्तालाप का रूप मिलता है, वहाँ कथा-साहित्य में कथन का। इनके विपरीत रिपोर्ताज आदि में जहाँ वर्णन-वैविध्य को प्रमुखता प्राप्त होती है, वहाँ निबन्धादि में चिन्तन-तत्त्व प्रधान हो उठता है। तात्पर्य यह कि वार्तालाप, कथन, वर्णन और चिन्तन जैसी मुख्य प्रवृत्तियाँ गद्य-विधाओं की जननी हैं। इन्हें ध्यान में रखते हुए सम्प्रति हिन्दी-गद्य में प्रचलित विधाओं का जिस रूप में स्थूल व्यावहारिक वर्गीकरण किया जा सकता है, उसे अग्रांकित तालिका द्वारा प्रत्यक्ष किया जाता है। यथा—

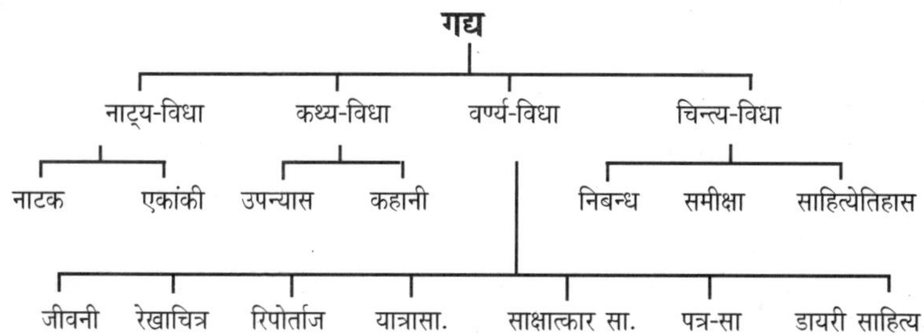

इनमें से नाटक, एकांकी, उपन्यास, कहानी, निबन्ध, समीक्षा, जीवनी आदि के अवान्तर विभाग भी कई आधारों पर सहजता पूर्वक ही किये जा सकते हैं।

साहित्यिक विधाओं के उपर्युक्त दोनों वर्गीकरणों की अपनी सीमाएँ हैं। अपनी सीमाओं में ही ये व्यावाहरिक हैं। आधुनिक युग की वैज्ञानिक उपलब्धियाँ इनकी सीमाओं के भंजक हैं। आज कोई भी साहित्यिक विधा शुद्ध रूप में न तो मात्र 'दृश्य' कही जायेगी और न 'श्रव्य' अथवा 'पाठ्य' ही। आवश्यकतानुसार किसी भी विधा को दृश्य, श्रव्य अथवा पाठ्य बनाया जा सकता है। मुद्रण-यंत्रों की सुविधा

से जहाँ प्रत्येक विधा को पाठय रूप में प्राप्त किया जा सकता है, वहाँ टेपरेकार्डर की सुलभता से उसे श्रव्य भी बना लिया जा सकता है। इसी प्रकार दृश्य-श्रव्य उपकरणों का सहारा लेकर प्रत्येक विधा को एक साथ ही देख-सुन कर भी आनन्द-लाभ किया जा सकता है। अस्तु, उपर्युक्त दोनों वर्गीकरणों की सीमाएँ स्वयं ही स्पष्ट हैं।

कवि के आन्तर और बाह्य सम्बन्धों की दृष्टि से

पाश्चात्य साहित्याचार्यों ने कवि के आन्तर और बाह्य सम्बन्धों के आधार पर काव्य के मोटे तौर पर दो विभाग किये हैं—(क) **व्यक्तिनिष्ठ** अथवा **विषयि प्रधान** (Subjective) और **वस्तुनिष्ठ** अथवा **विषय प्रधान** (Objective)। प्रथम में कवि निजी सुख-दुखात्मक अनुभूतियों (विषयी) को ही प्रकट करता है, और दूसरे में वह बहिर्जगत् से अपने को लीन करके बाह्य वस्तु (विषय) में सौन्दर्य का साक्षात्कार करता है। इसमें कवि विषय-वस्तु से यथासाध्य तटस्थता बनाये हुए कवि-कर्म करता है। प्रथम में सहज आत्माभिव्यक्ति होती है। बाह्य विषय से प्रेरणा ग्रहण कर उसमें कवि निःसंकोच भाव से स्वानुभूतियों को प्रकट करता है। परिणामतः विषयिप्रधान काव्य में वस्तु के यथातथ्य आकलन, चित्रण, वर्णन आदि का अभाव होता है। कवि की उद्दाम और आवेगपूर्ण अभिव्यक्ति का उसमें सहज प्रवाह होता है। इसके सर्वोत्तम उदाहरण गीत माने जायेंगे। गीत जहाँ विषयि-प्रधान होते हैं, वहीं महाकाव्य, ऐतिहासिक चरित्र आदि से सम्बन्धित प्रबन्ध और आख्यान विषय-प्रधान। विषयि-प्रधान कविताओं में तीन बातें प्रधान तौर पर प्राप्त होती है—**कल्पना, अनुभूति** और **चिन्तन**। विषयी की प्रधानता यानी कवि की आत्मनिष्ठता के कारण ही गीत-प्रधान मुक्तकों में आज व्यक्तिगत भावोच्छवास अधिक अभिव्यक्त होता है। हिन्दी की छायावादी कविता विषयि-प्रधान ही अधिक है।

विषय-प्रधान अथवा वस्तुनिष्ठ काव्य में वर्ण्य-विषय कवि के वैयक्तिक राग-द्वेष से प्रायः अछूता रहता है। कवि-अनुभूति का प्रकाशन उसमें भी होता है, पर परोक्ष रूप में। कविता की तरह की गद्य-विधाओं में भी ये दोनों रूप मिलते हैं। ललित निबंधों, संस्मरणों आदि में जहाँ व्यक्ति सापेक्षता होती है, वहीं उपन्यासों आदि में निरपेक्षता। हिन्दी की द्विवेदी युगीन कविता एवं प्रगतिवादी काव्यधारा में वस्तुनिष्ठता (विषय की प्रधानता) को प्रधानता प्राप्त है।

काव्य के तत्त्व

प्रत्येक वस्तु के निर्माण में जैसे कुछ तत्त्वों का योग होता है, वैसे ही काव्य-निर्माण में भी कुछ 'तत्त्व' सम्मिलित होते हैं। पर भौतिक अथवा स्थूल तत्त्वों की तरह काव्य के तत्त्वों की न तो पहचान करना सरल है और न उन्हें एक दूसरे से सर्वथा अलग करना।

कारण, काव्य अमूर्त्त वस्तु है। अस्तु, उसके तत्त्व भी अमूर्त्त होते हैं। इसी कारण, इसकी विवेचना में पर्याप्त पार्थक्य दीखता है।

(क) पाश्चात्य मतानुसार

पाश्चात्य साहित्यशास्त्रियों के अनुसार काव्य के चार तत्त्व होते हैं–

1. भाव तत्त्व (Emotional Element)
2. बुद्धि-तत्त्व (Intellectual Element)
3. कल्पना-तत्त्व (Element of Imagination)
4. रूप-तत्त्व (Element of form)

भाव-तत्त्व–कोई भी काव्य भावशून्य नहीं हो सकता। काव्य में भावतत्त्व का तात्पर्य उस विशेष भावधारा से है जो किसी भी काव्य के मूल में निहित होती है। यह वह प्रधान भावना होती है जो काव्य-रचना के मूल में वर्तमान रहती है। कवि उसका चयन जीवन से करता है। वह किसी भी प्रकार का हो सकता है। यथा–वीर भाव, प्रेम भाव, राष्ट्र-प्रेम आदि। भाव के दो पक्ष स्वीकृत हैं–**सुखात्मक** और **दुखात्मक**। इन्हें ही क्रमशः **राग** और **द्वेष** भी कहा गया है। कतिपय विचारक भाव-तत्त्व को तीन शीर्षकों के अन्तर्गत विवेचित करने के पक्ष में हैं। वे क्रमशः ये हैं–**इन्द्रियजनित भाव, प्रज्ञात्मक** भाव और **गुणात्मक** भाव। काव्य में व्यक्त सभी भाव जीवन के विभिन्न क्षेत्रों से ही स्वीकृत होते हैं। उनमें कवि अपनी वासनाओं के योग से विभिन्न अनुभूतियों को वाणी देता है।

बुद्धि-तत्त्व–काव्य को मात्र भाव-भावित ही नहीं, बुद्धि-बोधित होना भी आवश्यक है। भाव के कारण उसमें जहाँ अविचारित रमणीयता आती है, वहाँ बुद्धि के कारण वह विचारित-सुस्थ भी बनता है। काव्य में वैसे स्थल भी आते हैं जहाँ कवि **गम्भीर जीवन-दर्शन, लोक-व्यवहारादि का ज्ञान**, विभिन्न **समस्याएँ** और उनके समाधान प्रस्तुत करता है। वैसे स्थलों का सम्बन्ध भाव की अपेक्षा बुद्धि अथवा मस्तिष्क से ही होता है। वैचारिक सिद्धता के लिए काव्य में बुद्धि-तत्त्व का संयोग आवश्यक है। महान् काव्यों में इनका योग अधिक होता है।

कल्पना-तत्त्व–पश्चिमी आचार्यों ने कल्पना को कविता का सर्वाधिक सशक्त तत्त्व माना है। **'कल्पना'** (Imagination) को व्युत्पन्न करने वाला संस्कृत का 'क्लृप' (मानसिक सृष्टि करना) अंग्रेजी के 'इमेज' (Image मानसिक चित्र) का समानार्थी है। अस्तु, काव्य में कल्पना-तत्त्व का अर्थ वैसी शक्ति से है **जिसके द्वारा अप्रत्यक्ष और अमूर्त्त-वस्तु को प्रत्यक्ष और मूर्त्त रूप प्रदान किया जाता है**। पर ध्यातव्य यह है कि पश्चिमी आचार्यों ने कविता के लिए कल्पना को जितना अधिक महत्व दिया है,

भारतीय आचार्यों ने उतना नहीं। आचार्य शुक्ल को भी ऐसा ही मान्य था। इसीलिए वे '**कल्पना**' को काव्य का केवल बोध-पक्ष मानते थे।

कल्पना को काव्य का मात्र बोध-पक्ष मानना उसकी शक्ति को सीमित करना है। कल्पना द्वारा निर्मित चित्रों का सम्बन्ध केवल वर्तमान में नहीं, वरन् भूत और भविष्य से भी होता है। इसी प्रकार वह चाक्षुष-चित्र, ध्वनि-चित्र, गंध-चित्र, स्पर्श-चित्र, वर्ण-चित्र, रेखाचित्र, गत्यात्मक चित्र, स्थिर चित्र, प्रकृति-चित्र, स्मृति-चित्र, स्थूल भौतिक चित्र, सूक्ष्म और संवेदनात्मक मानसिक चित्र आदि भी अंकित करने में सब प्रकार से समर्थ होती है। सूक्ष्म भावों के सुन्दर चित्र कल्पना के अभाव में प्रस्तुत ही नहीं किये जा सकते हैं।[1] महान कवियों में कल्पना-शक्ति अपरिसीम होती है जिसे वे अपनी कृतियों में जीवनानुभूतियों की गंभीर और सुन्दरतम अभिव्यक्ति के लिए प्रयुक्त करते हैं।

रूप-तत्त्व–रूप-तत्त्व का सम्बन्ध **कविता के छन्दोविधान** से है। काव्य का छन्दोविधान बहुत दूर तक उसके भाव-विधान पर निर्भर करता है। हिन्दी कविता में वर्णिक, मात्रिक और मुक्त, तीन प्रकार के छन्द प्रयुक्त होते हैं। भारतीय भाषाओं की कविताओं में छन्दोविधान की प्रकृति प्रायः एक-सी है। इसके विपरीत अँगरेजी छन्दोविधान उच्चरित (Accented), अनुच्चरित (Unaccounted) और पदखण्डों (Syllabus) की गणना पर आधारित है।

1. चाक्षुष चित्र

क. खुले केश अशेष शोभा भर रहे, पृष्ठ ग्रीवा बाहु उर पर तर रहे,
बादलों में घिर अपर दिनकर रहे, ज्योति की तन्वी, तड़ित द्युति
ने क्षमा माँगी। —**निराला**

ख. गिर रहीं पलकें, झुकी थी नासिका की नोक।
भ्रूलता थी कान तक, चढ़ती रही बेरोक।
स्पर्श करने लगी लज्जा ललित कर्ण कपोल।
खिला पुलक, कदम्ब-सा था भरा गदबद बोल। —**प्रसाद**

ध्वनिचित्र — रणित भृंग घंटावली, झरत दान मधु-नीर।
मंद-मंद आवत चल्यौ, कुंजर कुंज समीर।। —**बिहारी**

गंध. चित्र — रँग गई पग-पग, धन्य धरा,—हुई जग जगमग मनोहरा।
वर्ण-गंध धर, मधु-मकरन्द भर, तरु-उर की अरुणिमा तरुणतर
खुली रूप-कलियों में पल भर स्तर-स्तर सुपरिसरा।—**निराला**

स्पर्श-चित्र — स्वेद सलिल रोमांच कुस, गहि दुलही अरु नाथ।
हियौ दियौ संग हाथ के, हथलेवा ही हाथ।। —**बिहारी**

वर्ण-चित्र — अधर धरत हरि के परत, आठ ठीठि पर जोति।
हरित बाँस की बाँसुरी, इन्द्रधनुष रँग होति।। —**बिहारी**

रेखाचित्र— कंजनयनि मज्जन किये, बैठी ब्योरति बार।
कच अँगुरिन बिच डीठि दै, चितवति नन्दकुमार।। —**बिहारी**

गत्यात्मकचित्र— जज्यौं उझकि झाँपति बदन, झुकति बिहँसि सतराय।
तत्यौं गुलालमुठी झुठी, झझफावत पिय जाय।।—**बिहारी**

स्थिर चित्र — अहे दहेंड़ी जिन धरै, जिन तूँ लेहि उतारि।
नीके है छींके छुबै, ऐसे ही रहि नारि।। —**बिहारी**

इसी प्रकार और भी विभिन्न प्रकार के चित्रों के उदाहरण प्रस्तुत किये जा सकते हैं।

(ख) भारतीय मतानुसार

भारतीय मत के अनुसार अग्रांकित काव्य-तत्त्व स्वीकार किये जाते हैं। यथा—

1. शब्दार्थ	3. गुण	5. ध्वनि या ध्वनिसमर्थित रस
2. रीति	4. अलंकार	6. छन्द

इनमें प्रथम पाँच (अंतिम के अतिरिक्त) मात्र व्यावहारिक सुविधा की दृष्टि से अलग-अलग शास्त्रतः विवेच्य (Logically distinguishable) बनते रहे हैं, पर वे होते हैं वस्तुतः अविभाज्य (Actually inseparable) ही। तभी उनकी संख्या के सम्बन्ध में आचार्यों में किंचित् वैमत्य भी मिलता है। शब्दार्थ कवि-कर्म का मूलाधार है। इसे काव्य-पुरुष का शरीर कहा गया है। इसीलिए आचार्यों ने काव्य का **पहला तत्त्व शब्दार्थ** को स्वीकार किया है। इसी प्रकार काव्य का पर्यवसान आस्वादन (आस्वाद्यते इति रसः—रसास्वादन) में होता है। रस काव्य का प्राणतत्त्व माना गया है। उसके अभाव में काव्य निष्प्राण होता है। अतः काव्य का **दूसरा तत्त्व** अथवा **ध्वनिसमर्थित रस** है। इन दोनों तत्त्वों की स्वतंत्र सत्ता सिद्ध है। इनके अतिरिक्त आचार्यों ने शब्दार्थों में निहित कतिपय उन विशेषताओं की ओर भी ध्यान दिया जिनसे शब्दार्थों का पर्यवसान रसास्वादन में होता है। वे विशेषताएँ हैं—**रीति, गुण** और **अलंकार**। रीति का सम्बन्ध 'पद-मैत्री', गुण का भावानुकूल 'वर्ण-मैत्री' और अलंकार का शब्दार्थ के वाच्य-वैचित्र्यपूर्ण अभिव्यक्ति-प्रकारों से है। इसीलिए **आ. वामन** और उन्हीं के अनुरूप **राजशेखर** आदि ने गुणालंकारों से युक्त शब्दार्थों को काव्य माना।[80] गुणालंकारों का स्वरूप अन्वय-व्यतिरेक सिद्धान्त पर स्थिर किया गया है। वैसे विचारकों ने काव्य के तीन तत्त्व ही स्वीकार किये—शब्दार्थ, रस और अलंकार। इनके साथ ही छन्द

तत्त्व सबको मान्य रहा है। काव्यशास्त्रपीय ग्रन्थों में छन्द को स्थान नहीं मिलने का कारण यह माना जायेगा कि उस पर स्वतन्त्र ग्रन्थ लिखे जाते रहे हैं।

भारतीय मतानुसार स्वीकृत तत्त्वों का अलग-अलग शीर्षकों के अन्तर्गत अपेक्षित विवेचन इसी पुस्तक में आगामी पृष्ठों में किया जायेगा।

(ग) अन्य तत्त्व

ऊपर निरूपित तत्त्वों के अतिरिक्त भी कुछ ऐसी बातें रह गयी हैं जिनकी चर्चा अपेक्षित है। कारण, उनके अभाव में कोई भी काव्य सत्काव्य अथवा शाश्वत महत्त्व का काव्य होने से वंचित रह जाता है। अस्तु, उन्हें **सत्काव्य के निर्णायक तत्त्व** कहना चाहिए। वे अग्रांकित रूप में स्वीकार किये जा सकते हैं। यथा–

1. सार्वजनीन तत्त्व
2. उदात्त तत्त्व
3. इन्द्रिय-संवेदन और सौन्दर्यबोध
4. समन्वय
5. उत्कृष्ट शैली
6. नवीन सन्देश

सार्वजनीन तत्त्व–काव्य में सार्वजनीन या सार्वकालिक तत्त्व की अभिव्यक्ति से अभिप्राय वैसी अनुभूतियों के चित्रण से है जो सतत परिवर्तनशील (विकासशील?) परिवेश में सदा एकरस और चिर नवीन बने रहें।

उदात्त तत्त्व–उदात्त तत्त्व के अन्तर्गत वह अकल्पनीय प्रभाव और अवर्णनीय सौन्दर्याकर्षण गणनीय है जिससे सहृदय का हृदय परिष्कृत और विशदीभूत होकर उत्कर्ष को प्राप्त करता है। तुलसी के श्रीराम में शील-सौन्दर्य-शक्ति तथा निराला के राम में नरता के रूप में इसी उदात्त तत्त्व का समावेश हुआ है।

इन्द्रिय-संवेदन और सौन्दर्यबोध–इन्द्रिय-संवेदन वह कारण है जिस पर समस्त सौन्दर्यबोध आश्रित रहता है। यह सौन्दर्यबोध नरक्षेत्र और नरेतर क्षेत्र दोनों का हो सकता है। यह रूप-सौन्दर्य भी हो सकता है और भाव-सौन्दर्य भी। उचित सौन्दर्य के सहज बोध के अभाव में काव्योत्कर्ष असम्भव है। महाकाव्यों के लिए आचार्य शुक्ल ने 'मार्मिक प्रसंग' को आवश्यक तत्त्व माना है। वह इसी तत्त्व के अन्तर्गत स्वीकार किया जायेगा।

समन्वय–समन्वय का तात्पर्य विभिन्न भंगिमाओं, जीवनदृष्टियों, भावानुभूतियों, प्रभावों आदि को सहज रूप में सहेज कर विन्यस्त करने से है। महान् कवियों में यह गुण सहज ही प्राप्त होता है। तुलसी का 'रामचरित मानस' और प्रसाद की 'कामायनी' इस दृष्टि से हिन्दी की महत्ती कृतियाँ कही जायेंगी।

उत्कृष्ट शैली—शैली की उत्कृष्टता के अभाव में काव्य न तो सुकण्ठ होता है और न सुपाठ्य ही। इसके लिए पदावली की समर्थता, प्रेषणीयता, प्रवाहमयता, ध्वन्यात्मबकता (Suggestiveness), प्रतीकात्मकता आदि आवश्यक गुणों का काव्य में होना आवश्यक है।

नवीन सन्देश—काव्य कोई भी हो, सन्देश-विहीन हो नहीं सकता। सन्देश की चिर नवीनता उत्कृष्टता काव्य का सहज लक्षण है। सन्देश-तत्त्व के अभाव में आचार्य मम्मट द्वारा निरूपित प्रयोजन 'कान्तासम्मित उपदेश' ही व्यर्थ सिद्ध हो जायेगा। अस्तु, संदेश-तत्त्व और वह भी चिर नवीन, का होना काव्य के लिए आवश्यक है।

काव्यशास्त्रीय चिन्तन के प्रस्थान

भारत में जो भी काव्यशास्त्रीय चिन्तन हुआ, **काव्यालोचन के जितने भी सिद्धान्त प्रत्यक्ष हुए, उनकी आख्या प्रस्थान है।** प्रतिष्ठापक आचार्यों के अतिरिक्त जिन सिद्धान्तों के अनुयायियों की सुदीर्घ परम्परा बनी, वे सम्प्रदाय रूप में परिणत हुए। इसके विपरीत जिन प्रतिष्ठापक आचार्यों के प्रस्थानों का परवर्त्ती आचार्यों द्वारा पोषण नहीं हुआ, जिनकी परम्परा नहीं बन सकी, वे सिद्धान्त या प्रस्थान तक ही सीमित रहे। तात्पर्य यह कि **सभी सम्प्रदाय किसी-न-किसी प्रस्थान (सिद्धान्त) पर आधारित हैं, पर सभी प्रस्थान सम्प्रदाय नहीं है।** इस सम्बन्ध में दो दृष्टियों से विचार किया जाता है—

क. शब्द-अर्थ की प्रधानता पर आधारित प्रस्थान
ख. काव्य की आत्मा के विचार से अग्रसारित प्रस्थान

इनका परिचय आगे प्रस्तुत किया जाता है।

(क) शब्द-अर्थ की प्रधानता पर आधारित प्रस्थान

हिन्दू-चिन्तनधारा का वैशिष्टय है ऊर्ध्वमूल अधोशाखा। यह वैशिष्ट्य काव्यशास्त्रीय चिन्तन में भी मिलता है। सत्य है एक ही, पर वही विविध रूपों में प्रत्यक्ष होता है। काव्य अथवा साहित्य के मूल में होता है शब्द और उसका अर्थ। परिणामतः एक वर्ग के चिन्तकों ने काव्य में शब्द और अर्थ को समान महत्त्व प्रदान किया तो दूसरे वर्ग के चिन्तकों ने शब्द को ही प्रधान माना। एक तीसरा विचार भी आया कि शब्दार्थ अथवा शब्द प्रधान नहीं होता, वरन् काव्य में प्रधानता होती है व्यापार की। अस्तु, शब्द और अर्थ की प्रधानता-गौणता की समस्या को लेकर तीन प्रस्थानों को प्रतिष्ठा मिली—

1. शब्दार्थोभयप्राधान्य वादी प्रस्थान
2. शब्द प्राधान्यवादी प्रस्थान
3. व्यापारप्रधान्यवादी प्रस्थान।

काव्यशास्त्रीय चिन्तन की सुदीर्घ भारतीय परम्परा के अवलोकन मात्र से ही स्पष्ट है कि उपर्युक्त उल्लिखित प्रथम दोनों प्रस्थान सम्प्रदाय बने, पर अन्तिम मात्र प्रस्थान भर ही सीमित रहा। पुनः यह भी विदित होता है कि किसी भी काव्यशास्त्री ने केवल अर्थ को प्रधान नहीं माना है।

शब्दार्थोभयप्राधान्यवादी

शब्दार्थोभयप्राधान्यवाद के **प्रवर्तक प्रथम काव्यशास्त्री आचार्य भामह हैं। शब्दार्थौ सहितौ काव्यम्** का उद्घोष कर उन्होंने काव्य में शब्द (भाषा) और अर्थ (कथ्य) के सौन्दर्य को समान रूप से महत्त्वपूर्ण माना। इस प्रस्थान के अनुसार काव्य के कथ्य एवं उसकी अभिव्यक्ति-पद्धति में किसी को भी प्रधान और गौण मानना अनुचित हे। दोनों समान रूप में प्रधान होते हैं। कथ्य असुन्दर हो और भाषा सुन्दर अथवा कथ्यं सुन्दर हो और भाषा असुन्दर, ऐसा मूल्यांकन करना सुरुचि का परिचायक हो ही नहीं सकता। भामह प्रतिपादित इस सिद्धान्त का मम्मट, कुन्तक, क्षेमेन्द्र आदि आचार्यों ने पोषण तो किया ही, आनन्दवर्धन ने भी प्रायः स्वीकार किया है। अधिकांश आचार्य काव्य में मात्र शब्द-चमत्कार को महत्त्व न देकर उसकी भावराशि का भी पूरा ध्यान रखा है। भाषा-प्रयोग की सार्थकता भाव और विचार के अनुकूल होने में ही है। आनन्दवर्धन ने वाच्य-वाचक (शब्द-अर्थ) के मिश्रण से निर्मित भाषिक अभिव्यक्ति को काव्य घोषित कर शब्दार्थोभयप्राधान्यवाद का ही समर्थन किया है—

क. वाच्यवाचकसम्मिश्रः शब्दात्मा काव्यम्।
ख. विविधवाच्य-वाचक-रचना-प्रपञ्च-चारू काव्यम्।

अन्यत्र उन्होंने सहृदय में आह्लादोत्पादक शब्दार्थमयी रचना को काव्य (**विशिष्टार्थ-प्रतिपत्तिहेतुः शब्दसन्दर्भो हि काव्यम्**) स्वीकार कर भी इसी मत का पोषण किया है। आचार्य मम्मट ने काव्य-लक्षण उपस्थित करते हुए शब्द और अर्थ (शब्दार्थौ) के लिए तीन विशेषणों—'अदोषौ', 'सगुणौ' और 'अनलंकृती पुनः क्वापि'—का प्रयोग किया है। इससे विदित है कि वे भी काव्य में शब्द और अर्थ, दोनों को प्रधान मानते हैं या समान रूप में महत्त्व देते हैं। आचार्य कुन्तक ने काव्य में शब्द और अर्थ, दोनों के वक्रतापूर्ण विन्यास को महत्त्वपूर्ण स्वीकार किया है—

शब्दार्थौ सहितौ वक्रकविव्यापारशालिनी।
बन्धे व्यवस्थितौ काव्यं तद्विदाहलादकारिणी।।

वस्तुतः शब्दार्थोभयप्राधान्यवाद या शब्दार्थतुल्यप्राधान्यवाद अधिकांश आचार्यों को मान्य रहा है।

शब्द प्राधान्यवादी

शब्द प्राधान्यवाद के **प्रवर्तक आचार्य दण्डी** (सन् 650-700 ई.) हैं। उनके अनुसार काव्य का शरीर ऐसी पदावली (अर्थात् भाषा) है जो कवि-अभिप्रेत अर्थ को व्यक्त करती है–''**शरीरं तावदिष्टार्थव्यवच्छिन्ना पदावली**''[1] इस परिभाषा में 'पदावली' विशेष्य है जिसका विशेषण 'इष्टार्थव्यवच्छिन्ना' है। तात्पर्य यह कि यहाँ प्रधानता मिली है भाषा (शब्द) को और अर्थ-सौन्दर्य को गौण स्थान दिया गया है। इस प्रकार दण्डी ने काव्य में शब्द की प्रधानता का स्पष्ट निर्देश कर दिया है। ध्यातव्य है कि कवि के अभिप्रेत अर्थ की अभिव्यक्ति को आवश्यक स्वीकार करने के बावजूद दण्डी ने अर्थ को अभिव्यक्त करने वाली भाषा को ही महत्वपूर्ण माना है। इस मत के प्रबल समर्थक पण्डितराज जगन्नाथ भी हैं।

आनन्दवर्धन ने काव्य में शब्द और अर्थ, दोनों को यद्यपि समान महत्व दिया है, तथापि उनकी इस मान्यता–'**विशिष्टार्थप्रतिपत्तिहेतुः शब्दसन्दर्भो हि काव्यम्**', अर्थात् विशिष्ट अर्थ को प्रतिपादित करने वाला शब्दसन्दर्भ काव्य कहा जाता है, से शब्दप्राधान्यवाद का पोषण होता है। आनन्दवर्धन न केवल उदार, वरन् समन्वयवादी भी थे। तभी उन्होंने भाषिक सौन्दर्य की प्रधानता वाले अर्थात् कला या चमत्कार प्रधान काव्य को भी अपनी इस मान्यता द्वारा स्वीकृत स्वीकृति प्रदान की है। पण्डितराज जगन्नाथ भी शब्दप्राधान्यवादी थे। तभी उन्होंने रमणीय अर्थ प्रतिपादक शब्द (भाषा) को काव्य कहा– '**रमणीयार्थप्रतिपादकः शब्दः काव्यम्** ।' इस परिभाषा में 'शब्द' विशेष्य है, अतः प्रधान है और 'रमणीयार्थप्रतिपादकः' विशेषण है, अतः गौण है। इस मान्यता के अनुसार काव्य का वर्ण्य ही केवल रमणीय, सुन्दर और आकर्षक नहीं होता, वरन् असुन्दर, अरुचिकर, उद्वेगकारी अर्थात विकर्षक विषयों को भी समर्थ कवि भाषाबद्ध कर रुचिकर, मनोहारी और आकर्षक बना देते हैं। इसका श्रेय काव्य-भाषा को ही मिलना चाहिए। अतः अकारण नहीं कि शब्दाप्राधान्यवादी काव्यभाषा के कुशल प्रयोग को सर्वाधिक महत्व देते हैं। इस मत के अनुसार कोरा वाग्विलास या उक्ति-चमत्कार भी सुन्दर काव्य होता है। चमत्कारवादी भी इस मत के पोषक हैं। 'कला कला के लिए' जैसे पश्चिमी मत से भी इस मत की एक सीमा तक निकटता खोजी-पायी जा सकती है। शब्द-प्राधान्यवाद का किसी आचार्य ने स्पष्ट विरोध भले ही न किया हो, पर शब्द और अर्थ दोनों को समान महत्त्व प्रदान कर इस मत की उपेक्षा अवश्य की है।

व्यापारप्राधान्यवादी

व्यापारप्राधान्यवाद के **प्रतिष्ठाता आचार्य भट्टनायक** हैं जो साधारणीकरण के उद्भावक के रूप में ज्यादा प्रख्यात हैं। इस मत द्वारा उन्होंने शास्त्र और इतिहास-पुराण से काव्य के अन्तर को भी स्पष्ट करने की कोशिश की है। इस मत के अनुसार शास्त्र में 'शब्द' तत्त्व की, इतिहास-पुराण में 'अर्थ' तत्त्व की और काव्य में 'व्यापार' तत्व की प्रधानता होती है। अर्थात् काव्य में व्यापार ही प्रधान होता है एवं शब्द और अर्थ गौण होते हैं–

> शब्दप्राधान्यमाश्रित्य तत्र शास्त्रं पृथग् विदुः।
> अर्थतत्त्वेनयुक्तं तु वदन्त्याख्यानमेतयोः।।
> द्वयोर्गुणत्वे व्यापारप्राधान्ये काव्यगीर्भवेत्।।–हृदयदर्पण

भट्टनायक की यह मान्यता असन्दिग्ध नहीं है। शास्त्र का क्षेत्र अति व्यापक है। अस्तु, शास्त्र के सभी प्रकारों में शब्द की प्रधानता नहीं मानी जा सकती। यह बात व्याकरण शास्त्र, मंत्रशास्त्र आदि के लिए भले ही सटीक है, पर अर्थशास्त्र, राजनीतिशास्त्र आदि के लिए नहीं। उनमें अर्थतत्त्व की ही प्रधानता होती है। इतिहास-पुराणादि में अर्थ (घटनाओं, परिस्थितियों आदि) की तो प्रधानता होती ही है। भट्टनायक-कदाचित् यह संकेत करना चाहते हैं कि इतिहास-पुराण के नियमों पर प्रणीत काव्य इतिहास-पुराण से भिन्न अपनी पहचान व्यापार तत्व की प्रधानता के आधार पर ही बनाते हैं। इस काव्यार्थ-बोध की प्रक्रिया एवं उसके स्वरूप को स्पष्ट करने के लिए भट्टनायक ने परम्परा से स्वीकृत अभिधा, लक्षणा और व्यंजना व्यापारों में से मात्र अभिधा का ग्रहण कर दो नये व्यापारों (भावकत्व और भोजकत्व) की कल्पना की है।

भट्टनायक-कल्पित भावकत्व और भोजकत्व को ध्वनिवादियों ने न केवल अनावश्यक घोषित किया, वरन् उनके द्वारा प्रतिष्ठित व्यापार प्राधान्यवाद का भी खण्डन किया। अभिनव गुप्त ने तर्क प्रस्तुत किया कि व्यापार का तात्पर्य यदि रसात्मक ध्वनन व्यापार है तो वह ध्वनिमत का ही पुनर्स्थापन है, पर यदि उसका तात्पर्य अभिधा व्यापार से है तो काव्य में अभिधा की प्रधानता मानी ही नहीं जा सकती–"**व्यापारो हि यदि ध्वननात्मा रसानास्वभावस्तन्नापूर्वमुक्तम् अथाभिधैव व्यापारस्तथाप्यस्या प्राधान्यं नेत्यावेदितं प्राक।**" यह स्पष्ट है कि व्यापार से भट्टनायक का तात्पर्य ध्वनन व्यापार नहीं है। परवर्त्ती आचार्यों द्वारा भावकत्व और भोजकत्व व्यापारों को स्वीकृति नहीं मिली। व्यापार वस्तुतः साधन मात्र है, साध्य नहीं। इसी कारण प्रतीयमान अर्थ को प्रधान और उसे ध्वनित करने वाले व्यंजना-व्यापार को गौण माना गया। तात्पर्य यह कि व्यापार कवि-अभिप्रेत अर्थ को बोध कराने वाला सहायक अर्थात् अप्रधान ही होता है, प्रधान नहीं।

(ख) काव्य की आत्मा सम्बन्धी विचार

भारतीय चिन्तन में आत्मा को महत्वपूर्ण स्थान प्राप्त है। प्राणी के जीवन में आत्मा प्रधान या अंगी होती है एवं सभी अवयव गौण या अंग। आत्मा के बिना प्राणी का शरीर निर्मूल्य हो जाता है। काव्य के सन्दर्भ में इसे ही लाक्षणिक रूप मिला है। आत्मा के अभाव में काव्य-शरीर का कोई मूल्य नहीं रह जाता। काव्य की पहचान (अथवा अस्तित्व) के लिए, उक्ति को काव्योक्ति होने के लिए जिस अपरिहार्य तत्व, जिस मूल सत्ता का होना आवश्यक है, वही लाक्षणिक रूप में काव्य की आत्मा कही जाती है। इस पद्धति पर चिन्तन होने के कारन काव्य की आत्मा का प्रश्न भी स्वाभाविक रूप से महत्वपूर्ण हो गया। वह कौन-सी वस्तु है जिसकी सत्ता के अभाव में काव्य शिव नहीं, शव बन जाता है? और तभी उस सत्ता (आत्मा) की पड़ताल शुरू हुई।

विस्तृत अर्थ में काव्येतर रचनाओं से काव्य के अन्तर को स्पष्ट करने के लिए काव्य की आत्मा का प्रयोग व्यावर्तक धर्म के लिए होता है। काव्य की 'आत्मा' का प्रयोग सर्वप्रथम आचार्य वामन ने किया। उनके पूर्व इसी अर्थ-द्योतक के लिए काव्य का अपरिहार्य तत्त्व, अनिवार्य तत्त्व, मूल सत्ता, व्यावर्तक तत्त्व जैसे प्रयोग किये जाते थे। काव्य की आत्मा के विचार से, काव्यात्मा के प्रश्न के समाधान हेतु अनेक काव्य-सिद्धान्तों अथवा प्रस्थानों की प्रतिष्ठा हुई। यथा–

प्रस्थान / सिद्धान्त	**प्रतिष्ठापक आचार्य**
1. रस-प्रस्थान	1. भरत (ख्रिस्तपूर्व 500-200 वर्ष)
2. अलंकार-प्रस्थान	2. भामह (सन् 500-550 ई.)
3. रीति-प्रस्थान	3. वामन (सन् 800-ई. के लगभग)
4. ध्वनि-प्रस्थान	4. आनन्दवर्धन (सन् 840-870 ई.)
5. वक्रोक्ति-प्रस्थान	5. कुन्तक (सन् 225-1025 ई.)
6. औचित्य-प्रस्थान	6. क्षेमेन्द्र (सन् 1050 ई.)
7. चमत्कार-प्रस्थान	7. प्रभाकर (सोलहवीं शताब्दी)

इनमें अंतिम (चमत्कार) को मान्यता नहीं मिली। प्रथम छह प्रस्थानों को पूर्वाचार्यों ने सम्प्रदाय के रूप में स्वीकार किया–

रसलङ्कृति-वक्रोक्ति-रीतिध्वन्यौचिती-क्रमाः।
साहित्यशास्त्र एतस्मिन् सम्प्रदाया इमे स्मृताः।।

हालाँकि सिद्धान्त और सम्प्रदाय की कुछ कसौटी पर केवल रस, अलंकार, रीति और ध्वनि को ही सम्प्रदाय मानना यौक्तिक है, वक्रोक्ति, औचित्य और चमत्कार मात्र प्रस्थान (सिद्धान्त) ही ठहरते हैं। इन प्रस्थानों की अपेक्षित चर्चा प्रस्तुत पुस्तक में

की गयी है। यहाँ संक्षेप में केवल काव्यात्मा सम्बन्धी विचार रखे जाते हैं। उपर्युक्त सातों प्रस्थानों के अतिरिक्त पिछली शताब्दी में डॉ. गणपतिचन्द्र गुप्त ने एक नया प्रस्थान '**आकर्षणशक्ति**' भी अग्रसारित किया है जिसकी ओर विद्वानों का अपेक्षित ध्यान नहीं गया है। इस प्रकार काव्य की आत्मा के विचार के क्रम में कुल आठ प्रस्थान अग्रसारित किये गये हैं।

रस-सिद्धान्त

भारतीय साहित्य-निरूपण की प्राचीनतम एवं प्रामाणिक उपलब्धि भरत मुनि प्रणीत 'नाट्यशास्त्र' है। उसमें रस-विवेचन यद्यपि नाटक केन्द्रित है, तथापि नाटयाचार्य भरत ने उसी में '**न हि रसाद्यते कश्चिदर्थः प्रवतते**' का मत स्थिर कर रस को काव्य का प्राणतत्व स्वीकार किया। भारतीय समीक्षा का श्रेष्ठ अवदान रस-निष्पत्ति का आधार-सूत्र '**विभावानुभावव्यभिचारी संयोगात् रसनिष्पत्तिः**' भी भरत ने नाटक के विवेचन में ही प्रस्तुत किया। उक्त सूत्र में ही रस की लोकोत्तरता का भी संकेत हो गया है। उस पर चिन्तन के क्रम में आगे न केवल अलंकार, रीति, वक्रोक्ति, औचित्य आदि सिद्धान्तों का प्रतिपादन हुआ, बल्कि उसकी व्याख्या में भारतीय समीक्षा को अग्रगति मिली।

भरत के पूर्व रस शब्द का प्रयोग आत्मानन्द के अर्थ में स्वीकृत था। उपनिषद् में '**रसो वै सः**' एवं '**रसं ह्येवायं लब्ध्वाऽऽनन्दी भवति**' आनन्दवाची ही नहीं, आस्वाद का अर्थ-बोधक भी है। अतः आकस्मिक नहीं कि नाट्यरस को विवेचित करते समय भरत मुनि के मन में रस का अर्थ आनन्दात्मकता भी रहा होगा। चूँकि काव्य का अर्थ सहृदय-संवेद्य होता है, संवेदना के स्तर पर गृहीत होता है, इसलिए नाट्य के प्रसंग में भरत ने रस को आस्वाद्य अथवा रसनीय माना।

भोजराज, रामचन्द्र-गुणचन्द्र, रामचन्द्र शुक्ल आदि ने '**सुखदुखात्मको रसः**' को स्वीकारते हुए रस की लोकोत्तरता और सार्वत्रिक आनन्दात्मकता की मान्यता पर आपत्तियाँ उठायीं। दुखात्मक, उद्वेगकारी, विकर्षक स्थितियाँ आनन्दात्मक कैसे हो जाती हैं? इसका समाधान साधारणीकरण के द्वारा किया गया है। रसवादी आचार्यों के अनुसार काव्य से प्राप्त रसरूप लोकोत्तर आनन्दात्मक अनुभूति ही काव्य की आत्मा है। इसके बावजूद रस-सिद्धान्त की कतिपय सीमाएँ हैं। इसका पूरा चिन्तन भावकेन्द्रित होने के कारण इसमें कलापक्ष अर्थात् भाषा पक्ष पर समुचित महत्व नहीं दिया जाता है। चमत्कारपरक, उक्तियों, नीतिपरक सूक्तियों, दोहों आदि के साथ रसवाद पूरा न्याय नहीं कर पाता है।

अलंकार-सिद्धान्त

अलंकार-सिद्धान्त के प्रवर्तक यद्यपि प्रथम काव्याचर्य भामह ही हैं, तथापि उन्होंने इसका श्रेय न लेकर चिन्तकों के एक वर्ग को दिया है। इस सिद्धान्त के प्रबल पोषकों में दण्डी, उद्भट, रुद्रट, प्रतिहारेन्दुराज, अग्निपुराणकार, जयदेव, अप्पय दीक्षित आदि के नाम महत्वपूर्ण हैं। इस मत में काव्य का प्राणतत्व अथवा नित्यधर्म अलंकार ही माना गया है और आचार्यों के अनुसार अलंकृत उक्ति ही काव्योक्ति होती है।

माना जाता है कि अलंकार-मत का विकास रस-मत की प्रतिक्रिया के रूप में हुआ। उसमें भाव-सौन्दर्य पर सर्वाधिक बल दिये जाने के कारण कला-सौन्दर्य उपेक्षित हो गया था। अलंकारवादियों ने कला-सौन्दर्य को प्रधान और भाव-सौन्दर्य को गौण स्थान दिया। आ. भामह ने अलंकार को परिभाषित करते हुए बड़ा व्यापक रूप दिया—"**वाचां वक्रार्थशब्दोक्तिरलङ्काराय कल्पते**' और '**वक्राभिधेयशब्दोक्तिरिष्टा वाचामलङ्कृति**", अर्थात् जिस उक्ति में शब्द-अर्थ की वक्रता हो, जो वक्रता लोकोत्तर चमत्कार उत्पन्न करती हो, वह वाणी का अलंकार होती है। अलंकारवादियों ने एक विशिष्ट सौन्दर्य-दृष्टि अपनाते हुए माना कि ललनाओं का मुखमण्डल सहज सुन्दर होने के बावजूद अलंकरण के बिना दर्शकों को आकृष्ट और प्रभावित नहीं करता—"**न कान्तमपि निर्भूषं विभाति वतिनामुखम्।**" यह मान्यता सार्वजनीन अभिरुचि की परिचायिका नहीं है। कालिदास की मान्यता है कि "**किमिव हि मधुराणां मण्डनं नाकृतीनाम्**", जो रसवादी सौन्दर्य-दृष्टि की परिचायिका है।

अलंकार की दो व्युत्पत्तियों "**अलंकारोतीति अलंकारः**" (जो अलंकृत या आभूषित करे) और "**अलंक्रियतेऽनेन असौ अलंकारः**" (जिससे अलंकृत या आभूषित किया जाये) में से अलंकारवादियों ने पहली को स्वीकार किया। इसी कारण वे काव्य की रूपसज्जा अर्थात् कलात्मक विन्यास के प्रति सर्वाधिक सचेष्ट रहे। उनके मत से अलंकार काव्य-सौन्दर्य का पर्यायभूत, अनिवार्य और व्यावर्तक तत्त्व है। इस दृष्टि से अग्रांकित कथन देखे जा सकते हैं—

1. काव्यं कल्पान्तरस्थायि जायते सदूलंकृति। — दण्डी
2. काव्यशोभाकारान् धर्मान् अलंकारान् प्रचक्षते। — वामन
3. काव्यं ग्राह्यमलंकारात। — वामन
4. सौंदर्यमलंकारः। — वामन
5. अलंकार रहिता विधवेव सरस्वती। — अग्निपुराणकार
6. अंगीकरोति यः काव्यं शब्दार्थावनलंकृती।

असौ न मन्यते कस्मादनुष्णमनलंकृती।। — जयदेव

7. जदपि सुजाति सुलच्छनी, सुबरन सरस सुवृत।
भूषण बिनु न बिराजई, कविता बनिता मित्त।। — केशवदास

इसमें वैमत्य नहीं कि अलंकारवादियों की, मुख्यतः भामह की महती देन है—काव्य-भाषा और शास्त्रीय भाषा में अन्तर स्पष्ट करना। पुनः कविता के सन्दर्भ के कारण साधारण भाषा की भी जिस असाधारणता का संकेत भामह ने किया था, उसका महत्व आज भी अक्षुण्ण है। यद्यपि अलंकार अपने-आप में विशिष्ट कथनभंगी अथवा कविता की भाषिक संरचना (Verbal Structure) भर नहीं, सौन्दर्योत्पादन के विशिष्ट माध्यम भी हैं, तथापि उन्हें काव्य की आत्मा अथवा प्राणतत्व अथवा जीवित तत्व नहीं माना जा सकता। दण्डी के अनुसार भी अलंकार की सार्थकता रस-पोषक होने में ही है—

कामं सर्वोऽप्यलंकारो रसमर्थे निषिञ्चतु।

और अग्निपुराणकार ने तो रस को स्पष्टतः जीवित तत्व घोषित ही किया है—

वाग्वैदग्ध्यप्रणानेऽपि रस एवात्र जीवितम्।

अलंकारवादी विचार चाहे जो हों, पर इससे इनकार नहीं किया जा सकता कि केवल इस आधार पर कालजयी सत्साहित्य की निर्मिति नहीं हो सकती। उसके लिए रसवादी दृष्टि से संतुलन बनाये रखना आवश्यक है। भामह प्रतिपादित यह प्रस्थान प्रायः रस-प्रस्थान के समानान्तर ही विकास करता गया है। यह कहना असंगत नहीं कि काव्य की आत्मा की खोज में ही धीरे-धीरे भारतीय समीक्षा पुष्ट से पुष्टतर होती गयी है।

रीति-सिद्धान्त

रीति-सिद्धान्त का प्रवर्तन आचार्य वामन ने किया। उन्होंने **'रीतिरात्मा काव्यस्य'** कह कर रीति को काव्य की आत्मा के रूप में प्रतिष्ठित किया। विशिष्ट पद-रचना को रीति मानते हुए उन्होंने विशेष की व्याख्या 'गुणात्मा' के रूप में की—"**विशिष्टा पदरचना रीतिः। विशेषो गुणात्मा।**" यही गुण सम्प्रदाय के रूप में भी विकसित और मान्य है। रीति-मत ने काव्य (पदों) की विशिष्ट संरचना को काव्य का अपरिहार्य या व्यावर्तक तत्त्व मानकर काव्यसमीक्षा का जो नया मानदण्ड प्रस्तुत किया, उसकी अनेक सीमाएँ हैं। फलतः वह मत लोकप्रियता नहीं प्राप्त कर सका।

कुछ विचारकों ने रीति को 'स्टाइल' (Style) के समकक्ष रखना चाहा है, किन्तु

'रीति' की परिधि और अर्थवत्ता 'स्टाइल' की अपेक्षा अधिक विस्तृत है। भाव को सर्वथा अलग कर, जो वामन को स्वीकार्य नहीं है, मात्र कथनभंगी अथवा 'स्टाइल' को प्रधानता देने वाले विचारकों के मत वस्तुमूलक समीक्षकों के अनुकूल पड़ेंगे। इस दृष्टि से रीति-मत में आधुनिक साहित्य का स्थापत्य और वस्तुविधान निहित माना जा सकता है। किन्तु ध्यातव्य है कि वामन की आदर्श रीति 'वैदर्भी' में दस शब्द-गुणों के साथ ही दस अर्थ-गुणों का भी, यानी काव्य के शरीर-तत्व के साथ ही आत्म-तत्व का भी समावेश है। पुनः '**विशेषो गुणात्मा**' रीति सामाजिक के हृदय की वृत्तियों (द्रुति, दीप्ति और व्याप्ति) से सम्बन्धित होने के कारण रस का ही समर्थक हो जाती है। अस्तु, काव्य की आत्मा रीति भी नहीं मानी जा सकती। रीति को काव्य सौन्दर्य को साधन भर ही माना जायेगा।

ध्वनि-सिद्धान्त

ध्वनि-सिद्धान्त के प्रतिष्ठापक आचार्य आनन्दवर्धन और प्रमुख पोषक आचार्य अभिनवगुप्त हैं। ध्वनि-सिद्धान्त अत्यन्त व्यापक आधार और विशिष्ट प्रक्रिया पर आधारित एक प्रकार की अर्थमीमांसा है। आनन्दवर्धन की समीक्षा-दृष्टि उदार और समन्वयवादी थी। उनका ध्वनि-मत रस का समर्थक तों है ही (क्योंकि सहृदय-संवेद्य होने के कारण रस भी अनिवार्यतः ध्वनित ही होता है), अलंकार-मत का भी प्रायः अविरोधी है (क्योंकि काव्य में ध्वनित होने वाले अलंकार के साथ ही ध्वनित होने वाली वस्तु को भी काव्य की आत्मा मानता है)। इस प्रकार उन्होंने रस-मत और अलंकार-मत में विरोध को कम करने के प्रयत्न तो किये ही, प्रायः आरम्भ से उपेक्षित काव्य वस्तु को भी प्रतिष्ठित करने का महत्वपूर्ण कार्य किया। यह उनकी सर्वथा मौलिक उद्‌भावना है। तब भी इसका श्रेय वे स्वयं न लेकर पूर्ववर्ती आचार्यों को देते हैं–'**बुधैर्यसमाम्नातपूर्वः**'। यों वस्तुध्वनि, अलंकार ध्वनि और रसध्वनि में रसध्वनि की प्रधानता स्वीकार कर उसे ही काव्य की आत्मा मानने की भी वकालत की। तात्पर्य यह कि ध्वनिवादियों ने "**काव्यस्यात्मा ध्वनिरिति**" का उद्‌घोष तो किया, पर ध्वनि को वस्तु, अलंकार और रसादि में पुनर्विभाजित कर रस अथवा रससमन्वित ध्वनि को काव्य की आत्मा माना। आनन्दवर्धन की मान्यता है कि "**प्रतीयमानस्य अन्यभेददर्शनेऽपि रसभावमुखेनैव उपलक्षणं प्रधान्यात्।**" रस अथवा रसादि ध्वनि का पोषण ही अभिनवगुप्त भी करते हैं–"**रस एव वस्तुत आत्मा, वस्त्वलंकारध्वनी तु सर्वथा रस प्रति पर्यवस्येते।**" वे वस्तु और अलंकार ध्वनि में आत्मत्वमात्र उपचार रूप में ही मानते हैं–"**वस्त्वलंकारध्वनेरपि जीवितत्वमौचित्यादुक्तम्।**" अस्तु स्पष्ट है कि ध्वनिवादियों के मत से रसादिध्वनि ही काव्य की आत्मा है। इस दृष्टि से 'ध्वन्यालोक' (4/5 एवं अन्य कारिकाओं) में विशद प्रतिपादन हुआ है। ध्वनिवादियों

द्वारा रसध्वनि को विशेष महत्त्व दिये जाने के कारण रसवादी चिन्तन को नयी ऊर्जा प्राप्त हो सकी एवं उसका विचार-प्रवाह सदा अग्रगति प्राप्त करता गया। ध्वनि-सिद्धान्त का भी कम विरोध नहीं हुआ, पर उसमें अन्तर्बल होने के कारण ही वह परीक्षाग्नि में खरा उतर सका। सम्प्रति **'रसादिध्वनि काव्य की आत्मा है'** की बात बहु मान्य है।

इसमें वैमत्य नहीं है कि ध्वनि-सिद्धान्त काव्य-समीक्षा का एक अति व्यापक मान प्रस्तुत करता है। ध्वनित होने वाले रस की प्रतिष्ठा मान्य तो रही है नाट्याचार्य भरत के समय से ही, पर आनन्दवर्धन की मान्यताओं से उसे नवीन ऊर्जा मिली।

वक्रोक्ति-सिद्धान्त

आचार्य कुन्तक ने वक्रोक्ति-मत का प्रतिपादन करते हुए वक्रोक्ति को काव्य का जीवित तत्त्व–**'वक्रोक्ति काव्यजीवितम्'** घोषित किया। उनकी वक्रोक्ति अलंकार मात्र नहीं है, जैसा कि बहुधा भ्रम हो जाया करता है। वक्रोक्ति से तात्पर्य है–उक्ति का बाँकपन। अर्थात् लोकव्यवहार और शास्त्र की उक्ति से विलक्षण चमत्कारोत्पादक आह्लादक उक्ति। कवि-कौशल द्वारा प्रयुक्त विचित्रता ही कुन्तक की वक्रोक्ति है–**'वक्रोक्तिरेव वैदग्ध्यभङ्गीभणितिरुच्यते'**, जिसकी सार्थकता सहृदय-हृदय में आह्लाद उत्पन्न करने में है। तात्पर्य यह कि किसी बात को कहने की विशिष्ट अदा का जो महत्त्व बोलचाल की भाषा में है, वही महत्त्व वक्रोक्ति का काव्य-भाषा में है। व्यापक अर्थ में सम्प्रति वस्तुनिष्ठ अथवा रूपवादी (Formalistic) समीक्षा से इसकी निकटता स्थापित की जा सकती है, पर ध्यातव्य है कि कुन्तक का वक्र व्यापार काव्य का साधन भर ही ठहरता है, साध्य नहीं। साध्य है आह्लाद ही–

शब्दार्थौ सहितौ वक्रकविव्यापारशालिनी।
बन्धे व्यवस्थितौ काव्यं तद्विदाहलादकारणि।।

तात्पर्य यह कि साध्य रूप में आह्लाद को वरीयता प्रदान कर स्वयं कुन्तक ने अपने मत को रस के सम्पोषक रूप में प्रतिष्ठित किया है। अन्यत्र भी वे रस के महत्त्व को स्वीकार करते हैं। प्रबन्ध वक्रता का स्वरूप निरूपित करते हुए वे कहते हैं कि निरन्तर रसधारा प्रवाहित करने वाले सन्दर्भों पर आधारित कवि वाणी ही जीवित रहती है–

निरन्तरः रसोद्गारगर्भ-सन्दर्भ-निर्भराः।
गिरः कवीनां जीवन्ति नं कथामात्रमाश्रिताः।।

ऐसी मान्यताओं से कुन्तक का मत स्वयं निरस्त हो जाता है—वक्रोक्ति काव्य का जीवित तत्व होने से रह जाता है। इसके बावजूद यह स्वीकार किया जायेगा कि काव्यशास्त्रीय चिन्तन में कुन्तक के अवदान महत्वपूर्ण हैं। कुन्तक की अपनी विशिष्ट सौन्दर्य-दृष्टि थी जो परवर्त्ती आचार्यों द्वारा अमान्य कर दी गयी।

औचित्य-सिद्धान्त

काव्य की आत्मा की खोज में ही क्षेमेन्द्र ने औचित्य-सिद्धान्त का प्रवर्तन किया। उन्होंने अलंकार, गुण आदि काव्य के सभी सुन्दर तत्वों से अधिक महत्वपूर्ण औचित्य को माना और उसे ही रससिद्ध काव्य का स्थायी जीवन तत्व घोषित किया—"**औचित्यं रस-सिद्धस्य स्थिरं काव्यस्य जीवितम्।**"

औचित्य के महत्व से पूर्ववर्ती आचार्य अपरिचित नहीं थे। आनन्दवर्धन ने पहले ही स्वीकार किया था कि रस-भंग का एकमात्र कारण अनौचित्य होता है एवं रस की रमणीयता का आधारभूत तत्व औचित्य है—

अनौचित्याहृते नान्यत् रसभङ्गस्य कारणम्।
प्रसिद्धौचित्यबन्धस्तु रसस्योपनिषत्परा।।

इसके बावजूद उसे प्रस्थान रूप में प्रतिष्ठित किया जाना बाकी था जो क्षेमेन्द्र द्वारा पूरा किया गया।

औचित्य की परिभाषा उपस्थित करते हुए क्षेमेन्द्र ने कहा कि जिसके अनुरूप जो होता है, उसे उसके लिए उचित माना जाता है और उचित का भाव ही औचित्य है। इस परिणाम में ही सापेक्षता की धारणा अन्तर्निहित है। औचित्य को काव्य का जीवित तत्व मानने में क्षेमेन्द्र की युक्ति है कि चूँकि रस, अलंकार, गुण आदि सभी काव्य तत्वों के सौन्दर्य का आधारभूत औचित्य है, इसलिए औचित्य ही काव्य का जीवित तत्व अर्थात् प्राणतत्व है। वे मानते हैं कि जिस काव्य में जीवित तत्व खोजने पर भी न मिले उसके अलंकार, गुण आदि सभी तत्व व्यर्थ हैं—

काव्यस्यालमलंकारैः किं मिथ्याजनितैर्गुणैः।
यस्य जीवितमौचित्यं विचिन्त्यापि न दृश्यते।।

अलंकार हों या गुण, वे औचित्य के अभाव में काव्य-सौन्दर्य को बढ़ा नहीं पाते—

"औचित्येन विना रुचिं प्रतनुते, नालंकृतिनो गुणाः।"

परवर्ती आचार्यों ने औचित्य को प्रस्थान स्वीकार नहीं किया। कारण स्पष्ट है। जो अनुचित है वह असुन्दर है, यह तो माना जा सकता है। किन्तु ऐसा नहीं

माना जा सकता कि जो उचित है, वह सुन्दर भी होगा ही। अर्थात् औचित्य को काव्य-सौन्दर्य का सर्जक नहीं कहा जा सकता। औचित्य काव्य-सौन्दर्य का रक्षक भर होता है, सर्जक नहीं। यह औचित्य की एक बड़ी सीमा है।

चमत्कार-सिद्धान्त

चमत्कार को काव्य में पहली बार कदाचित् अग्निपुराणकार ने ही महत्त्व दिया था। उन्होंने रस-निरूपण में चमत्कार और रस को समानार्थी बताया–

> आनन्दः सहजस्तस्य व्यजते स कदाचन्।
> व्यक्तिः सा तस्य चैतन्यचमत्काररसाह्वया।।–अग्निपु. 339/2

ध्वनिवादी भी चमत्कार के महत्त्व से परिचित थे। चौदहवीं शदी में विश्वेश्वर भट्ट ने '**चमत्कार-चन्द्रिका**' की रचना कर चमत्कार के महत्त्व को स्पष्ट किया, पर उसे प्रस्थान के रूप में प्रतिष्ठित किया सोलहवीं शदी में प्रभाकर ने। मात्र उन्नीस वर्ष की अवस्था में '**रस-प्रदीप**' में '**चमत्कार विशेष कारित्वम्**' को काव्य-लक्षण घोषित कर उन्होंने उसे प्रस्थान का रूप दिया। इसका पोषण गंगेश-पुत्र हरि प्रसाद ने 'काव्यालोक' में इस प्रकार किया–

> विशिष्ट शब्दरूपस्य काव्यास्यात्मा चमत्कृतिः।
> उत्पत्तिभूमिः प्रतिभा मनागत्रोपपादितन्।।–काव्यालोक 200

प्रभाकर के तर्क से पण्डितराज जगन्नाथ इतने प्रभावित हुए कि उन्होंने भी चमत्कार को काव्य का जीवित तत्त्व स्वीकार किया–'**काव्यजीवितं चमत्कारित्वं चाविशिष्टमेव।**' उस समय तक संस्कृत की जगह हिन्दी आदि आधुनिक भारतीय भाषाओं में लेखन शुरू हो चुका था। संस्कृत का युग समाप्त हो चुका था। फलतः संस्कृत के आचार्यों का ध्यान चमत्कार-प्रतिष्ठान की ओर नहीं गया। हिन्दी के आचार्य कवियों ने चमत्कार पर सैद्धान्तिक विचार तो नहीं किया, पर रचनाओं में उसे पूरा महत्व दिया। हिन्दी की रीतिकालीन कविता इसका साक्ष्य है। रीतिकालीन कविता के प्रेरक-प्रभावक तत्त्वों में चमत्कार-प्रस्थान की महत्ती भूमिका रही है। अतः उसके सौन्दर्य-विश्लेषण हेतु इस प्रस्थान को ध्यान में रखना आवश्यक है। इन सब के बावजूद काव्य-समीक्षा में चमत्कार को महत्व प्रायः नहीं मिला। इसका सम्बन्ध भी काव्य के भाषा-सौन्दर्य से ही है।

काव्य की आत्मा की पड़ताल में काव्यालोचन से सम्बन्धित उपस्थित हुई अधिकांश समस्याओं का प्रायः समाधान आनन्दवर्धन एवं उनके विचारों के पोषक ध्वनिवादी आचार्य अभिनवगुप्त ने प्रस्तुत कर दिया था। इसके बावजूद सौन्दर्य-दर्शन

और रुचि-वैभिभ्य के कारण नये प्रस्थानों का उभरना थमा नहीं। संस्कृत काव्य शास्त्र की सुदीर्घ परम्परा में गंगेश-पुत्र हरिप्रसाद का ग्रन्थ **'काव्यालोक'** अंतिम महत्वपूर्ण ग्रन्थ है। तत्पश्चात् हिन्दी के रीतिकालीन कवि आचार्यों का लेखन महत्वपूर्ण हो उठा।

काव्य की आत्मा की पड़ताल में पिछली शताब्दी में भी नवीन विचार प्रस्तुत किये गये हैं। हिन्दी के प्रसिद्ध विद्वान् एवं आलोचक डॉ. गणपतिचन्द्र गुप्त ने अपने **साहित्य-विज्ञान'** नामक सिद्ध ग्रन्थ में **काव्य की आत्मा के रूप में 'आकर्षक-शक्ति' का सिद्धान्त प्रतिष्ठित किया है।** आकर्षणशक्ति शक्ति मूलतः विज्ञान के क्षेत्र में प्रतिष्ठित सिद्धान्त है। उसे ही उन्होंने काव्य के सिद्ध ान्त रूप में प्रतिपादित किया है। मैंने इस सम्बन्ध में अन्यत्र अपेक्षित विचार किया है। यहाँ इतना भर संकेत करना पर्याप्त होगा कि वे रस, अलंकार, रीति आदि को आकर्षण का कारक मानने का तर्क प्रस्तुत करते हुए काव्य की आत्मा आकर्षणशक्ति को मानते हैं।

निष्कर्ष

उपर्युक्त विवेचन से विदित है कि काव्य की आत्मा के संधान में जो विभिन्न प्रस्थान बिकसित-प्रतिष्ठित हुए वे आचार्यों की अलग-अलग रुचि, जीवन-दृष्टि, सौन्दर्य-दृष्टि और विवेचन-स्वातंत्र्य के परिणाम हैं। काव्य की आत्मा की खोज में चिन्तन स्थूलता से सूक्ष्मता की ओर अग्रसर होता गया है। शब्द और अर्थ जैसे काव्य के स्थूल तत्वों से लेकर रस ध्वनि को सूक्ष्म आत्मा के रूप में प्रतिष्ठा मिलना चिन्तन की एक सुदीर्घ यात्रा और परम्परा का परिणाम है। रसवादी चिन्तन भाववादी रहा है और अलंकारवादी चिन्तन कलावादी। रीति, वक्रोक्ति और चमत्कार का बल भी कलावाद पर ही रहा है। ध्वनिवादियों ने काव्य के भावपक्ष और कलापक्ष, दोनों अभिव्यंजना-सौन्दर्य को महत्त्व देकर उनमें समन्वय और संतुलन स्थापित किया। उन्होंने काव्य के वस्तुपक्ष में भी अभिव्यंजित सौन्दर्य को महत्व दिया। औचित्यवादी चिन्तन ने भी दोनों पक्षों के सौन्दर्य के नियमन हेतु औचित्य को प्रधान माना। स्वतंत्र सौन्दर्य-दृष्टि पर आधारित इन प्रस्थानों में किंचित वैचारिक संघर्ष भी हुए पर किसी ने भी दूसरे को आत्मसात नहीं किया। रसवादी और अलंकारवादी चिंतन-धाराएँ प्रायः समानान्तर रूप में बढ़ती रही हैं। वस्तुतः महत्त्व सभी प्रस्थानों का है। सब के अपने-अपने सौन्दर्य-दर्शन हैं। किसी को भी एकदम नकारा नहीं जा सकता। इसके बावजूद काव्य की आत्मा के रूप में रस-ध्वनि प्रायः सबको स्वीकार्य है। आकर्षण-शक्ति के सिद्धान्त को अभी परीक्षाग्नि में और तपना है।

सन्दर्भ

1. क. कवेरिदं कार्यं भावो वा; (ष्यञ्) — मेदिनी कोष।
   ख. कवेः कर्म काव्यम्। — सा. दर्पण।
   ग. कवनीयं काव्यम्। — ध्वन्या. लोचन।
   घ. कवयति इति कविः तस्य कर्म काव्यम्। — एकावली (विद्याधर)।
   ङ. ...(कवि) तस्य कर्म स्मृतं काव्यम्। — भट्टतौत।
   च. Poetry–art, work of the poet, Encyclopaedia Britanica
2. क. उणादिसूत्र 4/138।
   ख. राजशेखर 'कवि' की व्युत्पत्ति 'कवृ वर्णे' से मानते हुए कवि का अर्थ 'वर्णनकर्त्ता' मानते हैं। 'अमरकोष' को भी यही (कवृ वर्णे) मान्य है–**'कवते सर्वजानाति वर्णयति वा कविः'** अर्थात् कवि सब नियमों का ज्ञाता (सर्वज्ञ) और वर्णनकर्ता होता है। भट्टगोपाल कृत व्युत्पत्ति कुछ और है। उनके अनुसार कवि रस-भाव-विमर्शक होता है–**'कौति शब्दायते विमृशति रसभानान् इति कविः'**।

   . अनेक विचारकों ने **'काव्येषु नाटकं रम्यम्'** का समर्थन करते हुए काव्य की तुलना में नाटक और कवि की अपेक्षा नाटककार को अधिक महत्व दिया है, पर भोजराज आदि ने विपरीत मत दिया है। भोजराज अभिनेताओं से कवियों को ओर नाटक से काव्य को अधिक महत्व देते हैं–**'अभिनेतृभ्यः कवीन एत बहुमन्यामहे अभिनयेभ्यः काव्य वेत्ति।'** भट्टतौत की उक्ति भी भोजराज की मान्यता की पोषिका है–**'दर्शनात् वर्णनाच्चार्थ रूढा लोके कविः श्रुतः।'**
3. शुक्ल यजुर्वेद 40/8 एवं ईशावास्योपनिषद्–8।
4. अपारे काव्यसंसारे कविरेव प्रजापतिः।–अग्निपुराण 331/10।
5. क. प्रज्ञा नवनवोन्मेषशालिनी प्रतिभा मता
   तदनुप्राणनाजीवद् वर्णनानिपुणः कविः
   तस्य कर्म स्मृतं काव्यम्।
   ख. काव्यं लोकोत्तरवर्णनानिपुणं कवि-कर्म... ....। का. प्रकाश।
6. मृदुललितपदाढ्यं गूढ़शब्दार्थहीनं, जनपदसुखबोध्यं युक्तिमन्नृत्ययोज्यम्।
   बहुरसकृतमार्गं सन्धिसन्धानयुक्तं, स भवति शुभकाव्यं नाटकप्रेक्षकाणाम्।।
7. वाग्वैदग्ध्य-प्रधानेऽपि रस एवान जीवितम्। –अग्निपुराण-337/33
8. काव्य में 'पद' विषयक न्यायशास्त्रीय अवधारणा–**'शक्तं पदम्'** (अर्थयुक्त शब्द ही पद हैं)–ही स्वीकृत है, व्याकरणशास्त्रीय **'सुप्तिङन्तं पदम्'** अवधारणा नहीं। **राजशेखर** (का.मी.) का साक्ष्य है–

   ''व्याकरणस्मृतिनिर्णीतः शब्दः निरुक्तनिघंटाभिर्निर्दिष्टः। तदभिधेयोऽर्थः। तौ पदम्।'' अस्तु, अग्निपुराणकार, दण्डी आदि द्वारा प्रयुक्त 'पदावली' शब्द इस रूप में ध्यातव्य हैं।
9. शरीरं तावदिष्टार्थव्यवच्छिन्ना पदावली।–काव्यादर्श 1/10
10. काव्यशब्दोऽयं गुणालंकारसंस्कृतयोः शब्दार्थयोवर्तते।–का. सूत्रवृत्ति 1/1
11. सौन्दर्यलंकारः। – वही 1/1/2
12. रीतिरात्मा काव्यस्य। वही-1/2/6
13. अदोषौ सगुणौ सालंकारौ च शब्दार्थौ काव्यम्।–काव्यानुशासन, पृ.-16
14. शब्दार्थौ निर्दोषौ सगुणौ प्रायः सालंकारौ च काव्यम्।–वाग्भट., प.-14
15. गुणालंकारसहितौ शब्दार्थौ दोषवर्जितौ।–प्रतापरुद्र, पृ.-42
16. शब्दार्थौ सहितौ वक्रकविव्यापारशालिनी।
    बन्धे व्यवस्थितौ काव्यं तद्विदाहलादकारिणि।।–वक्रोक्ति जी. 1/7
17. जदपि सुजाति सुलक्षणी, सुवरन सरस सुवृत्त।
    भूषण बिन न बिराजई, कविता बनिता मित्त।।–कविप्रिया 5/1

18. सगुन पदारथ दोष बिनु, पिंगल मत अविरुद्ध।
भूषन जुत कवि-कर्म जो, सो कवित्त कहि सुद्ध।।–रसपीयूषनिधि 6/20

19. व्याकरण का सामान्य नियम है–जितने क्रियापद उतने ही वाक्य; **'एकतिङ वाक्यम्'**। यह वाक्य-लक्षण स्वरूपतः केवल पारिभाषिक है, लोकव्यवहारसिद्ध नहीं। व्यवहार में अनेक क्रियापद-वाक्य भी प्रयुक्त होता है। राजशेखर (का. मी.) की राय में एक अभिप्राय से एक वाक्य बनता है। जिसमें वक्ता का सम्पूर्ण आशय ग्रथित रहता है, वह वाक्य है **(पदानामभिधित्सार्थग्रथनाकरः सन्दर्भः वाक्यम्)**। भोजराज (शृ. प्र. 3) की राय में जिससे एक आशय (statement, predication) प्रगट होता है, वह एक वाक्य (भले ही उसमें अनेक क्रियापद हों) है–**'एकार्थपरः पदसमूहः वाक्यम्'** का तात्पर्य है–**काव्यस्थित वाक्यार्थ यानी एक सम्पूर्ण कल्पना, आशय या विचार**। काव्यशास्त्र में 'वाक्य', 'वचन', 'उक्ति' आदि समानार्थक हैं। **'उक्ति विशेषः काव्यम्'** की मान्यता से भी यही सिद्ध है।

20. शब्द सुमति मुख ते कढ़ै, लै पद बचननि अर्थ।
छन्द, भाव, भूषण, सरस, सो कहि काव्य समर्थ।।–शब्दरसायन-1

21. जग तें अद्भुत सुख सदन शब्दरू अर्थ कवित्त।–रस रहस्य 1/20

22. काव्य आत्मा की संकल्पात्मक अनुभूति है, जिसका सम्बन्ध विश्लेषण, विकल्प या विज्ञान से नहीं है। वह एक श्रेयमयी प्रेय रचनात्मक ज्ञान धारा है।

–काव्यकला तथा अन्य निबन्ध

23. The end of poetry is to produce excitement in co-existence with an over balance.–worsworth.
24. Poetry is at bottom a criticism of life–Matthew Arnoto.
25. Poetry is an inerpretation of life through imagination and imotion.
26. Poetry is not the turning loose of imotions; it is not an expression of presonality, it is an escape from personality.–T.S. Eliot.
27. Poetry is the best words is the best order.–Coleridge.
28. Poetry is the spotaneous overflow of powerful feelings. It takes its origin from imotion recollected in tranquility.–worsworth.
29. Poetry should be simple, Sensnous and pasionate.–Milton.
30. Poetry, We call musical thought-Carlyle
31. Poetry is the art of writing pleasure with truth by calling imagination to the help of reason. –Dr. Johnson.
32. हिन्दी साहित्य कोष (प्रथम खण्ड), पृ.-227
33. आचार्य विश्वनाथ प्रसाद मिश्र, वाङ्मय-विमर्श, पृ.-3
34. Poetry is ever accompanied with pleasure–P.B. Shelley.
35. अंतःकरण की वृत्तियों के चित्र का नाम कविता है।...कविता प्रभावशाली रचना है, जो पाठक या श्रोता के मन पर आनन्ददायी प्रभाव डालती है। – रसज्ञ रंजन, 50
36. Poetry is articulate music.–Dryden.
37. Poetry is the record of the best and happiest moments and best minds. –P.B. Shelly
38. ऐतिहासिक साहित्यशास्त्र (भूमिका), पृ.-5
39. A figure looks best when it escapes one's notice that it is a figure. – लोंजाइनस – 'ऑन दि सब्लाइम'
40. क. काव्यालापाश्च ये केचिद्गीतकान्यखिलानि च।
शब्दमूर्त्तिधरस्यैते विष्णोरंशा महात्मनः।। –विष्णु पुराण 1/22/85

ख. नरत्वं दुर्लभं लोके विद्या तव सुदुर्लभा।।
कवित्वं दुर्लभं तत्र शक्तिस्तत्र सुदुर्लभा।–अग्निपुराण 337/3-4
ग. अपारे काव्य संसारे कविरेव प्रजापतिः।
यथास्मै रोचते विश्वं तथेदं परिवर्तते।। –अग्निपुराण 338/10।
घ. एकः शब्दः सम्यक् ज्ञातः सुष्ठु सुप्रयुक्तः स्वर्गे लोके च कामधुग्भवति।–पतंजलि।

41. क. काव्यं तु जायते जातु कस्यचित् प्रतिभावतः। – भामह।
ख. कवित्त्वबीजं प्रतिभानम्। – वामन।
ग. सा (शक्तिः) केवल काव्यहेतुः। –राजशेखर।
घ. न काव्यार्थ विरामोऽस्ति यदि स्यात् प्रतिभा गुणः।–आनन्दवर्धन।
ङ. प्रतिभैव श्रुताभ्यासहिता कविता प्रति।
हेतुर्मृदम्बुसम्बद्ध बीजोत्पत्तिर्लतामिव।। –जयदेव।
च. प्रतिभैव च कवीनां काव्यकारणकारणम्।
व्युत्पत्यभ्यासौ तस्या एव संस्कारकारकौ न तु काव्यहेतू।।–हेमचन्द्र।

42. अतह ठ्िठए वि तहसण्ठिए ब्ब हिअअम्मि जा णिवेसेइ।
अत्थविसेसे सा जअइ विकऽ कइगोअरा वाणी।।

43. शक्तिर्निपुणता लोकशास्त्रकाव्याद्यवेक्षणात्।
काव्यज्ञशिक्षयाभ्यास इति हेतुस्तदुद्भवे।।–का. प्रकाश 1/3।

44. काव्यशास्त्र, पृ. 25

45. 'प्रज्ञा नवनवोन्मेषशालिनी प्रतिभा मता।'–विद्यानाथ ने 'काव्यकौरतुभ' में एवं क्षेमेन्द्र ने 'औचित्य-विचार-चर्चा' की 35वीं कारिका में इसे ही उधृत किया है।

46. 'प्रतिभा' अपूर्ववस्तुनिर्माणक्षमा प्रज्ञा; तस्या विशेषो' रसावेशवैशद्यसौन्दर्य।
काव्यनिर्माणक्षमत्वम्।–ध्व. लोचन 1/6, पृ. 13-14

47. क. या शब्दग्रामम्, अर्थसार्थम्, अलंकारतंत्रम्, उक्तिमार्गम् अन्यदपि ाहृदयं प्रतिभासयति सा प्रतिभा।–काव्यमीमांसा, चतुर्थ अ., पृ.-30।
ख. प्रतिभा प्रथमोद्भेदसमये यत्र वक्रता।
शब्दाभिधेययोरन्तः स्फुरती विभाव्यते।। –व. जी. 1/34।
ग. काव्यघटनानुकूलशब्दार्थोपस्थितिः।–र. गंगाधर (काव्यमाला, पृ. 8)।

48. प्रसन्नपद्नव्यार्थयुक्तयुद्बोधविधायिनी।
स्फुरन्ती सत्कवेर्बुद्धिः प्रतिभा सर्वतोमुखी।–वाग्भटालंकार 1/4।

49. शक्तिः 'कवित्वबीजरूपः संस्कारविशेषः, या विना काव्यं न प्रसरेत,
प्रस्तुतं वा उपहसनीयं स्यात्।–मम्मट।

50. क. छन्दोव्याकरणकलालोक स्थितिपद् पदार्थ विज्ञानात्।
युक्तायुक्तविवेको व्युत्पत्तिरियं समासेन।।–रुद्रट (काव्यालंकार 1/18)।
ख. उचितानुचितविवेको व्युत्पत्तिः।–राजशेखर (काव्यमीमांसा, पंचम अ., पृ. 40)

51. कृशे कवित्वेऽपि जनाः कृतश्रमाः विद्ग्ध गोष्ठीषु विहर्तुमीशते।–काव्यादर्श 1/105।

52. काव्यं कर्तुं विचारयितुं च ये जानन्ति तदुपदेशेन करणे योजने पौन पुण्येन प्रवृत्ति।–का. प्रकाश 1/3

53. अभ्यासः (काव्यकर्मणि परं व्याप्रियते) इति मंगलः। अविच्छेदेन शीलनमभ्यासः। स हि सर्वगामी सर्वत्र निरतिशयं कौशलमाधत्ते।–काव्यमीमांसा (चतुर्थ अ.), पृ. 28

54. काव्यकर्माणि कवेः समाधिः परं व्याप्रियते, इति श्यामदेवः। मनस एकाग्रता समाधि। वही, पृ. 28

55. इति त्रयः समुदिताः न तु व्यस्ता, तस्य काव्यस्योद्भवे निर्माणे समुल्लासे च हेतुर्न तु हेतवः–काव्यप्रकाश 1/2।

56. क. विनोदकरणं लोके नाट्यमेतद् भविष्यति। —नाट्यशास्त्र
ख. विनोदजननं लोके नाट्यमेतद् भविष्यति। —वही
57. धर्मार्थकाममोक्षेषु वैचक्षण्यं कलासु च।
करोति कीर्तिं प्रीतिञ्च साधुकाव्यनिवेषणम्।। —भामह
58. क. काव्यं सद् दृष्टादृष्टार्थ प्रीतिकीर्ति हेतुत्वात्। —वामन
ख. कविः कीर्तिं प्रीतिञ्च विन्दति। —भोजराज
59. तेन ब्रूमः सहृदयमनः प्रीतये तत्सवरूपम्। —ध्वन्यालोक 1/1
60. काव्यं यशसेऽर्थकृते व्यवहारविदे शिवेतरक्षतये।
सद्यः परनिर्वृतये कान्तासम्मिततयोपदेशयुजे।। —का. प्रकाश 1/2
61. Fame is the last infirmity of noble minds. —मिल्टन
62. जयन्ति ते सुकृतिनो रससिद्धाः कवीश्वराः।
नास्ति येषां यशःकाये जरामरणजं भयम्।। —भर्तृहरि
63. रसास्वादोपाायस्वप्रतिभाविजृम्भारूपां व्युत्पत्तिम्। —लोचन
64. चित्तामणि (प्रथमभाग), पृ. 126
65. More and more mankind will discover that we have to turn to poetry to interpret life for us, to console us, to sustain us. Without poetry our science will apear incomplete and most of what now passes with us for religion and philosophy will be replaced by poetry. M- Arnold.
66. सहृद्यस्य तु काव्यश्रवणान्तरमेव सकलप्रयोजनेषूत्तमं स्थायिभावास्वादन समुद्भूतं वेद्यान्तरसम्पर्कशून्यं रसास्वादरूपमानन्दनम्। —काव्यप्रदीप 1/2
67. सकलप्रयोजन मौलिभूतं समनन्तरमेवरसास्वादनसमुद्भूतं विगलितवेद्यान्तरमानन्दम्।
—काव्यप्रकाश 1/2
68. The object of poetry as of all fine arts is to produce an emotional delight, a pure and elevated pleasure....It is a moment of joy complete in itself and belongs to the ideal sphere of of supreme happiness. —अरस्तू
69. दृश्य-श्रव्यत्वभेदेत पुनः काव्यं द्विधा मतम्। —सा. दर्पण 6/1
71. दृश्यं तत्राभिनेयम्। —अभिनवगुप्त
71. नाटयं भिन्नरुचेर्जनस्य बहुधाप्येकं समाराधनम्। —मालविकाग्निमित्र 1/4
72. पाठ्ये गेये च मधुरं प्रमाणैस्त्रिभिरन्वितम्। —रामायण 1/4/8
73. मध्येसभं समीप स्थाविदं काव्यंगायताम्।
तच्छुत्वामुनयः सर्वे वाष्पपर्याकुलेक्षणा।। —वही 1/4/15
74. भवन्ती, पृ. 23
75. 'काव्येयर लक्ष्य हृदय जयकरा—पद्येर घोड़ाम होकु, आर गद्ये पा चलियेइ होकु।'
—साहित्येर स्वरूप, पृ. 36
76. इदमुत्तममतिशयनी व्यंग्ये वाच्याद् ध्वनिर्बुधैः कथितः। —का. प्रकाश 1/4
77. अतादृशि गुणीभूतव्यंग्यं व्यंग्ये तु मध्यमम्। — का. प्रकाश 1/4
78. शब्दचित्रं वाच्यचित्रमव्यंग्यं त्वक्दरं स्मृतम्। —का. प्रकाश 1/5
79. प्रस्तुत पुस्तक में 'गद्य' का अलग से वर्गीकरण किया गया है। साथ ही 'गद्य' और 'पद्य' के अन्तर को भी स्पष्ट किया गया है।
80. गुणवदलंकृतं च वाक्यमेव काव्यम्। —राजशेखर

काव्यशास्त्र का विकास

भारतीय चिन्ताधारा में भाव-भावित (काव्य) और बुद्धि-बोधित (शास्त्र)—समस्त उपलब्धियाँ—वाङ्मय के अन्तर्गत गृहीत हैं। काव्य का आविर्भाव शास्त्र से पहले हुआ, यह असंदिग्ध है। काव्यशास्त्र विधा का आविर्भाव और विकास काव्य के शास्त्रीय अध्ययन से हुआ। प्राचीन समय में इस विधा के लिए बहुप्रचलित और प्रायः सर्वमान्य संज्ञा अलंकार (अलंकार शास्त्र/काव्यालंकार) थी। तब अलंकारशास्त्र समग्र भारतीय आलोचना-पद्धति का सूचक और समग्र काव्यात्मक सौन्दर्य का बोधक था। राजशेखर ने तो इसे वेद के सातवें अंग के रूप में स्वीकार किया है—**'उपकारकत्वादलंकार सप्तममङ्गमिति यायावरीयः। ऋते चतत्स्वरूपपरिज्ञाताद्वेदार्थानवगतेः'**। वामन ने **'सौन्दर्यमलङ्कारः'** की घोषणा कर भी इसकी सम्पूर्णता का ही द्योतन किया है। परवर्ती समय में अलंकार वाणी के निश्चित विभूषणों का बोधक और काव्य का अस्थिर एवं अनित्य धर्म स्वीकृत हुआ। परिणामतः अलंकारशास्त्र का अर्थ भी संकुचित हो गया—अब वह सम्पूर्ण काव्यशास्त्र का द्योतक न रहकर मात्र अलंकारों के शास्त्रीय अध्ययन का सूचक रह गया। सम्प्रति अलंकार अथवा अलंकारशास्त्र का प्रयोग इसी अर्थ तक सीमित मानना चाहिए। उसकी जगह अब 'काव्यशास्त्र' अथवा 'साहित्यशास्त्र' जैसे शब्दों ने ले ली है।

भारतीय काव्यशास्त्र के बीज वेदों तक में खोजे गये हैं। वैदिक साहित्य से आरम्भ कर खिस्ती सन् की सत्रहवीं शती तक इस शास्त्र ने हमें अनेक उपलब्धियाँ प्रदान की हैं। इसकी विकास-यात्रा की सटीक व्यावहारिक पहचान के लिए इसे अग्रांकित चार कालों (खण्डों) में विभाजित कर अध्ययनीय बनाया जाता है। यथा—

क. प्रारम्भिक काल (वैदिक साहित्य से भामह-पूर्व तक)
: प्रयोगात्मक काल (550 ई. तक)

ख. रचनात्मक काल (भामह से रुद्रट तक)
: ध्वनिपूर्व काल (550-850 ई.)

ग. निर्णयात्मक काल (आनन्दवर्धन से क्षेमेन्द्र तक)
: ध्वनि काल (850-1100 ई.)

घ. व्याख्यात्मक काल (मम्मट से हरि प्रसाद तक)
: ध्वन्युत्तर काल (1100-1700 ई.)

आगे प्रत्येक काल का संक्षिप्त किन्तु आवश्यक विवरण प्रस्तुत किया जाता है।

प्रारम्भिक काल/प्रयोगात्मक काल

काव्यशास्त्र के विकास के प्रारम्भिक काल की अवधि वैदिक साहित्य से आरम्भ कर काव्यशास्त्र के आद्याचार्य भामह (500-550 ई.)—पूर्व तक मानी जाती है। काव्यशास्त्र का उत्स तो **ऋग्वेद** में ही प्राप्त है, पर इस कालावधि का एकमात्र उपलब्ध गौरवग्रन्थ है नाट्याचार्य भरत मुनि का **नाट्यशास्त्र**। **नाट्यशास्त्र** को विभेद के बिन्दु स्वीकार कर इस काल के दो उपविभाग किये जा सकते हैं। यथा—

क. क्रियाकल्प-काल (आरम्भ से भरत मुनि तक)
: अनुमानतः ख्रिस्तपूर्व 400 वर्ष तक।

ख. काव्यलक्षण-काल (भरत मुनि से भामहपूर्व तक)
: ख्रिस्तपूर्व 400-550 ई. तक।

ऋग्वेद से आरम्भ कर **नाट्यशास्त्र** तक की कालावधि में विभिन्न काव्यांगों की चर्चा आरम्भ हुई। विभिन्न नट-सूत्रों को प्रौढ़ता मिली जिनका संकलन-सम्पादन भरत मुनि ने **नाट्यशास्त्र** में किया। काव्यांगों के विवेचन में रस को पूर्ण प्रौढ़ि प्राप्त हुई। इस काल की काव्य-चर्चा को 'क्रियाकल्प' कहना सार्थक है। कारण, उस अवधि में काव्य की शास्त्रीय चर्चा के लिए क्रियाकल्प शब्द प्रचलित हो चुका था। साक्ष्यों से पता चलता है कि उक्त अवधि में विदग्ध जन अनेक काव्यांगों से परिचित हो चुके थे। **ऋग्वेद** में सोमरस के अर्थ में रस (**दधानः कलशे रसम्**) का ही नहीं, उपमा[1] और अरङ्कृता[2] (अलंकृता) पद के भी प्रयोग मिलते हैं। वेदों में 'उपमा', 'रूपक', 'रूपकातिशयोक्ति', 'पुनरुक्तवदाभास', 'लाटानुप्रास', 'उदाहरण'[3] आदि के प्रायोगिक रूप भी प्राप्त होते हैं। **तैत्तिरीयोपनिषद्** (11/7/1) में रस का प्रयोग आनन्द के अर्थ में (रसो वै सः) हुआ है। **रामायण** में छह रसों का स्पष्ट उल्लेख किया गया है।[4] यास्क प्रणीत निघण्टु में उपमावाचक बारह पद प्रयुक्त हुए हैं। उन्होंने न केवल उपमा का सोदाहरण विश्लेषण किया है, वरन आचार्य गार्ग्य का लक्षण भी उद्धृत किया है।[5] पाणिनी कृत **अष्टाध्यायी** में भी कई उपमांगों के उल्लेख हैं। इन सब के पश्चात् आता है भरत मुनि प्रणीत **नाट्यशास्त्र**। भरत-पूर्व दसाधिक आचार्यों—शिलाली, कृशाश्व, कोहल, धूर्तिल, शाण्डिल्य, वात्स्य, नखकुट्ट, वादरायण, शातकर्णि (अथवा शालिकर्ण) आदि—के नामों का पता तो चलता है, पर उनकी कृतियाँ अद्यावधि अनुपलब्ध हैं। इनमें से अधिकांश के मतों का उपयोग

भरत मुनि ने अपने ग्रन्थ **नाट्यशास्त्र** में किया है। **नाट्यशास्त्र** की 'द्वादशसाहस्री' और 'षडसाहस्री'—दो संहिताओं के उल्लेख मिलते हैं। सम्प्रति केवल 'षडसाहस्री' संहिता ही सुलभ है। समझा जाता है कि आद्य (अथवा वृद्ध) भरत कृत नट-सूत्र 'द्वादशसाहस्री' था जिसे द्वितीय भरत ने 'षडसाहस्री' का रूप देकर छत्तीस अध्यायों (**षट्त्रिंशकं भरतसूत्रमिदं विवृण्वन्**—अभिनवगुप्त) में **नाट्यशास्त्र** नाम से उपस्थित किया। सम्प्रति उपलबध **नाट्यशास्त्र** नाट्य-विधानों का प्रथम विश्वकोश है। उसमें नाट्य-सिद्धान्तों के साथ ही अभिनय पर विस्तृत और ब्यौरेबार विवेचन हुआ है। वह मात्र सैद्धान्तिक नहीं प्रायोगिक शास्त्र है। उसमें नाट्य-चर्चा के साथ ही काव्य (**अर्थक्रियोपेतं काव्यम**) की चर्चा हुई है। कहना चाहिए कि उसमें काव्य-चर्चा को नाटय-चर्चा के अंग रूप में ही विवेचित किया गया है। यद्यपि काव्य-चर्चा के लिए उस समय 'क्रियाकल्प' शब्द चलता था, तथापि उसकी स्वतंत्र सत्ता स्थिर नहीं हुई थी। काव्य-चर्चा (अथवा 'क्रियाकल्प') की दृष्टि से **नाट्यशास्त्र** का छठा (रस), सातवाँ (भाव), तेरहवाँ (प्रवृत्ति=रीति), सोलहवाँ (काव्य के लक्षण, अलंकार, गुण एवं दोष), अठारहवाँ (दशरूप विधान), बीसवाँ (वृत्ति) और बाइसवाँ (हाव-भाव, प्रेम की अवस्थाएँ एवं नायिका-भेद) अध्याय अधिक महत्त्व के हैं। शेष अध्यायों का सम्बन्ध मूलतः नाट्य से होने के बावजूद विभिन्न काव्यांगों की दृष्टि से सर्वथा अछूते नहीं माने जा सकते। असम्भव नहीं कि **नाट्यशास्त्र** में विवेचित काव्यांग पूर्वसूरियों की मान्यताओं के परिष्कृत रूप हों। वस्तुतः "भरत का **नाट्यशास्त्र** काव्य-चर्चा से 'क्रियाकल्प' की अवस्था दर्शाता है।"[6]

काव्य-मीमांसा की दृष्टि से आद्य नाटयाचार्य भरत मुनि से आद्य काव्याचार्य भामह तक का कालखण्ड 'काव्यलक्षण'—काल कहा जायेगा। भामह-पूर्व दो आचार्यों—मेधावी और रूद्र—का पता चलता है, पर उनकी कृतियाँ अनुपलब्ध हैं। शास्त्रीय चर्चा के लिए इस समय भी '**क्रियाकल्प**' शब्द प्रचलित रहा होगा, पर इस कालावधि की सर्वोपरि विशेषताएँ हैं—

क. काव्य-लक्षण को काव्यालंकार में रूपान्तरित करने का प्रयत्न, और

ख. काव्य-चर्चा (काव्यालोचन) को नाट्य-चर्चा (नाटयालोचन) से स्वतंत्र करने का प्रयत्न

प्रथम विशेषता के आधार पर इस कालावधि (भरत से भामहपूर्व तक) को काव्यलक्षण-काल कहना सार्थक है। **नाट्यशास्त्र** में छत्तीस काव्य-लक्षण गिनाये गये हैं। परवर्ती आचार्यों ने उन्हें अलंकारों में समाविष्ट कर लिया है। असम्भव नहीं कि क्रियाकल्पविदों (काव्यशास्त्रियों) ने काव्य-चर्चा को नाट्य-चर्चा से पृथक करने के लिए 'काव्य-लक्षण' शब्द **नाटयशास्त्र** से ही लिया हो। पूर्ववर्ती आचार्यों (क्रियाकल्पविदों)

के प्रयत्नों का प्रतिफलन आचार्य भामह कृत **काव्यालंकार** में हुआ है। उन दिनों काव्य की शास्त्रीय चर्चा के लिए प्रचलित 'काव्य-लक्षण' संज्ञा से भामह न केवल परिचित थे, वरन् उनके पूर्व उसमें जो भी प्रगति हुई थी, उन सबके संकलन, परिष्करण, संयोजन आदि में अपनी विवेचक बुद्धि का उपयोग कर ही 'काव्यालंकार' का उन्होंने प्रणयन किया था।[7] परिणामतः भामह (और)—परवर्ती आचार्यों में 'काव्यलक्षण' शब्द के लिए 'काव्यालंकार' शब्द लोकप्रिय हुआ।

रचनात्मक काल/ ध्वनिपूर्व काल

इस काल में काव्यालोचन का, नाट्यालोचन से भिन्न, सर्वथा स्वतंत्र और बहुमुखी विकास तो हुआ ही, काव्यगत सौन्दर्य के सभी विधायक धर्मों के लिए 'अलंकार' शब्द रूढ़ भी हुआ। इसलिए इसे 'काव्यालंकार'—काल (अथवा 'अलंकार-काल') कहना भी सार्थक है। इस काल के आचार्यों ने काव्य में सौन्दर्य की प्रतिष्ठा के साधनरूप में विभिन्न काव्यांगों पर विस्तृत विचार किये। 'रस' की प्रतिष्ठा पहले ही हो चुकी थी। **'अलंकार' के प्रतिष्ठापक आचार्य हुए भामह**। साथ ही काव्य के लिए वक्रता समन्वित शब्दार्थ की अनिवार्यता[8], अर्थ-विभावन (**'अनयार्थो विभाव्यते'**) और अलंकार को चमत्कारक्षम (**'कोऽलङ्कारोऽनया विना'**) बनाने में वक्रोक्ति की महत्ता का प्रतिपादन कर 'वक्रोक्ति'[9] एवं महाकाव्य के लिए **'युक्तं लोकस्वभावेन'** की योजना कर **'औचित्य'** को स्वतंत्र **प्रस्थान** के रूप में विवेचित करने का मार्ग भी प्रशस्त किया। अलंकारवादी आचार्य दण्डी भी थे, पर **'अस्त्यनेको गिरां मार्गः सूक्ष्मभेदो परस्परम्'** (काव्यादर्श 1/40) के संकेत से उन्होंने ही 'रीति' का महत्त्व भी स्पष्ट किया। इस सूत्र का सम्बल पा आचार्य वामन ने रीति-मत स्थिर किया। उनके अनुसार काव्य की आत्मा रीति (**रीतिरात्मा काव्यस्य**) है। तात्पर्य यह है कि इस काल में काव्यगत सौन्दर्य के विधायक अंगों की व्याख्या-हेतु अनेक मौलिक काव्यशास्त्रीय ग्रन्थों की रचनाएँ हुईं एवं आलोचना के कई नये सिद्धान्त प्रतिष्ठित हुए। इसलिए इस काल का नामकरण **रचनात्मक काल** करना उपयुक्त है।

आद्य काव्याचार्य भामह ने 'काव्य-लक्षण' को विवेकानुसार न केवल 'काव्यालंकार' में परिणत करने, वरन् यथाबुद्धि स्वतंत्र शास्त्र (काव्यालंकार) का प्रणयन करने की प्रतिज्ञा का निर्वाह तो किया ही, नाट्य को **'अभिनेयार्थ काव्य'** घोषित कर उसे भी काव्य की परिधि में ही समेट लिया। उन्होंने अपने **काव्यालंकार** में अभिनेयार्थ काव्य (नाट्य एवं उसके विभिन्न प्रकार) पर विचार इसलिए नहीं किया कि उस पर औरों ने विस्तारपूर्वक विचार किया था।[10] आचार्य दण्डी की उक्ति भी इसी प्रकार की है।[11] भरत मुनि द्वारा स्वीकृत **'अर्थक्रियोपेतं काव्यम्'** को न केवल इस समय 'शब्दार्थौ सहितौ' बताया गया, वरन् काव्यत्व का निष्पादक वक्रोक्ति (**वक्राभिधेयशब्दोक्तिरिष्टा वाचामलङ्कृतिः**) को स्वीकार किया गया।

'लक्षणान्वित' काव्यबन्ध को 'सालंकार' बनाया जाने लगा। भरत मुनि ने नाट्य को 'काव्यबन्ध' कहा था, अब भामह ने पहली बार महाकाव्य के लिए 'सर्गबद्ध ता' अनिवार्य की। भरत मुनि ने नाट्य को 'विनोदजनक' माना था। उस मान्यता का भंजन कर भामह ने 'आनन्द' जनक (**'प्रीतिं करोति'**—1/2) बताया—विनोद के स्थान पर आनन्द की प्रतिष्ठा कर काव्य को ब्रह्मानन्द—सहोदरक्षम बनाने का मार्ग प्रशस्त किया जाना निश्चय ही बड़ी महत्ती उपलब्धि है। इस काल के प्रमुख आचार्य और उनकी कृतियाँ अग्रांकित हैं—

1. भामह — (500-550 ई.) — काव्यालंकारः
2. दण्डी — (650-700 ई.) — काव्यादर्शः
3. उद्भट — (800 ई.) — काव्यालंकार-सार-संग्रहः
4. वामन — (800 ई.) — काव्यालंकारसूत्र-वृत्तिः
5. रुद्रट — (825-850 ई.) — काव्यालंकारः

इस काल के आचार्यों की लेखन-पद्धति प्रायः एक-सी है—पहले संग्रह-कारिका उपस्थित करना और तदुपरान्त लक्षण-कारिका देना। दण्डी के **काव्यादर्श** के अतिरिक्त सभी ग्रन्थों के नामों में भी समानता है। सब ने काव्यालंकार नाम ही रखे हैं। काव्य के वर्गीकरण में भी समान पद्धति मिलती है—गद्य-पद्य, निबद्ध, अनिबद्ध, सर्गबन्ध (महाकाव्य)—अभिनेयार्थ (नाट्य)। यदि वामन को अपवाद मान लें तो उदाहरणों की प्रस्तुति में भी समान पद्धति मिलती है। सब ने स्वरचित और संस्कृत में उदाहरण रखे हैं। जब भामह ने शब्दार्थों के सहभाव या दण्डी ने अर्थविभूषित पद को काव्य-शरीर घोषित किया, तब उनके समक्ष यह समस्या विद्यमान थी कि आखिर वह कौन-सी विशेषता होती है जिसके कारण काव्य (में शब्दार्थों) की परिणति आनन्द (रस) में होती है, किन्तु शास्त्र आदि की नहीं होती। काव्य में रस आस्वाद्य क्यों हो जाता है? इस जिज्ञासा के समाधान में ही भामह ने **'वक्रोक्ति'** दण्डी ने **'समाधि गुण'**, उद्भट ने **'अमुख्य वृत्ति'**, वामन ने **'रीति'** और रुद्रट ने **'वृत्ति'** को स्पष्ट किया। साथ ही वामन ने अलंकारों के बजाय गुणों पर काव्य-सौन्दर्य को अधिष्ठित स्वीकार किया एवं रुद्रट ने गुण-रस को यथाबुद्धि व्यवस्थित और स्वतंत्र रूप में विवेचित किया। भरत मुनि के उपरान्त रुद्रट का रस-विवेचन पहली बार न केवल स्वतंत्र, वरन् व्यवस्थित भी है। इस काल के आचार्यों में विवेचनगत भेद होते हुए भी इससे सभी सहमत हैं कि शब्दार्थों में गुणालंकारों के विशिष्ट धर्म के कारण ही काव्य में रस-निष्पत्ति होती है। अस्तु, स्पष्ट है कि इस काल में काव्य का विवेचन धर्ममुख से होता रहा है। तात्पर्य यह कि विभिन्न दृष्टियों से विचार करने पर यही स्थिर होता है कि यह कालखण्ड मौलिक शास्त्र रचना का अर्थात् **रचनात्मक काल** है।

निर्णयात्मक काल/ध्वनि काल

नौवीं शताब्दी के उत्तरार्द्ध में काव्यशास्त्रीय चिन्तन के विकास में नवीन मोड़ आया आनन्दवर्धन द्वारा प्रस्थापित ध्वनि-प्रस्थान से। **'काव्यस्यात्मा ध्वनिः'** के उद्घोष से उन्होंने जहाँ रस-ध्वनि को काव्य की आत्मा के रूप में प्रतिष्ठित किया, वहीं ध्वनन-व्यापार (व्यंजना शक्ति) को काव्यगत शब्दार्थों की आत्मा होने का भी प्रस्ताव किया। परवर्ती विचारकों को पहली बात तो अविरोधेन मान्य हुई, पर दूसरी बात (ध्वनन-व्यापार) में किंचित् वैमत्य हुआ। उन्होंने अपनी दृष्टि बाह्य निरूपण की अपेक्षा काव्य के आभ्यान्तरिक सौन्दर्य के उद्घाटन पर टिकायी। अपनी उपपत्ति में उन्होंने विभिन्न काव्यांगों की योग्य व्यवस्था तो की ही, पूर्व विकसित-प्रचलित सभी मान्यताओं और प्रस्थानों को ध्वनि के क्रोड़ में समेटते हुए उन सबकी (ध्वनि के अन्तर्गत ही) उचित व्यवस्था भी की। इस काल के सभी विवेचकों का ध्यान काव्य के आभ्यान्तरिक सौन्दर्य के प्रगटीकरण पर ही टिका है। काव्यशास्त्र के विकास में यह काल मात्र शिक्षा या प्रस्तावना का नहीं, निर्णय और स्थापना का हे। यह युग सूत्रों का नहीं, वृत्ति का है। इसलिए इसे **निर्णयात्मक काल** कहना संगत है। विवेचन के केन्द्र में ध्वनि के होने के कारण काल-विभाग ध्वनि को ही केन्द्र में रख कर किया है। फलतः ध्वनिपूर्व काल और ध्वन्युत्तर काल जैसे नाम भी रखे गये हैं, जो अनुचित नहीं कहे जा सकते। विवेच्य काल के महत्वपूर्ण काव्यशास्त्री और उनकी काव्यशास्त्रीय कृतियाँ अग्रंकित हैं—

1.	आनन्दवर्धन	(840-890 ई.)	:	ध्वन्यालोक
2.	राजशेखर	(920 ई.)	:	काव्य-मीमांसा
3.	मुकुल भट्ट	(920 ई.)	:	अभिधावृत्ति मातृका
4.	भट्टतौत	(950-990 ई.)	:	काव्य-कौतुक
5.	भट्टनायक	(950-1000ई.)	:	हृदय-दर्पण
6.	अभिनवगुप्त	(925-1025 ई.)	:	लोचन (ध्वन्यालोक लोचन), अभिनव भारती
7.	कुन्तक	(925-1025 ई.)	:	वक्रोक्तिजीवित
8.	धनंजय, धनिक	(975 ई.)	:	दशरूपक, अवलोक
9.	महिम भट्ट	(1020-1060 ई.)	:	व्यक्ति-विवेक
10.	भोजराज	(1025-1055 ई.)	:	सरस्वती कण्ठाभरण, शृंगार प्रकाश
11.	क्षेमेन्द्र	(1050 ई.)	:	औचित्यविचार-चर्चा

अग्निपुराणकार का काल भी यही है, पर प्रवृत्ति और विवेचन की दृष्टि से उनकी मान्यताएँ पूर्वकालीन हैं। भट्ट लोल्लट और शंकुक (**नाट्यशास्त्र** के टीकाकार) भी

इसी काल की उपज हैं। पूर्ववर्ती आचार्यों ने काव्य-विवेचन धर्म-मुख से किया था, किन्तु आनन्दवर्धन ने उसे फलमुख से विवेचित किया। इस काल के अन्य आचार्यों में से राजशेखर, भोजराज और कुन्तक ने विवेचन किया है कवि-व्यापारमुख से और शेष ने सहृदय या ग्रहीता-व्यापारमुख से। ग्रहीता-व्यापारमुख से विवेचन करने वालों में भट्टनायक अधिक महत्त्व के हैं। काव्य होता है कवि-कर्म, पर उसका पर्यवसान सहृदय अथवा ग्रहीता में होता है। पर्यवसित करना कवि-निर्भर होता है, पर पर्यवसित होना काव्य और सहृदय दोनों पर निर्भर करता है। भट्टनायक भोगवादी थे। उन्होंने भुक्ति को महत्त्व दिया। परिणामतः उनके विवेचन में ग्रहीताव्यापारमुख महत्वपूर्ण हो उठा है। अभिनव गुप्त में विवेचन के तीनों रूपों (धर्ममुख, फलमुख और व्यापारमुख) को पूर्णता तक पहुँचाने की कोशिश हुई है। इस काल की एक महती उपलब्धि यह भी है कि पूर्व प्रचलित 'काव्यालंकार' (अथवा 'अलंकार') की जगह 'साहित्य' शब्द को स्थान मिला। काव्यालंकार अब 'साहित्य-विधा' (या 'साहित्यशास्त्र') की संज्ञा प्राप्त करने के लिए अग्रसर हुआ।

व्याख्यात्मक काल/ध्वन्युत्तर काल

काव्य-मीमांसा को आनन्दवर्धन के पश्चात् नया मोड़ मिला आचार्य मम्मट के **काव्यप्रकाश** से। ध्वनिवादी होते हुए भी मम्मट समन्वयवादी थे। वाग्वश्यता यानी छोटे-छोटे वाक्यों के द्वारा विशद और गम्भीर अभिव्यक्ति करना उनकी अप्रतिम विशिष्टता है। इस कालखण्ड में काव्य-विवेचन की मम्मट-प्रवर्तित पद्धति को ही अधिकांश परवर्ती विवेचकों ने अपनाया है। यों यह काल विवेचन की दृष्टि से पूर्ववर्ती ध्वनिकाल का अनुजात है, पर विवेचन की सशक्तता, गम्भीरता और शैलीगत प्रौढ़ता इसकी निजी विशिष्टता है। नवीन स्थापनाओं की अपेक्षा यह काल पूर्व स्थापित मान्यताओं और प्रस्थानों की व्याख्या और विशदीकरण, खण्डन-मण्डन, व्यवस्थापन और शृंखलन की दृष्टि से अधिक महत्व का है। ऐसा नहीं कि इस काल में नया विचार बिलकुल हुआ ही नहीं; कई नये तत्त्वविचार आये हैं, पर वे कम महत्व के हैं एवं उनमें भी प्रायः मम्मटीय शैली का ही उपयोग हुआ है। विचारों में मूलगामी परिवर्त्तन प्रायः कम हुए हैं। इस काल के प्रमुख आचार्यों और उनकी प्रमुख काव्यशास्त्रीय कृतियों का आगे उल्लेख किया जाता है। यथा—

1. आचार्य मम्मट : काव्यप्रकाश (1100 ई.)
2. रुय्यक : अलंकार सर्वस्व, नाट्यमीमांसा, व्यक्तिववेक विचार, साहित्य-मीमांसा, सहृदय-लीला, काव्यप्रकाशसंकेत आदि (1135-1155 ई.)
3. वाग्भट्ट (प्रथम) : वाग्मटालंकार (1122-1156 ई.)

4. हेमचन्द्र : काव्यानुशासन, शब्दानुशासन, देशीनाममाला (1150 ई.)
5. रामचन्द्र-गुणचन्द्र : नाट्य-दर्पण (12वीं शती)
6. शारदातनय : भाव-प्रकाशन (13वीं शती)
7. जयदेव : चन्द्रालोक (13वीं शती)
8. भानुदत्त : रसमंजरी, रसतरंगिणी (13वीं शती)
9. विधाधर : एकावली (13वीं शती)
10. विद्यानाथ : प्रतापरुद्रयशोभूषण (14वीं शती)
11. वाग्भट्ट (द्वितीय) : काव्यानुशासन (14वीं शती)
12. केशव मिश्र : अलंकार शेखर (14वीं शती)
13. शिंग भूपाल : रसार्णव सुधाकर (14वीं शती)
14. पं. विश्वनाथ : साहित्य-दर्पण (14वीं शती)
15. विश्वेश्वर भट्ट : चमत्कार-चन्द्रिका (14वीं शती)
16. रूप गोस्वामी : भक्तिसामृतसिन्धु, उज्ज्वलनीलमणि (1500-1560 ई.)
17. मधुसूदन सरस्वती : भक्ति-रसायन (16वीं शती उत्तरार्द्ध)
18. प्रभाकर : रस-प्रदीप (16वीं शती)
19. अप्पय्य दीक्षित : कुवलयानन्द, वृत्तिवार्तिक, चित्रमीमांसा आदि (16वीं शती)
20. पण्डितराज जगन्नाथ : रस-गंगाधर (लगभग 1650 ई.)
21. हरि प्रसाद : काव्यालोक (17वीं शती उत्तरार्द्ध)

इस काल के अन्तिम महान् आचार्य पण्डितराज जगन्नाथ हुए। वे अभिनवगुप्त के अनुगामी थे। वे पाण्डित्य और विदग्धता की प्रतिमूर्त्ति थे। उनके पश्चात् भी गंगेशपुत्र हरि प्रसाद, आशाधर भट्ट आदि कई प्रसिद्ध काव्यशास्त्री हुए, पर पण्डितराज जगन्नाथ-सी तलस्पर्शिनी प्रतिभा या विवेचक बुद्धि आगे किसी और में नहीं मिलती।

उपर्युक्त उल्लिखित आचार्यों में मम्मट, रुय्यक, हेमचन्द्र, शारदातनय, शिंगभूपाल, पं. विश्वनाथ, रूपगोस्वामी, प्रभाकर, पण्डितराज जगन्नाथ, हरिप्रसाद आदि के महत्व अधिक हैं। इस कालखण्ड में '**चमत्कार**' प्रस्थान की स्थापना तो हुई ही, कुछेक प्रस्थानों पर कई विद्वानों ने गम्भीर विवेचन और विशद व्याख्याएँ अथवा पुनर्मूल्यांकन किये। यथा–

क. ध्वनि : मम्मट, रुय्यक, पं. विश्वनाथ, हेमचन्द्र, विधाधर, विद्यानाथ, जयदेव, अप्पय्य दीक्षित आदि।

ख. रस	:	शारदातनय, शिंगभूपाल, भानुमिश्र, रूपगोस्वामी, मधुसूदन सरस्वती आदि।
ग. अलंकार	:	रुय्यक, केशव मिश्र, विश्वेश्वर भट्ट, पण्डितराज जगन्नाथ आदि।
घ. चमत्कार	:	प्रभाकर और हरि प्रसाद।
ङ. कवि शिक्षा	:	अरि सिंह, अमरचन्द्र, देवेश्वर आदि।
च. नाट्य	:	रुय्यक और रामचन्द्र-गुणचन्द्र।

इसल काल में कतिपय नवीन तत्त्वविचार भी अग्रसारित करने के प्रयत्न हुए। इस दृष्टि से प्रथम रामचन्द्र-गुणचन्द्र के '**सुखदुःखात्मको रसः**' पर ध्यान टिकता है। लेखक द्वय ने **नाट्य-दर्पण** में शृंगार, हास्य, वीर, अद्भुत एवं शांत को सुखात्मक तथा करुण, रौद्र, वीभत्स एवं भयानक को दुखात्मक रस स्वीकार किया है। साथ ही नाटकों में शांत रस की स्थिति के लिए भी तर्क प्रस्तुत किये हैं। रस-विवेचन में नव्यन्याय के अनुगामियों ने भी किंचित् नवीनता दिखायी है।

रस-विवेचन में इस काल की प्रमुख स्थापना है भक्ति रस की। रूपगोस्वामी ने अपने ग्रन्थों में मधुरा भक्ति को उज्ज्वल रस स्वीकार किया जो शब्दान्तर से शृंगार रस ही ठहरता है। उनसे भिन्न और अपेक्षया अधिक सोपपत्तिक विवेचन मधुसूदन सरस्वती का है। उन्होंने **भक्ति-रसायन** (भगवद्भक्ति-रसायन) में भक्ति को मोक्ष से भिन्न और पाँचवाँ पुरुषार्थ घोषित किया। उनके अनुसार भगवद्गुणश्रवण से दृतावस्था को प्राप्त चित्त की भगवविद्वषयक अखण्ड वृत्ति भक्ति है—

दृतस्य भगवद्धर्मात् धारावाहिकतां गता।
सर्वेशे मनसो वृत्तिः भक्तिरित्यभिधीयते।।

अर्थात् भक्ति और भगवदाकारता अभिन्न हैं। वे भक्ति रस को ही मूल रस भी मानते हैं, क्योंकि वही पूर्णानन्दमय है। उसकी तुलना में शृंगारादि काव्य रस अति क्षुद्र हैं। परिपूर्णरसा भगवद्रति और शृंगारादि में अन्तर वैसा ही है जैसा सूर्य और खद्योतों में—

परिपूर्णरसा क्षुद्ररसेभ्यो भगवद्रतिः।
खद्योतेभ्यः इवादित्यप्रभेव बलवत्तरा।।—भक्ति रसायन 2/78

भक्ति रस में अन्य रसों की स्थिति संचारियों-सी है—'**हासादीनां व्यभिचारिषु पर्य्यवसानात्।**'

पं. विश्वनाथ के प्रपितामह पं. नारायण ने केवलाद्भुतवाद का प्रतिपादन करते हुए 'चमत्कार' को महत्व दिया।[12] उसे प्रस्थान के रूप में विकसित-पल्लवित करने के

प्रयत्न विश्वेश्वर (**चमत्कार-चन्द्रिका**), प्रभाकर (**रस-प्रदीप**) और गंगेश-पुत्र हरि प्रसाद (**काव्यालोक**) में हुए। विश्वेश्वर के अनुसार काव्य के पठन-श्रवण आदि से सहृदय को होने वाला आनन्द ही चमत्कार है। गुण, रीति, रस, वृत्ति, पाक, शय्या और अलंकार उसके कारण (आलम्बन) मात्र हैं।[13] प्रभाकर ने रस को चमत्कार का एक घटक भर स्वीकारते हुए काव्य की परिभाषा ही की–'**चमत्कारविशेष-कारित्वं, सुखविशेषकारित्वं वा**' और हरि प्रसाद ने चमत्कार को काव्य की आत्मा–'**विशिष्ट शब्दरूपस्य काव्यस्यात्मा चमत्कृतिः** (काव्यालोक–200 सूत्र) स्वीकार कर उसे नवीन प्रस्थान के रूप में प्रतिष्ठित किया। हिन्दी साहित्य की रीतिकालीन कविता चमत्कार-सिद्धान्त से बहुत दूर तक प्रेरित-प्रभावित है। यह और बात है कि काव्यशास्त्रियों को चमत्कार प्रस्थान मान्य नहीं हुआ। पं. विश्वनाथ के '**वाक्यं रसात्मकं काव्यम्**' को पण्डितराज जगन्नाथ ने '**रमणीयार्थ प्रतिपादकः शब्दः काव्यम्**' शायद अकारण नहीं कहा था। वे प्रभाकर के चमत्कारवाद से अप्रभावित नहीं थे।

इस काल खण्ड की अन्तिम सीमा के सर्वप्रमुख और प्रौढ़ आचार्य पण्डितराज जगन्नाथ थे। **रसगंगाधर** के उपलब्ध अंश उनके पाण्डित्य और वैदग्ध्य के अन्यतम साक्ष्य हैं। मम्मट ने रस के सम्बन्ध में चार मत दिये हैं, पर पण्डितराज जगन्नाथ ने ग्यारह। साथ ही उनकी मान्यता '**रत्याद्यवच्छिन्नाभग्नावरण चिदेव रसः**' भी रस-विवेचन को महती देन है। वस्तुतः जिस दृष्टि से भी विचार करें, विवेच्य काल काव्यशास्त्रीय चिन्तन की दृष्टि से व्याख्या, पुनर्मूल्यांकन और पुनर्व्यवस्थापन का काल ही अधिक ठहरता है। नवीन प्रस्थान के रूप में चमत्कार की प्रतिष्ठा को भी अनदेखा नहीं किया जा सकता।

पण्डितराज जगन्नाथ के समय तक हिन्दी में भी काव्य-चर्चा आरम्भ हो चुकी थी। हिन्दी में काव्य-चर्चा का बीज-वपन भक्तिकाल में ही हो चुका था, पर उसे गति मिली आगे रीति काल में। यह और बात है कि वह काव्य-चर्चा अभी तक "संस्कृत-साहित्यशास्त्र के विकासक्रम की एक संक्षिप्त उद्धरणी।"[14] के रूप में ही स्वीकृत की जाती है। हिन्दी साहित्येतिहास के मध्यकाल (भक्ति और रीतिकाल) में हिन्दी-काव्यशास्त्रीय ग्रन्थकारों अर्थात् आचार्य कवियों की संख्या पचासों हैं, किन्तु उन सब का मुख्य उद्देश्य मौलिक सिद्धान्तों का प्रतिपादन करना नहीं, वरन् संस्कृत में उपलब्ध काव्य-मीमांसा की समस्त सामग्री को हिन्दी पाठकों के लिए सरल और सरस रूप में सुलभ बनाना रहा है। यह भी अपने आप में बड़ा महत्वपूर्ण कार्य था जिसे रीतिकालीन आचार्य कवियों ने निभाया है। हिन्दी में मौलिक साहित्यशास्त्रीय लेखन का वास्तविक आरम्भ भारतेन्दु हरिश्चन्द्र के 'नाटक' नामक पुस्तक से मानना उचित है। इसका तात्पर्य यह नहीं कि हिन्दी के मध्यकालीन सम्पूर्ण काव्यशास्त्रीय लेखन को नकार दिया जाये अथवा उसे सर्वथा महत्वहीन समझा जाये।

सन्दर्भ

1. ईयुषी रागमुपमा शाश्वतीनाम्।–ऋग्वेद 1/113/15
2. वायबा याहि दर्शते मे सोमा अरङ्कृता।–ऋवेद 1/1/2
3. ऋग्वेद 1/18/124; 1/194/20; वही; यजुर्वेद 1/48; अथर्ववेद;' यजुर्वेद 11/75
4. रसैः शृंगारकरुणहास्यरौद्रभयानकैः।
   वीरादिभी रसैयुक्तं काव्यमेतद्गायताम्।।–रामायण 1/4/9
5. उपमा यत्तत् तत्सहशमिति गार्ग्यः।
6. ग. त्र्य. देशपाण्डे–भारतीय साहित्य शास्त्र, पृ. 143
7. क. गिरामलङ्कारविधिः सविस्तरः स्वयं विनिश्चित्य धिया मयोदितः।–काव्यालंकार 3/58
   ख. अवलोक्य मतानि सत्कवीनामवगम्य स्वधिया च काव्यलक्ष्म।
   सुजनावगमाय भामहेन ग्रथितं रक्तिलगोमिसूनुनेदम्।।–वही 6/64
8. क. शब्दार्थौ सहितौ काव्यम्...। वही 1/36
   ख. वक्राभिधेयशब्दोक्तिरिष्टा वाचामलङ्कृति।–वही 1/36
9. सैषा सर्वैव वक्रोक्तिरनयार्थो विभाव्यते।
   यत्नोऽस्यां कविना कार्यः कोऽलङ्कारोऽनया विना।–वही 2/85
10. उक्तं तद्भिनेयार्थमुक्तौऽन्यैस्तस्य विस्तरः।–काव्यालंकार 1/24
11. मित्राणि नाटकादीनि तेषामन्यत्र विस्तारः।–काव्यादर्श
12. रसे सारश्चमत्कारः सर्वत्राप्यनुभूयते। तच्चमत्कारसारत्वे सर्वत्राप्यद्भुतो रसः।।
    तस्माददद्भुतमेवाह कृती नारायणो रसम्।।–धर्मदत्त के इस वचन को पं. विश्वनाथ ने अपने 'साहित्य-दर्पण में रखा है।'
13. चमत्काररस्तु विदुषामानन्दपरीवाहकृत।
    गुणं रीतिं रसं वृत्तिं पाकं शय्यामलङ्कृतिम्,
    सप्तैतानि चमत्कारकारणं ब्रुवते बुधाः।।–भारतीय सा. शा., पृ. 138 पर उद्धृत।
14. आचार्य रामचन्द्र शुक्ल, हिन्दी साहित्य का इतिहास, पृ. 225

अलंकार

अलंकार की परिभाषा और महत्त्व

'अलंकार' शब्द 'अलम्' और 'कार' दो शब्दों के मेल से बना है। 'अलम्' का अर्थ है भूषण और 'कार' का अर्थ है कर्त्ता; अर्थात् भूषण-कर्त्ता—जिसके द्वारा भूषित या अलंकृत किया जाये, वही है अलंकार। इस प्रकार अलंकार के शाब्दिक अर्थ होंगे—सजावट, शृंगार, आभूषण आदि। 'अलंकार' शब्द का काव्य-शास्त्रीय अर्थ में प्रयोग सर्वप्रथम आद्याचार्य भरतमुनि ने 'नाट्यशास्त्र' में किया है। उन्होंने 'अलंकार' के समकक्ष ही एक और शब्द प्रयुक्त किया है—**'लक्षण'**। अलंकार तो उन्होंने चार (उपमा, रूपक, दीपक, यमक) ही गिनाये हैं, पर काव्य-लक्षण छत्तीस; जिनमें हेतु, संशय, दृष्टान्त, निदर्शन आदि ऐसे हैं जिन्हें आगे चलकर अलंकार ही स्वीकार किया गया है। 'अलंकार' के लिए एक तीसरा शब्द भी प्रयुक्त हुआ है—**'चित्र'**। इस प्रकार भारतीय काव्य-शास्त्र में अलंकार के लिए तीन शब्द प्रयुक्त हुए हैं—अलंकार, लक्षण और चित्र। इनमें सर्वमान्य और सर्वप्रचलित शब्द है 'अलंकार'।

पाश्चात्य काव्य-शास्त्र में भी अलंकार के लिए महत्त्वपूर्ण पर्याय तीन ही मिलते हैं—ट्रोप्स, (Trops), फिगर्स (Figures) और औरनामेंट (Ornament)। वहाँ ये शब्द प्रायः समानान्तर रूप में प्रयुक्त हुए हैं, पर आज 'फिगर' शब्द ही अधिक प्रचलित है। शब्दार्थ के विचार से ट्रोप, फिगर और औरनामेंट को क्रमशः लक्षण, चित्र और अलंकार की समकक्षता प्रदान की जा सकती है।

संस्कृत के आचार्यों ने 'अलंकार' का व्युत्पादन दो प्रकार से किया है—

(क) **'अलङ्करोतीति अलङ्कारः'** अर्थात् जो आभूषित करता है, वह अलंकार है और (ख) **'अलङ्क्रियतेऽनेनेत्यलङ्कारः'** अर्थात् जिसके द्वारा किसी की शोभा होती है, वह अलंकार है। सामान्यतः दोनों का सार एक ही है, किन्तु सूक्ष्म दृष्टि से पर्यालोचन के पश्चात् यह स्पष्ट हो जाता है कि प्रथम अर्थ में अलंकार काव्य का

सहज अथवा स्वाभाविक धर्म है, पर द्वितीय अर्थ में वह साधन मात्र है, सहज अथवा स्वाभाविक धर्म नहीं।

आगे चलकर साहित्य-शास्त्रियों में दो वर्ग स्पष्टतः लक्षित होते हैं। साहित्य-शास्त्रियों का प्रथम वर्ग अलंकार को प्रथम अर्थ में ग्रहण कर इसे काव्य की आत्मा के रूप में स्वीकृत करता है। इस वर्ग के पोषकों में भामह, दंडी, वामन, अग्निपुराणकार, जयदेव आदि के नाम लिए जाते हैं। साहित्य-शास्त्रियों का द्वितीय वर्ग अलंकार को काव्य का मात्र शोभाकारी धर्म और बाह्य रूप से उपस्कारक मानता रहा है। इस वर्ग में मम्मट, पं. विश्वनाथ आदि के नाम आदरपूर्वक गृहीत हैं। वस्तुतः इस वर्ग के विचारकों ने सन्तुलित और औचित्यपूर्ण पद्धति से काव्य में अलंकार का स्थान निरूपित किया है। आज के सुधी आलोचक भी इन्हीं लोगों के विचारों का पोषण करते हैं।

भारतीय आलोचना में काव्य की आत्मा को लेकर अनेक प्रकार के मत सामने आए। इनमें प्राचीन मत अलंकारवादियों का ही माना जा रहा है। अलंकारवाद के आद्याचार्य भामह ने सर्वप्रथम अपनी मान्यता व्यक्त की कि भूषण के अभाव में सुन्दर रमणी के मुख पर ही कांति नहीं आती है—**'न कांतमपि निर्भूषं विभाति वनितामुखम्'**। इसी से उन्होंने घोषणा की कि प्रकृत रूप में वाणी सुन्दर नहीं होती। उसकी सुन्दरता के लिए अलंकार अनिवार्य है। वे **शब्द और अर्थ की वक्रता को ही वाणी का अभीष्ट अलंकार मानते थे।** इस मान्यता को आगे बढ़ाया है आ. दंडी ने। उन्होंने बताया कि सदलंकृत काव्य ही चिरस्थायी होता है—**'काव्यं कल्पान्तरस्थायी जायते सदलङ्‌ कृति'**। काव्य के स्थायित्व का तात्पर्य है उसकी अमरता से। अमरता अथवा स्थायित्व की बात कहकर स्पष्ट रूप से अलंकार को काव्य की आत्मा के रूप में प्रतिष्ठित करने का यह प्रत्यत्न दंडी की मौलिक देन स्वीकार की जायेगी। अलंकारवाद के परवर्ती आचार्यों में दंडी का निम्नांकित सूत्र मानो स्तोत्र के रूप में प्रचलित होकर मान्य रहा है—**'काव्यशोभाकरान् धर्मान् अलंकारान् प्रचक्षते'**। यह सूत्र 'अलंकरोतीति अलंकारः' के निकट पड़ता है। डॉ. नगेंद्र ने दंडी के उपर्युक्त सूत्र से दो निष्कर्ष दिये हैं—अलंकार काव्य का स्वाभाविक अथवा सहज धर्म है और काव्य की शोभा अलंकारों पर ही निर्भर है। इस मत का पोषण एक लम्बी अवधि तक होता रहा है। इसी का पोषण करते हुए आ. वामन ने घोषणा की—**'काव्यं ग्राह्यमलङ्कारात्'**। अर्थात् काव्य मात्र अलंकार के कारण ही ग्राह्य है। वामन ने अलंकार का रहा-सहा क्षेत्र भी पूर्ण विकसित किया। **'सौन्दर्यमलङ्कारः'** जैसा सूत्र उनके इसी व्यापक दृष्टिकोण का परिचायक है।

अलंकारों के सम्बन्ध में विचार की यह प्रक्रिया यहाँ रुकती नहीं, बढ़ती ही

जाती है। नवमी शताब्दी के आस-पास अग्निपुराणकार ने तो यह भी घोषित किया कि अलंकार-विहीन काव्य विधवा है–**'अलंकाररहिता विधवेव सरस्वती'**। समर्थकों की कौन कहे, विरोधी आचार्यों में वक्रोक्ति-वाद के प्रतिष्ठापक आचार्य कुन्तक ने भी **'सालङ्कारस्य काव्यता'** कहकर परोक्षरूप से अलंकार की पुष्टि ही की है। इस समय तक साहित्य-शास्त्र में अलंकार के विरोध में कई प्रकार के काव्य-सम्प्रदाय पनप चुके थे। खण्डन-मण्डन की प्रक्रिया प्रमुखता पा चुकी थी। अब अलंकार अपना आसन पूर्ववत् बनाये रखने में असमर्थ हो रहा था। धीरे-धीरे रीति, वक्रोक्ति, रस, ध्वनि, औचित्य आदि अलंकार का आसन खींचना चाह रहे थे। भला कोरा अलंकारवादी इसे कैसे सह सकता था? इसी क्रम में ख्रिष्टाब्द की तेरहवीं शदी में चंद्रालोककार जयदेव ने आ. मम्मट के 'अनलंकृती पुनः क्वापि' का पुरजोर विरोध करते हुए प्रतिपादित किया कि अलंकार-शून्य शब्दार्थ में काव्यत्व स्वीकार करने वाले कृती अग्नि में शीतलता क्यों नहीं मानते–

अंगीकरोति यः काव्यं शब्दार्थावनलंकृती।
असौ न मन्यते कस्मादनुष्णमनलंकृती।।

यह तो रही पहले वर्ग की चर्चा। इससे इतर कुछ अन्यों के विचार भी देख लेना आवश्यक है। जहाँ 'काव्यं ग्राह्यमलंकारात्' कहकर वामन ने काव्य में अलंकार की प्रतिष्ठा की, वहाँ उन्होंने **'युवतेरिव रूपमङ्गं काव्यं,....** आदि कहकर यह भी संकेत किया कि युवती के रूप में समान अलंकार-विहीन काव्य भी रुचिकर होता है। इससे इतना तो स्पष्ट हो ही जाता है कि अलंकार के अभाव में भी काव्य का रुचिकर होना सम्भव है। इसे ही आगे बढ़ाकर आ. मम्मट ने **'अनलंकृती पुनः क्वापि'** की घोषणा की, जिससे काव्य में अलंकार की अनिवार्यता का महत्त्व. प्रायः समाप्त ही हो गया।

वस्तुतः अलंकार को उचित रूप में आँकने का प्रयत्न प्रयास किया है पं. विश्वनाथ ने। उन्होंने गुण और रीति के साथ अलंकार को काव्य में रस का उत्कर्षक स्वीकार किया है–**'उत्कर्षहेतवः प्रोक्ता गुणालंकाररीतयः'**। पुनः उन्हांने अलंकार को काव्य का अस्थिर धर्म (सहज धर्म नहीं) स्वीकार कर उसे अंगद आदिवत् शोभातिशायी रस का उपस्कारक कहा है–

शब्दार्थयोरस्थिरा ये धर्माः शोभातिशायिनः।
रसादीनुपकुफर्वन्तो ऽलंकारास्तेऽङ्गदादिवत्।।

पं. विश्वनाथ की यह मान्यता 'अलंक्रियतेऽनेनेत्यलंकारः' के निकट पड़ती है। यहाँ, स्पष्ट रूप से शब्दार्थ (काव्य के बाह्य तत्त्व) के अस्थिर धर्म और रूप में अलंकार को स्वीकृत किया गया है। ध्यान देने की बात यहाँ इतनी ही है कि अलंकार रस का उपस्कारक और काव्य का अस्थिर धर्म है, काव्य का बहिर्भूषण

मात्र नहीं। बहिर्भूषण मानने का अर्थ होगा अलंकार को शब्द और अर्थ से पूर्णतः अलग कर देखना, पर वस्तुतः ऐसा किया नहीं जा सकता। संस्कृत के आचार्य 'कर्णकुंडल', 'कटक-कुंडल', 'अंगदादिवत्' आदि शब्दों-द्वारा अलंकार को काव्य से पूर्णतः अलग की वस्तु स्वीकारते रहे हैं। वे इसे बहिर्भूषण समझते रहे हैं। आभूषणों की सबसे बड़ी विशेषता यही है कि शरीर को बिना किसी प्रकार का कष्ट पहुँचाए ही उन्हें आवश्यकतानुसार अलग किया जा सकता है। क्या काव्य के अलंकारों के साथ भी यही विशेषता होती है? नहीं। यदि हम कविता से अलंकार को अलग करना चाहें तो कविता की अंग-भंगी होगी ही। आभूषण शरीर के अंगभूत नहीं होते, पर अधिकांश अलंकार काव्य-शरीर के अंगभूत तत्त्व हैं। उनका सम्बन्ध 'तन्तुपटवत्' ही स्वीकार किया जा सकता है, 'कर्ण-कुंडलवत्' बिल्कुल नहीं। अलंकार काव्य-शरीर के ताने-बाने से पूर्णतः मिला-जुला होता है। उसे विलग नहीं किया जा सकता। वस्तुतः, अलंकार का शब्दार्थ से तो रासायनिक अन्तर्गठन है, फिर उसे अलग रखकर विचार कैसे किया जायेगा। इसकी पुष्टि हेतु आनन्दवर्द्धन की मान्यता देखी जा सकती है। उनका मत है कि रस-कर्तृक-आक्षिप्त होने से जो रचना सम्भव होती है और रसों के साथ एक ही बार के प्रयत्न में जो सम्पन्न या सिद्ध होता है, वही अलंकार है—

रसाक्षिप्ततया यस्य बन्धः शक्यक्रियो भवेत्।
अपृथग्-यत्न-निर्वत्यः सोऽलंकारो ध्वनौ मतः।।

यहाँ अलंकार के दो लक्षण संकेतित हैं—रसक्षिप्तता और अपृथग्यत्न-सम्पाद्यता। अर्थात् रस-द्वारा आकृष्ट होना और उक्ति से अभिन्न होना अलंकार के आवश्यक लक्षण हैं। स्थूल रूप में अब हम कह सकते हैं, यदि कहना चाहें, कि अलंकार काव्य का सहज प्रभावुक धर्म है। वह काव्य का अंगभूत तत्त्व है, भले ही उसका स्थान रस, ध्वनि आदि से पीछे ही क्यों न हो।

संस्कृत-आचार्यों के मत-वैभिन्नय की परम्परा हिन्दी अलंकार-शास्त्र में भी स्पष्ट है। हिन्दी के तथाकथित प्रथम आचार्य आ. केशव अलंकारवादी ही ठहरते हैं। वे कविता में अलंकार की स्थिति अनिवार्य मानते हैं—**'भूषन बिनु न बिराजई, कविता बनिता मित्त'**। ऐसी बात नहीं कि ये मात्र कथनी तक ही सीमित है, अपितु इन्होंने अपनी रचनाओं में इस उक्ति का पूर्णतः निर्वाह भी किया है। इससे इन्हें जितना यश मिला, शायद उससे अधिक अपयश ही। अलंकारों की बोझ से कविता का सहज गुण और स्वारस्य तो नष्ट हो ही गया है, 'कठिन काव्य के प्रेत' की संज्ञा से भी इन्हें विभूषित होना पड़ा है। दूलह कवि ने भी **'बिन भूषन नहिं भूषई, कविता बनिता यार'** कहकर आचार्य केशव की लीक ही पकड़ी है। छायावादी कवियों में अग्रणी कविवर पन्तजी का विचार भी प्रायः इस

परम्परा से अधिक दूर का नहीं माना जायेगा। 'पल्लव' की भूमिका में वे लिखते हैं—"अलंकार केवल वाणी की सजावट के लिए नहीं, वे भाव की अभिव्यक्ति के विशेष द्वार हैं। भाषा की पुष्टि के लिए, राग की परिपूर्णता के लिए आवश्यक उपादान है, वे वाणी के आचार, व्यवहार, रीति-नीति हैं; पृथक् स्वरूप, भिन्न अवस्थाओं के भिन्न चित्र हैं। वे वाणी के हास, अश्रु, स्वप्न, पुलक, हाव-भाव हैं।" पन्तजी के इस कथन से यह अर्थ लगाना कि वे अलंकारवादी हैं, वस्तुतः भूल होगी। वस्तुतः इनके कथन में आनन्दवर्द्धन की पृष्ठभूमि को जोड़ दें, तो सारी बातें स्पष्ट हो जाएँगी। शब्दार्थ से अलंकार की अभिन्नता मानकर ही इन्होंने ये बातें कही हैं। छायावादी आलोचक प्रवर श्री नन्ददुलारे वाजपेयी जी भी अलंकार का महत्त्व कुछ इसी प्रकार प्रतिपादित करते हैं। उन्होंने 'आलोचना' के काव्यालोचन विशेषांक के सम्पादकीय में लिखा था कि—"अलंकार केवल पहले से सुन्दर वस्तु को अधिक सुन्दर बनाने के उपकरण नहीं हैं। काव्य के मौलिक स्वरूप से उनका गहरा सम्बन्ध है।" तात्पर्य यह कि आज भी कतिपय विचारक अलंकार को काव्य का अंगभूत तत्त्व मानने के पक्ष में हैं। जैसा कि पहले निर्देश किया गया है, इस मान्यता के पीछे भी एक सबल आधार है। जिसे यों ही टाल नहीं दिया जा सकता।

काव्यशास्त्रियों का दूसरा वर्ग अलंकार को काव्य का सहज धर्म नहीं, प्रत्युत शोभातिशायी धर्म ही मानता है। इस सम्बन्ध में देव कवि का कथन देखा जा सकता है—

कविता कामिनी सुख प्रद, सुबरन सरस सुजाति।
अलंकार पहिरे अधिक, अदभुत रूप लखाति।।

उपर्युक्त छन्द का उत्तरार्द्ध विचारणीय है। यहाँ कवि मात्र इतना ही स्वीकार करता है कि अलंकार से काव्यरूप अधिक उत्तम दिखता है। इसका आशय यह है कि अलंकार के अभाव में भी उत्तम कविता सम्भव है, भले ही वह अधिक उत्तम न हो। आ. भिखारीदास ने भी अलंकार को भूषण रूप में ही स्वीकार किया है—

रस कविता को अंग भूषन है भूषन सकल

रसवादी और अनुप्रास-प्रेमी कवि **पद्माकर** ने भी कुछ ऐसा ही विचार व्यक्त किया है—

सगुण सभूषन सुभ सरस, सुबरन सुपद सराग।
इमि कविता अरु कामिनी, लहै जु सो बड़भाग।।

और कवि **लछिराम** का मत तो सर्वाधिक स्पष्ट है ही कि—

भूषनवत् पद-अर्थ में अलंकार अनुमान।

अस्तु, इस वर्ग की मान्यताओं से स्पष्ट है कि अलंकार काव्य का बाह्य धर्म है, आन्तरिक धर्म नहीं। बाह्य धर्म होने के कारण यह शोभातिशायी तो है, किन्तु शोभा का उत्पादक नहीं। काव्य में रस का होना अनिवार्य है, पर अलंकार के लिए ऐसा आवश्यक विधान नहीं बनाया जा सकता। हाँ, यदि वे रस के साथ सहज-स्फूर्त हों तो कोई बात नहीं। यहाँ स्वभावतः यह प्रश्न उठता है कि क्या 'रस' अलंकार नहीं हो सकता। नहीं, वह (रस) भी अलंकार हो सकता है (अलंकारवादियों के अनुसार)। जहाँ एक रस किसी अन्य रसादि का उपस्कारक बनता है, वहाँ वह अलंकार ही बनता है। इसी से रसवदादि अलंकारों की कल्पना हुई है। इसके बावजूद आज यह निर्विवाद है कि **अलंकार शोभा के उपस्कारक या अतिशायी हैं, उत्पादक नहीं।**

1. अनुप्रास

वर्ण अथवा वर्ण-समूह की चमत्कारपूर्ण आवृत्ति से प्रस्फुटित ध्वनि-वैचित्र्य अनुप्रास है। अनुप्रास का लक्षण 'अनुप्रास' शब्द की व्याख्या में ही निहित है। इस शब्द के तीन खंड हैं—अनु + प्र + आस; अनु = वर्णनीय रसादि के अनुकूल, प्र = प्रकृष्ट, आस = वर्ण-विन्यास अर्थात **अनुप्रास का अर्थ है वर्णनीय रसभावादि के अनुसार उत्कृष्ट वर्णों का विन्यास।** इसे यों भी समझा जा सकता है—अनु = पश्चात्, बाद में, प्र = चमत्कार पूर्वक, आस = पास-पास प्रयोग अर्थात् **एक वर्ण अथवा वर्ण-समूह के पश्चात् उसी वर्ण अथवा वर्ण-समूह का चमत्कारपूर्ण एकाधिक बार पास-पास प्रयोग।**

यह एक शब्दालंकार है। यह प्राचीनों से ही स्वीकृत रहा है। रुद्रट के अनुसार अविवक्षिता स्वर-व्यंजनों का अनेकध आवर्तन (काव्यालंकार 2।18) ही अनुप्रास है। आ. मम्मट ने वर्ण (व्यंजन) साम्य को अनुप्रास कहकर लक्षण को सरल और सुकंठ तो बनाया है अवश्य, पर इसमें पूर्णता का अभाव है। सब प्रकार की पूर्णता और समग्रता के साथ लक्षण निरूपित किया है पं. विश्वनाथ ने। इन्होंने मम्मट के 'वर्ण-साम्य' की जगह 'शब्द-साम्य' (वर्ण-समूह साम्य) को ही अनुप्रास की रूपरेखा कहा गया है, साथ ही 'वैषम्येऽपि स्वरस्य यत्' कह कर यह भी घोषणा की है कि इसमें मात्र व्यंजनों (वर्णों) के साम्य की ही अपेक्षा है। तात्पर्य यह कि अनुप्रास में स्वर-साम्य का होना आवश्यक नहीं है। **स्वर-साम्य के अभाव में भी अनुप्रास होता है।** इनके 'शब्द-साम्य' का तात्पर्य व्यंजन वर्णों के साम्य से ही है। विवेचन से स्पष्ट है कि मंम्मट की अपेक्षा पं. विश्वनाथ का लक्षण अधिक सटीक है।

हिन्दी के मध्यकालीन आचार्यों में कुछ ने अनुप्रास को ग्रहण तो किया है, पर लक्षण कम ही लोगों ने दिये हैं। कुछ ने सीधे इसके भेदों का विवेचन भर कर दिया है। आ. भिखारीदास ने इसे गुणों की चर्चा के पश्चात् निरूपित किया है। आधुनिक काव्यशास्त्रियों ने इसका विवेचन संस्कृत काव्यशास्त्र के आधार पर ही किया है। पूर्वोक्त लक्षण में मुझे वर्ण अथवा वर्ण-समूह की आवृत्ति स्वीकार है, चूँकि इसमें आवृत्ति कभी एक वर्ण की होती है और कभी अनेक वर्ण की। इसी से यह भी ध्वनित है कि अनुप्रास में स्वरों की गणना नहीं होती है। जैसे, 'कमल कोमल है' में क, म, ल (व्यंजन वर्ण) की आवृत्ति है; 'कोमल' के 'ओ' स्वर-ध्वनि की गणना यहाँ नहीं होगी। एक बात और। आवृत्ति को चमत्कारपूर्ण होना चाहिये। अलंकार का मूल है चमत्कार; जहाँ चमत्कार ही नहीं, वहाँ अलंकार कैसा? इसी से लक्षण में 'चमत्कारपूर्ण' शब्द दिया गया है। 'ध्वनि-वैचित्र्य' तो स्पष्ट है ही। अनुप्रास वस्तुतः ध्वनि-वैचित्र्य ही है। अनुप्रास वर्ण की आवृत्ति में भी होता है और वर्ण-समूह (शब्द या पद) की आवृत्ति में भी। इसी आधार पर इसके दो भेद होते हैं—वर्णानुप्रास और शब्दानुप्रास (पदानुप्रास)। पुनः प्रथम के दो (छेकानुप्रास और वृत्त्यनुप्रास) एवं द्वितीय के तीन (लाटानुप्रास, श्रुत्यनुप्रास और अन्त्यानुप्रास) भेद होते हैं। इसका विस्तार यों दिखाया जा सकता है—

अनुप्रास

वर्णानुप्रास — शब्दानुप्रास (पदानुप्रास)

1	2	3	4	5
छेकानुप्रास	वृत्त्यनुप्रास	लाटानुप्रास	श्रुत्यनुप्रास	अन्त्यानुप्रास

काव्यशास्त्रियों ने अनुप्रास के भेद-प्रभेद का प्रपंच तो बहुत रचा है, पर उपर्युक्त पाँच भेद ही प्रमुख हैं। आधुनिक हिन्दी कविता में इनके प्रयोग निरन्तर देखे जा सकते हैं।

2. यमक

केवल भिन्नार्थक शब्दों की क्रमशः आवृत्ति (पुनः श्रवण) में यमक अलंकार होता है। यमक का अर्थ है दो, युग्म, जोड़ा आदि। तात्पर्य यह है कि इसमें एक ही आकार के स्वर-व्यंजन समुदाय (शब्द आदि) का दो बार उच्चरित होना आवश्यक है, यों ये दो से अधिक बार भी उच्चरित हो सकते हैं। इसमें आवृत्ति होती है शब्द आदि की। शब्द निरर्थक और सार्थक दोनों प्रकार के होते हैं। पुनः सार्थक

शब्द भी दो प्रकार के होते हैं—समानार्थक और भिन्नार्थक। यदि शब्द निरर्थक रहें तो कोई बात नहीं, यदि एक निरर्थक और दूसरा सार्थक रहे तो भी किसी प्रकार की गड़बड़ी सम्भव नहीं, गड़बड़ी तो मात्र सम्भव है सार्थक शब्दों की आवृत्ति में। अस्तु, लाटानुप्रास और यमक में अन्तर को ध्यान रखना आवश्यक है। **समानार्थक शब्दों की आवृत्ति में होता है लाटानुप्रास और भिन्नार्थक शब्दों की आवृत्ति में यमक।**

यह शब्दालंकार है। यह प्राचीनों से ही स्वीकृत रहा है। आद्याचार्य भरत ने इसे ही 'शब्दाभ्यास' कहा है। भामह ने सुनने में समान लगने वाले, पर अर्थ में भिन्न होने वाले वर्णों की पुनरुक्ति को यमक कहा है। दण्डी, वामन आदि ने भी ऐसा ही स्वीकार किया है। इसे ही आ. मम्मट और पं. विश्वनाथ ने सार्थक होने पर भी भिन्नार्थक वर्ण-समूह की आवृत्ति में स्वीकार किया है। जयदेव ने इसी लक्षण को 'किसी भी दो-तीन अक्षरों के समूह की आवृत्ति' कहकर संक्षिप्तता और सरलता दी है। आ. मम्मट और पं. विश्वनाथ ने अपने लक्षणों में 'अर्थे सति' (सार्थक होने पर भी) लिखकर यह स्पष्ट कर दिया है कि यमक केवल सार्थक (भिन्नार्थक) शब्दों की आवृत्ति में ही नहीं, वरन् निरर्थक और निरर्थक-सार्थक शब्दों की आवृत्ति में भी होता है। एक बात और—आ. मम्मट ने पूर्ववर्ती आचार्यों द्वारा प्रतिपादित यमक के भेद-प्रभेदों को ग्रहण करके भी नामकरण में अरुचि दिखाकर यह स्पष्ट संकेतित किया है कि काव्य के लिए ये महत्त्वहीन एवं सहृदय के लिए अग्राह्य हैं।

हिन्दी काव्यशास्त्र में भी यमक प्रायः सर्वस्वीकृत रहा है। जसवन्त सिंह ने मम्मट का अनुसरण किया है। आ. केशव ने सम्भवतः 'अग्निपुराण' के आधार पर ही 'अव्यपेत' और 'सव्यपेत' (व्यपेत) यमक स्वीकार किया है। दास जी में भेदों का प्रपंच विस्तृत है। प्रायः चिन्तामणि, भूषण, दूलह, दास आदि के लक्षण समान ही हैं। दास का लक्षण देखा जा सकता है। आधुनिक काव्यशास्त्रियों के लक्षण भी मूलतः मम्मट और विश्वनाथ पर ही आधारित हैं, इसी से लोगों ने 'निरर्थक शब्दावृत्ति', 'निरर्थक-सार्थक शब्दावृत्ति' और 'सार्थक (भिन्नार्थक) शब्दावृत्ति' में यमक स्वीकार किये हैं। यह सच है कि हिन्दी की अद्यतन कविता में भी इन सभी रूपों के भूले-भटके उदाहरण मिल जाते हैं, पर क्या यह सच नहीं है कि इस भेदप्रियता में सश्रम विलास-क्रीड़ा की चामत्कारिक चकाचौंध और खींचतान वाली प्रवृत्ति ही निहित है? अस्तु, मात्र भिन्नार्थक शब्दावृत्ति तक ही यमक को सीमित मानना भाव-भावित और बुद्धिबोधित है।

कनक कनक तें सौगुनी मादकता अधिकाय।

—बिहारी : *सतसई*

यहाँ 'कनक' की आवृत्ति है। 'कनक' शब्द भिन्नार्थक (सोना और धतूरा) है। अतः यहाँ यमक है।

विश्वम्भर सौरभ से भर जाय। —प्रसाद : *कामायनी*

यहाँ 'भर' शब्द की आवृत्ति है। 'भर' शब्द भिन्नार्थक (पूर्ण तथा भरना) है। अतः यहाँ यमक है।

पास ही रे हीरे की खान। —निराला

यहाँ 'हीरे' शब्द भिन्नार्थक है, जिसकी आवृत्ति हुई है। अतः यमक है।

तरणि के साथ ही तरल तरंग में,
तरणि डूबी थी हमारी ताल में। —पन्त : *ग्रंथि*

यहाँ आवृत्ति है 'तरणि' की। 'तरणि' शब्द भिन्नार्थक (सूर्य और नाव) है। अतः यमक है।

बोल रसाल रसाल सजाते,
मधु बरसा मधुमास जगाते। —नरेन्द्र : *प्रभात फेरी*

यहाँ पूर्वार्द्ध में 'रसाल' शब्द भिन्नार्थक (रसवाला और आम) है जिसकी आवृत्ति हुई है। उसी प्रकार उत्तरार्द्ध में 'मधु' शब्द (मिठाई या शहद और चैत मास या वसन्त) में भी यमक है।

किसी सोच में हो विभोर सासें कुछ ठंडी खींचीं।
फिर झट गुल कर दिया दिया तो दोनों आँखें मींचीं। —भक्त : *नूरजहाँ*

यहाँ 'दिया' (देना का क्रिया रूप और दीपक) की आवृत्ति में यमक है। ऊपर जितने भी उदाहरण दिये गये हैं, सबों में आवृत्ति केवल शब्द तक ही सीमित है; पर ऐसे भी उदाहरण मिलते हैं जिनमें एकाधिक शब्दों की आवृत्ति मिलती है। प्राचीनों ने उन्हें **पादावृत्ति यमक, भागावृत्ति यमक, मुक्तिपद ग्राह्य (सिंहावलोकन) यमक** आदि भेदों में बाँटा है। वस्तुतः यह भेद-विस्तार प्रपंच मात्र हैं। उन्हें सीधे रूप में यों समझा जा सकता है कि एकाधिक शब्दों (भिन्नार्थक) की आवृत्ति वाले यमक भी मिलते हैं जैसे—

ऊँचे घोर मन्दर के अन्दर रहनवारी,
ऊँचे घोर मन्दर के अन्दर रहाती हैं। —भूषण : *शि. भूषण*

यहाँ एकाधिक शब्दों 'ऊँचे घोर मन्दर के अन्दर' की ही आवृत्ति है।

भूषण का यह सम्पूर्ण छन्द पादावृत्ति यमक का ही उदाहरण है। मध्यकालीन हिन्दी कविता में ऐसे अनेक चमत्कारपूर्ण छन्द सश्रम लिखे गये हैं।

3. श्लेष

शिलष्ट शब्दों से अनेक अर्थों की प्रतीति ही श्लेष अलंकार है। 'श्लेष' शब्द 'शिलष' धातु से निष्पन्न है, जिसका अर्थ है चिपकना, सटना, मिलना, संयोग इत्यादि। अस्तु, 'श्लेष' का अर्थ हुआ ऐसे शब्द का प्रयोग जिसमें एक से अधिक अर्थ चिपके हों। सार्थक शब्द दो प्रकार के होते हैं—एकार्थक (अश्लिष्ट) और अनेकार्थक (शिलष्ट)। कहना चाहिये कि **अनेकार्थक शब्द का प्रयोग ही श्लेष अलंकार है।**

श्लेष शब्दालंकार है या अर्थालंकार? इस प्रश्न को लेकर काव्यशास्त्रियों ने काफी विचार-विमर्श के पश्चात् यह निश्चय किया है कि इसके दोनों ही प्रकार सम्भव हैं। तात्पर्य यह कि **श्लेष दो प्रकार का होता है—शब्द श्लेष** और **अर्थश्लेष।** 'श्लेष' को शब्द और अर्थ—दो अलग-अलग स्वतंत्र अलंकार के रूप में स्वीकार किया है सर्वप्रथम रुद्रट ने। दोनों में अन्तर स्पष्ट करते हुए आचार्यों ने कहा है कि जहाँ चमत्कार शब्दाश्रित हो वहाँ शब्दश्लेष और जहाँ चमत्कार अर्थाश्रित हो वहाँ अर्थश्लेष होगा। प्रथम में शब्द अनेकार्थक होते हैं और द्वितीय में एकार्थक। प्रथम में शब्द का परिवर्तन नहीं होता।, पर द्वितीय में शब्द परिवर्तन सम्भव है। तात्पर्य यह कि अर्थश्लेष की तरह शब्दश्लेष में शब्द-परिवृत्ति-सहिष्णुत्व नहीं होता है। (अर्थश्लेष—देखिये अर्थालंकार)।

यह शब्दालंकार है। यह प्राचीनों से ही स्वीकृत रहा है। भामह निरूपित 'श्लेष' अर्थश्लेष ही माना जाएगा। उन्होंने इसे उपमादि अलंकारों की पृष्ठभूमि में रहना स्वीकार किया है। श्लेष का वैज्ञानिक विश्लेषण प्रारम्भ हुआ है उद्‌भट से। उन्होंने इसका स्वरूप और प्रकार तो निर्धारित किया ही, क्षेत्र भी निर्धारित कर दिया है। दण्डी ने श्लेष को सभी अलंकारों का शोभाकारक मानकर इसकी पृथक् सत्ता को व्यर्थ बताया है, पर इस मत की सराहना शायद कुछ ही लोगों ने की है। वस्तुतः शुद्ध श्लेष (केवल अन्य अलंकारों का शोभाकारक नहीं) मानना ही संगत है। शब्द शक्ति का सबल आधार भी इसी के पक्ष में है। दण्डी के प्रभाव ने ही सम्भवतः मम्मट को शुद्धश्लेष के साथ मिश्रितश्लेष मानने को विवश किया है। मम्मट का लक्षण रुद्रट के लक्षण के अनुसार है। कुछ दूर तक हेमचंद्र और पं. विश्वनाथ भी दण्डी से प्रभावित हैं ही। पं. विश्वनाथ का लक्षण अपेक्षाकृत

छोटा, सरल और स्पष्ट है। हिन्दी काव्यशास्त्र में श्लेष का विवेचन आ. केशव से ही प्रारम्भ होता है। कुलपति का लक्षण मम्मट के अनुसार है। भूषण, मतिराम, पद्माकर आदि ने इसे अर्थालंकार (अप्पयदीक्षित के आधार पर) मानकर लक्षण किया है। आधुनिक काव्यशास्त्रियों ने इसके दोनों प्रकारों के विवेचन किये हैं।

जहाँ तक इसके भेद की बात है, प्राचीनों ने अनेक भेद माने हैं, पर हैं वे व्यर्थ के प्रपंच ही। सामान्यतः इसके दो प्रकार माने जाते हैं–

1. अभंग श्लेष : जहाँ श्लिष्ट शब्दों के बिना भंग (टुकड़ा) किये ही अनेक अर्थ निकलें।

2. सभंग श्लेष : जहाँ श्लिष्ट शब्दों के भंग (टुकड़ा) करने पर अनेक अर्थ निकलें।

अभंगश्लेष–

रहिमन पानी राखिये बिन पानी सब सून।
पानी गये न ऊबरे मोती मानुष चून।। –रहीम

यहाँ 'पानी' श्लिष्ट शब्द है। इसे बिना भंग किये ही इसके तीन अर्थ–चमक, प्रतिष्ठा और जल निकलते हैं जिनका क्रमशः मोती, मनुष्य और चूना से अन्वय है। अतः, यहाँ अभंगश्लेष है।

जो घनीभूत पीड़ा थी मस्तक में स्मृति-सी छायी।
दुर्दिन में आँसू बनकर वह आज बरसने आयी।।

–प्रसाद : *आँसू*

यहाँ 'घनीभूत' और 'दुर्दिन' श्लिष्ट शब्द हैं। दोनों के क्रमशः एकत्र और मेघ बनी हुई एवं बुरे दिन और मेघाछन्न दिन अर्थ हैं। ये अर्थ उन्हें बिना भंग किये ही निष्पन्न होते हैं। अतः अभंगश्लेष हैं।

तुम्हारी पी मुख बास तरंग
आज बौरे भौरे सहकार। –पन्त : *गुंजन*

यहाँ 'बौरे' श्लिष्ट शब्द है। इससे दो अर्थ 'पागल' (भ्रमर के अर्थ में) और 'आम्रमंजरी' हैं। ये अर्थ शब्द के बिना भंग किये ही निकलते हैं। अतः यहाँ अभंगश्लेष है।

स्तव कर बहु अर्थ भरे। –निराला : *गीतिका*

यहाँ 'अर्थ' शब्द के दो अर्थ हैं–भाव (अनेक अर्थों से पूर्ण स्तवन) और धन (बहुमूल्य रत्न, मोती आदि)। अतः यहाँ भी अभंगश्लेष है।

सभंगश्लेष–

*बहुरि सक्र सम विनवौं तोही, संतत **सुरानीक** हित जेही।*

–तुलसी : *मानस*

यहाँ 'सुरानीक' शब्द शिलष्ट है। इसके दो अर्थ हैं–'उत्तम मदिरा (खलों के अर्थ में : सुरा + नीक) और देवताओं की सेना (इन्द्र के अर्थ में : सुर + अनीक)। ये अर्थ 'सुरानीक' के भंग करने पर प्राप्त होते हैं। अतः यहाँ सभंग श्लेष है।

चरण धरत चिन्ता करत, चितवत चारहु ओर।
***सुवरन** को खोजत फिरैं, कवि व्यभिचारी चोर।* –अ. प्रकाश

यहाँ 'सुवरन' शिलष्ट शब्द है, जिसे भंग करने पर क्रमशः सु + वरन = सुन्दर वर्ण (कवि के अर्थ में), सु + वरन = सुन्दर वर्ण अर्थात् सुन्दर रंगवाली स्त्री (व्यभिचारी के अर्थ में) और सुवरन = स्वर्ण (चोर के अर्थ में)–ये तीन अर्थ निष्पन्न होते हैं। अतः यहाँ सभंगश्लेष है।

चिर जीवो जोरी जुरै, क्यों न सनेह गम्भीर।
*को घटि ये **वृषभानुजा,** वे **हलधर** के वीर।।* –बिहारी : सतसई

यहाँ 'वृषभानुजा' और 'हलधर' में सभंग श्लेष है। भंग करने पर वृषभानुजा (1. वृषभानु + जा = वृषभानु की बेटी अर्थात् राधा और 2. वृषभ + अनुजा = बैल की बहन अर्थात् गाय) और 'हलधर' (1. हल + धर = हल को आयुध के रूप में धारण करने वाला अर्थात् बलराम और 2. हल + धर = हल को कंधे पर धारण करने वाला अर्थात् बैल) के दो-दो अर्थ निकलते हैं। अतः यहाँ सभंगश्लेष है।

किसकी बिछुड़न न उर से सम्हाली गयी।
***लाजकाजल** घुला धार बहने लगी।* –हृदयेश : शैवालिनी

यहाँ 'लाजकाजल' में सभंगश्लेष है। इससे लज्जा का जल और लज्जा एवं काजल–ये दो अर्थ भंग करने पर निष्पन्न होते हैं। अतः यहाँ भी सभंगश्लेष है।

4. उपमा

दो भिन्न वस्तुओं के बीच सादृश्य या साधर्म्य प्रतिपादन ही उपमा अलंकार है। **'उपमा'** (उप + मा) शब्द में 'उप' उपसर्ग है जिसका अर्थ है निकट और 'मा' का अर्थ है मापना, तौलना, देखना अथवा निर्णय करना। अर्थात् दो भिन्न वस्तुओं को–उपमेय और उपमान को एक दूसरे के निकट रखकर उनकी समानता स्थापित करना ही उपमा अलंकार है।

दो भिन्न वस्तुओं में समता स्थापित करने के लिए उनके रूप, गुण, क्रिया आदि सम्बन्धी विशेषताएं ही आधार बनाई जाती हैं। सादृश्य-प्रतिपादन के निमित्त दो भिन्न वस्तुओं (उपमेय और उपमान) में सभी गुणों का समान होना आवश्यक नहीं है, कुछ ही साम्यों के आधार पर उपमा का निर्वाह हो जाता है। असल बात है सादृश्य की सूक्ष्मता, विशदता और चमत्कारोत्पादकता की। उपमा की रम्यता और उत्कृष्टता उपर्युक्त बातों पर ही निर्भर करती है। यदि सादृश्य प्रतिपादन द्वारा सहृदय का हृदय चमत्कृत और आह्लादित न हो तो कतिपय साम्यों के पश्चात् भी उपमालंकार मानना असंगत ही होगा। **अलंकार का प्राण है चमत्कार। जहाँ चमत्कार ही नहीं वहाँ अलंकार कैसा**? इसी से एक-दो साम्यों के आधार पर भी (यदि चमत्कार हो) उपमालंकार मान लिया जाता है। जैसे—'मुख चन्द्रमा के समान सुन्दर है' में 'मुख' जैसे छोटे अंग का सादृश्य-प्रतिपादन 'चन्द्रमा' जैसे विशाल ग्रह से किया गया है। यहाँ दोनों में पर्याप्त वैषम्य होते हुए भी एक सादृश्य है—'आह्लादकत्व'। इस 'आह्लादकत्व' के आधार पर ही दोनों में सादृश्य-प्रतिपादन किया जाता है जिससे सहृदय का हृदय चमत्कृत और आह्लादित हो उठता है। इसी प्रकार जब किसी अविवेकी व्यक्ति को हम गदहे से उपमित करते हैं, तो गदहे की जड़ता अथवा मूर्खता ही सादृश्य का आधार होती है, न कि उसका चौपाया होना, घास चरना, अधिक बोझ ढोना, रेंकना आदि। अस्तु, यह स्पष्ट रूप से समझ लेना चाहिये कि **सादृश्य की सूक्ष्मता, विशदता, चमत्कारोत्पादकता, सटीकता आदि पर ही उपमा की उत्कृष्टता निर्भर है।**

उपमा का आधार है सादृश्य। सादृश्य को चमत्कृतिजन्य और सहृदय के लिए आह्लादक तो होना आवश्यक है ही, साथ ही उसे वाच्यरूप में स्पष्टतः प्रकट होना भी अनिवार्य है, व्यंग्य रूप में प्रतीयमान नहीं। सादृश्य के व्यंग्य रूप में प्रतीयमान होने पर उपमालंकार नहीं होगा, वहाँ दो प्रकार की स्थितियाँ सम्भव है।—अलंकारान्तर की प्राप्ति अथवा ध्वनि काव्य। उपमेयादि के वाच्य न होने पर 'रूपक' के भ्रम की संभावना है। अस्तु, **उपमा में सादृश्य का वाच्य होना अनिवार्य है।**

उपमा चमत्कार का प्राण ही नहीं, अर्थालंकारों का मूलाधार भी है। सम्भवतः इसी से अप्पयदीक्षित ने उपमा की तुलना एक नटी (शैलूषी) से की है। रुय्यक ने इसे अनेक अलंकारों का बीज एवं राजशेखर ने इसे 'अलंकारशिरोरत्न' कहा है। सादृश्यमूलक अलंकार इसी के विस्तार अथवा रूपान्तर कहे जा सकते हैं। सादृश्य की कल्पना के तनिक विस्तार से अनेक नये-नये अलंकारों का जन्म हो जाता है।

इससे स्पष्ट है कि बीसों अलंकारों में सादृश्य का विस्तार-प्रसार है। ये समस्त अलंकार 'औपम्यगर्भ' हैं। इनमें सादृश्य की भावना स्थित है। एक बात और–उपमालंकार में उपमेय और उपमान के बीच भेद का होना आवश्यक है। भेद के मिट जाने पर ही उपमा 'रूपक' हो जाती है। दूसरी ओर भेद यदि अधिक बढ़ जाता है, तो उपमा अपना स्वरूप खोकर 'व्यतिरेक' का रूप ग्रहण कर लेती है।

उपमा सादृश्यगर्भ वर्ग का भेदाभेद तुल्य प्रधान अर्थालंकार है। काव्य-शास्त्र की प्रतिष्ठा के पूर्व ही इसका प्रयोग सादृश्यकथन के रूप में होता था। इसके प्रयोग ऋग्वेद में भी कई स्थलों पर व्यवस्थित रूप में उपलब्ध है। यास्क ने अपने निरुक्त में इसके चारों अंगों की विवेचना बड़े स्पष्ट रूप में की है। काव्यशास्त्र में इसकी प्रतिष्ठा आ. भरत के समय से मिलती है। भामह ने उपमान और उपमेय का देश, काल, क्रिया आदि के आधार पर गुणलेश से साम्य में उपमा मानी है। अर्थात् दो **भिन्न वस्तुओं में विरोध को छोड़कर साम्यकथन करना ही उपमा है।** दण्डी ने गुणलेश के साम्यको उद्‌भूत (वास्तविक नहीं) मानकर उपमा का स्वरूप स्थिर किया है। वामन का लक्षण भामह के लक्षण का अनुसरण करता है। आ. मम्मट के लक्षण का प्रेरणा-स्रोत है भामह का लक्षण। इन्होंने भामह के 'विरुद्ध' शब्द से ही प्रेरित होकर भेद होने पर भी साधर्म्य से सम्बद्ध होने में उपमा मानी है (**साधर्म्यमुपमाभेदे** का. प्रकाश 10।87)। आ. मम्मट ने सादृश्य के स्थान पर 'साधर्म्य' का प्रयोग कर उपमेय और उपमान के साधारण धर्म की ओर ध्यान तो दिया ही है, यह भी संकेतित किया है कि इसमें कार्य-कारण आदि का निरूपण नहीं होता है–निरूपण होता है मात्र साधर्म्य का। रुय्यक ने उपमान के साधर्म्य को उपमालंकार मान कर इसी का पोषण किया है। पं. विश्वनाथ ने एक वाक्य में दो पदार्थों के वैधर्म्यरहित वाच्यसादृश्य को उपमा कहकर लक्षण को अधिक स्पष्ट किया है। इन्होंने यह स्पष्ट कर दिया है कि **साधर्म्य को व्यंग्य नहीं, वाच्य होना चाहिये।** जयदेव और उनके अनुगामी अप्पयदीक्षित ने चमत्कार सौन्दर्यमूलक सादृश्य में उपमा को स्वीकार कर लक्षण को पं. विश्वनाथ से कम व्यंजक नहीं रहने दिया है।

हिन्दी के काव्यशास्त्रियों ने उपमा का लक्षण संस्कृत के आचार्यों के अनुसार ही दिये हैं। आ. केशव का लक्षण सामान्य ही है। जसवन्त सिंह, दास जी आदि ने वस्तुतः लक्षण दिया ही नहीं है, मात्र सामान्य कथन-भर किया है। मतिराम, भूषण, पद्माकर आदि के लक्षण जयदेव और अप्पयदीक्षित के अनुसार हैं। पद्माकर पर कम-वेशी मम्मट और विश्वनाथ का प्रभाव भी है अवश्य। कुलपति का लक्षण अपेक्षाकृत अधिक सटीक और वैज्ञानिक है। इन्होंने 'शब्द-अर्थ' के कथन द्वारा

इसे ध्वनि से तो अलग किया ही है, 'नहीं कलपित उपमान' कहकर उत्प्रेक्षा से भी भिन्न कर दिया है।

उपमालंकार के **चार अंग** होते हैं। इन्हें क्रमशः उपमेय, उपमान, साधारण धर्म और सादृश्यवाचक शब्द कहा जाता है।

उपमेय : उपमेय का अर्थ है 'उपमा देने योग्य' अर्थात् जिसकी तुलना अभीष्ट होती है या तुलना के लिए जो वस्तु प्रस्तावित रहती है। इस प्रकार हम कहेंगे कि **उपमेय वह वर्णनीय पदार्थ अथवा प्रस्तावित विषय है जिसकी समता अथवा विशिष्टता किसी दूसरे पदार्थ से दिखाई जाती है।** जैसे–'मुख कमल के समान सुन्दर है' में 'मुख' शब्द उपमेय है। यहाँ 'मुख' की समता 'कमल' से की गयी है। इसी प्रकार 'हाथ मृणाल-सा कोमल है' में 'हाथ' की समता 'मृणाल' से की गयी है, अतः यहाँ 'हाथ उपमेय है। एक बात और–**उपमान की अपेक्षा उपमेय अल्पगुण वाला (निकृष्ट) होता है।** इसकी समता में लाया जाने वाला अन्य पदार्थ (उपमान) सदा उत्कृष्टकोटिक होता है। जहाँ उपमेय उपमान से प्रधान और उत्कृष्टकोटिक हो जाता है, वहाँ एक नये प्रकार का चमत्कार आ जाता है और उपमा 'प्रतीप' बन जाती है। उपमेय के लिए कपितय अन्य शब्द भी चलते है–**प्रस्तुत, प्रकृत, विषय, विशेष्य, वर्ण्य, प्रासंगिक, प्राकरणिक, प्रधान आदि।**

उपमान : उपमान का अर्थ है 'जिससे उपमा दी जाये' अर्थात् जिससे उपमेय की समता अथवा विशिष्टता बतायी जाये। इस प्रकार कहा जायेगा कि **उपमान वह अवर्णनीय पदार्थ अथवा विषय (आक्षिप्त विषय है) जिससे उपमेय की समता अथवा विशिष्टता दिखाने में गर्व की अनुभूति होती है।** जैसे–पूर्वोक्त उदाहरण में 'कमल' और 'मृणाल' उपमान हैं, चूँकि क्रमशः 'मुख' और 'हाथ' उन्हीं के समान बताए गये हैं। **उपमान उपमेय से सदा उत्कृष्टकोटिक होता है।** उपमान सदा अप्रस्तावित होता है। इसे कवि-कल्पना द्वारा आक्षिप्त किया जाता है। इसके लिए अन्य शब्द भी चलते हैं–**अप्रस्तुत, अप्रकृत, विषयी, विशेषण, अवर्ण्य, अप्रांसगिक, अप्राकरणिक, अप्रधान आदि।** सम्भवतः आ. शुक्ल के दिखाये मार्ग के कारण ही अद्यतन समय में उपमेय और उपमान के लिए क्रमशः 'प्रस्तुत' और 'अप्रस्तुत' का चलन अधिक हो गया है। सूक्षमता से विचारने पर इसका औचित्य स्पष्ट हो जाता है। 'अप्रस्तुत' के लिए आ. शुक्ल ने **'अप्रस्तुत योजना'** और **'अप्रस्तुत विधान'** जैसे शब्द प्रयुक्त किये हैं। उन्होंने 'अप्रस्तुत योजना' को ही अधिक अर्थबोधक भी स्वीकार किया है। वस्तुतः उपमेय और उपमान का

प्रयोग सामान्यतः औपम्यगर्भ अलंकारों तक ही सीमित मानना तार्किक है, शेष के लिए 'प्रस्तुत' और 'अप्रस्तुत' ही ठीक रहेंगे।

साधारण धर्म : दो भिन्न पदार्थों में समता अथवा विशिष्टता के प्रतिपादन हेतु किसी-न-किसी गुण अथवा आधार का होना आवश्यक है। उसके अभाव में समता-प्रतिपादन नहीं हो सकता है। इस आधार पर कहा जायेगा कि उपमेय और उपमान के बीच जिस गुण, क्रिया धर्म, विशेषता आदि के कारण साम्य अथवा वैशिष्ट्य प्रतिपादित होता है, उसे ही साधारण धर्म कहा जाता है। जैसे, पूर्वोक्त उदाहरणों में 'सुन्दर' और 'कोमल' शब्द साधारण धर्म हैं। इसके लिए साधर्म्य, समान धर्म और संक्षेप में केवलधर्म भी प्रयुक्त होता है। साधारण धर्म विशेषण (गुण, रूप-रंग आदि) रूप अथवा क्रिया रूप में प्रयुक्त होता है। जैसे–विशेषण रूप में–

'अधिकार न सीमा में रहते, पावस-निर्झर से वे बहते।' प्रसाद : कामायनी

यहाँ 'अधिकार का सीमा में न रहना' साधारण धर्म है, जो गुण रूप में प्रयुक्त होता है। इसी प्रकार निम्नांकित उदाहरण में साधारण धर्म है 'चिल्लायी', जिसका प्रयोग क्रिया रूप में हुआ है–

'पागल-सी प्रभु के साथ सभा चिल्लायी।
सौ बार धन्य वह एक लाल की माई।।' –गुप्तजी : *साकेत*

प्रतीपादि अलंकारों में विशेषधर्म भी देखे जाते हैं। ये साधारण धर्मों के अतिरिक्त वैसे धर्म अथवा लक्षण होते हैं जो उपमेय अथवा उपमान में एक खास प्रकार की विशेषता लिए होते हैं। खासकर उपमेयोपमान में अन्तर-सूचक तुलना के समय इनकी स्थिति देखी जा सकती है–

अलंकारों में साधारण धर्म प्रायः तीन रूपों में प्राप्त होता है–(क) अनुगामी रूप में, (ख) वस्तुप्रतिवस्तु भाव के रूप में और (ग) बिंबप्रतिबंबभाव के रूप में। उपमेय और उपमान में एक रूप में स्थिर रहने वाला साधारण धर्म अनुगामी कहा जायेगा। वस्तुप्रतिवस्तुभाव में साधारण धर्म होता तो है एक ही, पर भिन्न-भिन्न वाक्यों में भिन्न-भिन्न शब्दों से निर्दिष्ट रहता है। इसके प्रतिकूल बिम्बप्रतिबिम्बभाव में साधारण धर्म भिन्न-भिन्न होते हैं। यहाँ उपमेय और उपमान वाक्यों में साधारण धर्म सर्वथा भिन्न-भिन्न रखा ही जाता है।

सादृश्य वाचक शब्द–जिस शब्द के द्वारा उपमेय और उपमान के बीच समता प्रतिपादित की जाती है, उसे सादृश्य-वाचक शब्द कहा जाता है। इसे ही **औपम्य-वाचक, प्रतिपादक, द्योतक, उपमा-वाचक, साधर्म्य-वाचक, सादृश्य-वाचक** अथवा संक्षेप में **वाचक** शब्द भी कहा जाता है। सा, ऐसा, सादृश्य, सदृश, समान, जैसा, तुल्य, सरिस, इव, यथा, वा, से, सी, सौं, लौं, जिमि, ज्यों, तूल, सम आदि ऐसे शब्द

ऐसे ही हैं। उपमा के सादृश्य के लिए चमत्कृतिपूर्ण होना आवश्यक माना गया है। आचार्यों के अनुसार चारुत्व, चमत्कार और रसार्द्रता सादृश्य के आवश्यक तत्त्व हैं।

आधुनिक हिन्दी कविता में सादृश्य मूलतः तीन प्रकार के मिलते हैं आकार-प्रकार का साम्य उपस्थित करने वाले, गुण एवं क्रिया का साम्य उपस्थित करने वाले और प्रभाव साम्य उपस्थित करने वाले। इन्हें यों देखा जा सकता है–

1. (क) रामू ताड़-सा लम्बा है।

(ख) उसी तपस्वी-से लम्बे थे, देवदारु दो-चार खड़े। –प्रसाद : *कामायनी*

(ग) दिन अच्छा है,
बीच खेत में अड़े साँड़ की तरह खड़ा है। –केदारनाथ अग्रवाल

उपर्युक्त उदाहरणों में आकार-प्रकार का साम्य उपस्थित करने वाले सादृश्य ही उपस्थित हुए हैं। इन्हें मूर्त के लिए मूर्त सादृश्य का विधान भी कहा जा सकता है।

2. (क) संसार में द्रोहाग्नि पेट की जठराग्नि-सी प्रज्ज्वलित है।

(ख) जो घनीभूत पीड़ा थी, मस्तक में स्मृति-सी छायी।
–प्रसाद : *आँसू*

(ग) बिखरी अलकें ज्यों तर्कजाल। –प्रसाद : *कामायनी*

(घ) दृढ़ जटाजूट हो विपर्यस्त प्रतिलट से खुल
फैला पृष्ठ पर, बाहुओं पर, वक्ष पर विपुल
उतरा जो दुर्गम पर्वत पर नैशान्धकार।
–निराला : *राम की शक्तिपूजा*

उपर्युक्त उदाहरणों में गुण-साम्य और क्रिया-साम्य उपस्थित करने वाले सादृश्य ही प्रयुक्त हुए हैं।

3. (क) लाज की मादक सुरा-सी लालिमा, फैल गालों में नवीन गुलाब-से,
छलकती थी बाढ़-सी सौन्दर्य की, अधखुले सस्मित दृगों-से सीपके।
–पन्त

यहाँ कवि-कल्पना द्वारा वर्णित मुख-सौन्दर्य का प्रभाव-साम्य ही वर्णित है। इसी प्रकार निम्नांकित उदाहरण में प्रभाव-साम्य उपस्थित करने वाला सादृश्य ही है–

प्रातः सद्यः स्नात
कंधों पर बिखरे केश
आँसुओं से ज्यों
धुला वैराग्य का संदेश

चूमती रह-रह
वदन की अर्चना की धूप
वह सजल निष्काम
पूजा-सा तुम्हारा रूप
–धर्मवीर भारती : *ठंडा लोहा*

द्रोपदी के चीर के समान ही उपमा के भेद अनन्त हैं, पर इन्हें, रुढ़-शास्त्रीयता के बुद्धि-विलास का मात्र प्रमाण नहीं कहा जा सकता; इसके समस्त भेद सादृश्य-मूलक वाग्विकल्पों पर आधारित है। मूलतः **इसके दो भेद हैं–पूर्णोपमा और लुप्तोपमा।**

क : पूर्णोपमा

जहाँ उपमा के पूर्वोक्त चारों अंग उपमेय, उपमान, साधर्म्य और सादृश्य-वाचक शब्द पूर्णतः स्पष्ट होते हैं, वहाँ पूर्णोपमा अलंकार होता है। पूर्णोपमा के दो अर्थ हैं–(1) वैसी उपमा जिसमें उसके चारों अंग (उपमेय, उपमान, साधर्म्य और वाचक) वर्तमान हों, और (2) वैसी उपमा जिसमें कवित्व, रमणीयता, चमत्कार आदि सभी दृष्टियों से पूर्णता हो। यह प्राचीनों से ही स्वीकृत रहा है। वामन ने पूर्णोपमा को प्रथम अर्थ में ही ग्रहण किया है। मम्मट, विश्वनाथ आदि ने भी वामन के मत को ही स्वीकार किया है। हिन्दी के आचार्यों ने भी प्रायः वैसे ही लक्षण दिए हैं। भूषण, दास आदि ने सामान्य उपमा को ही पूर्णोपमा मान लिया है। पद्माकर का लक्षण अपेक्षाकृत अधिक स्पष्ट बन पड़ा है। पूर्णोपमा दो प्रकार की मानी गयी है–श्रौती और आर्थी।

श्रौती पूर्णोपमा : जहाँ सा, से, सी, सों, इव, यथा, वा, लौं, जिमि, जैसा आदि सादृश्य-वाचकों के प्रयोग से पूर्णोपमा होती है, वहाँ श्रौती पूर्णोपमा होता है। श्रौती का अर्थ है 'श्रवण मात्र से ही', अर्थात् जहाँ पूर्वोक्त सादृश्यवाचकों का प्रयोग उपमान के साथ बिना सम्बन्धकारकादि की सहायता से ही प्रत्यक्ष सम्बन्ध दिखाते हुए हो एवं अर्थ का बिना अनुसंधान किए ही, श्रवण मात्र से ही सादृश्य बोध करा देने में समर्थ हों, वहाँ श्रौती पूर्णोपमा होती है। इसमें सादृश्य का बोध अभिधा द्वारा ही हो जाता है। उपमान के साथ अन्वित होने के कारण ये शब्द उपमेय को तुरन्त आक्षिप्त करते हैं जिससे सादृश्य-स्थापना के लिए दिमागी कसरत की आवश्यकता नहीं होती है। जैसे, 'कमल-सा मुख' में 'कमल-सा' सुनते ही तुरत जिज्ञासा होती है कि 'क्या' और उसका उत्तर 'मुख' मिलते ही हमारी जिज्ञासा शान्त हो जाती है। यहाँ उपमेय-उपमान का सम्बन्ध स्वतः सिद्ध होता है।

हिन्दी के अधिकांश काव्यशास्त्रियों ने इस विभाजन को छोड़ दिया है। कुछ ने भेदों का उल्लेख तो किया है, पर लक्षण का नहीं। कुलपति ने इसे मम्मट के अनुसार ग्रहण किया है। पद्माकर का लक्षण प्रायः अस्पष्ट ही है।

नव उज्ज्वल जलधार हार हीरक-सी सोहति।

—भारतेन्दु : *गंगावर्णन*

यहाँ 'नव उज्ज्वल जलधार' उपमेय, 'हीरे का हार' उपमान, 'सोहति' साधर्म्य (क्रियारूप) और 'सी' वाचक है। उपमा के चारों अंगों के कथन से यहाँ पूर्णोपमा तो है ही, 'सी' वाचक के कारण श्रौती भी है।

अधिकार न सीमा में रहते, पावस-निर्झर-से वे बहते।

—प्रसाद : *कामायनी*

यहाँ 'अधिकार' उपमेय, 'पावस निर्झर' उपमान, 'से' वाचक और 'बहते' साधर्म्य है। अतः पूर्णोपमा है। 'से' वाचक के कारण उपमा श्रौती है।

पूस मास की धूप सुहावन,
घिसे हुए पीतल-सी पांडुर। —नागार्जुन

यहाँ 'पूस की धूप' उपमेय, 'घिसा हुआ पीतल' उपमान, 'सी' वाचक और 'पांडुर' (पीला) साधर्म्य है। अतः पूर्णोपमा है। 'सी' वाचक के कारण यहाँ भी श्रौती पूर्णोपमा ही है।

कोकाकोला जैसा हुस्न
बुझा-बुझा सा लाल-लालसा। —कर्तारसिंह दुग्गल

यहाँ उपमेय (हुस्न), उपमान (कोकाकोला), वाचक (जैसा) और साधर्म्य (बुझा-बुझा और लाल-लाल) का स्पष्टकथन होने से पूर्णोपमा एवं 'जैसा' वाचक होने से श्रौती है।

दो लालटेन-से नयन दीन। —मुक्तिबोध

यहाँ भी उपमेय (नयन), उपमान (लालटेन), वाचक (से) और साधर्म्य (दीन) के स्पष्ट कथन से श्रौती पूर्णोपमा है।

आर्थी पूर्णोपमा : जिस पूर्णोपमा अलंकार में तुल्य, सम, समान, सरिस, सरीखा, सदृश आदि सादृश्यवाचक प्रयुक्त होते हैं, वहाँ अर्थी पूर्णोपमा होती है। यहाँ पूर्वोक्त वाचक कभी उपमेय और कभी उपमान और कभी दोनों से अन्वित होते हैं। ऐसी स्थिति में भाव का स्पष्टीकरण सम्बन्ध कारकादि के सहारे ही हो पाता है। यहाँ उपमेय-उपमान का सम्बन्ध अर्थ के सहारे-बुद्धि व्यापार के द्वारा स्थापित करना पड़ता है, तभी सादृश्य ज्ञान हो पाता है। बिना अर्थानुसंधान के यहाँ सादृश्य-सम्बन्ध स्पष्ट नहीं होता है। असल बात है अर्थानुसंधान अथवा अर्थविश्लेषण की। इसी से इस प्रकार की पूर्णोपमा आर्थी कही जाती है।

हिन्दी के अधिकांश काव्यशास्त्रियों ने इस विभाजन को छोड़ दिया है। पद्माकर आदि ने इसका विवेचन तो किया है, पर वह स्पष्ट नहीं है। आ. मम्मट के अनुसार तुल्य आदि शब्दों के प्रयोग से उपमा में सादृश्य की प्रतीति आक्षेपगम्य (प्रत्यक्ष नहीं) होने पर आर्थी उपमा होती है।

पीपर पात सरिस मन डोला। —तुलसी : मानस

यहाँ 'मन' उपमेय, 'पीपल का पत्ता' उपमान, 'डोला' (क्रियारूप) साधर्म्य और 'सरिस' वाचक शब्द है। अतः पूर्णोपमा है, साथ ही 'सरिस' वाचक होने के कारण यह आर्थी उपमा भी है।

सुभग सुधाधर-तुल्य मुख। —पद्माकर : पद्माभरण

यहाँ उपमेय (मुख), उपमान (सुधाकर), साधर्म्य (सुभग) और वाचक (तुल्य) का स्पष्ट कथन होने के कारण पूर्णोपमा है एवं 'तुल्य' शब्द के वाचक होने से आर्थी है।

तुम्हारा चुम्बन जल रहा है, भाल पर
दीपक सरीखा। —दुष्यन्तकुमार

यहाँ उपमेय (चुम्बन), उपमान (दीपक), साधर्म्य (जलना) और वाचक (सरीखा) के स्पष्ट कथन से पूर्णोपमा और 'सरीखा' शब्द के सादृश्यवाचक होने से उपमा आर्थी हो गयी है।

दामिनी की कोर सम चमकी अंगुलियाँ
शाँत पानी में। —अज्ञेय : अकेली न जइयो राधे जमुना के तीर

यहाँ भी उपमेय (अंगुलियाँ), उपमान (दामिनी की कोर) साधर्म्य (चमकना) और वाचक (सम) के स्पष्ट कथन से पूर्णोपमा एवं 'सम' वाचक के कारण आर्थी बन पड़ी है।

लुप्तोपमा

जहाँ उपमेय, उपमान, साधर्म्य और सादृश्य-वाचक में से किसी एक दो अथवा तीन (अंग) का लोप हो (कथन न किया जाये) वहाँ लुप्तोपमा अलंकार होता है। उपमा के पूर्वोक्त चारों अंग का शब्दतः कथन होता भी है और कभी-कभी नहीं भी होता है। प्रसंगानुसार वे अंग लुप्त भी रहते हैं। लोप किसी एक, दो अथवा तीन अंगों का ही सम्भव है, चारों अंगों का नहीं। उपमा के लुप्त अंग के आधार पर ही लुप्तोपमा की कल्पना की गयी है। पं. विश्वनाथ ने लुप्तोपमा का श्रौती और आर्थी में अवान्तर विभाग किया है। हिन्दी के आचार्यों ने इसे स्वीकार तो नहीं

किया, पर हिन्दी में यत्र-तत्र इसके उदाहरण मिल जाते हैं। वस्तुतः लुप्तोपमा का श्रौती और आर्थी में किया गया विभाग पूर्णतः अवैज्ञानिक है। इसमें अनेकों भ्रांतियाँ रह जाती हैं।

हिन्दी के श्रृंगार कालीन आचार्यों ने लुप्तोपमा का अनावश्यक विस्तार-प्रसार किया है। पद्माकर ने बैरीशाल के आधार पर पन्द्रह प्रकार की लुप्तोमाएँ मानी हैं। उन्होंने चारों अंगों के लोप में 'पूर्णलुप्ता' का भी विधान किया है। वस्तुतः उपमा के किसी अंग का कथन न होने पर सादृश्य कहाँ रह जायेगा? फिर वैसी स्थिति में चमत्कार वाच्यरूप में नहीं, प्रतीयमान रूप में ही रह जायेगा—चमत्कार के प्रतीयमान हो जाने पर उपमा कैसे सम्भव है? हाँ, रूपकातिशयोक्ति की तो बात ही अलग है। पूर्णलुप्ता की बात तो छोड़िये, पोद्दार जी उपमेय लुप्ता भी नहीं मानना चाहते हैं। डा. सुखथांकर भी उपमेय लुप्ता को नहीं मानना चाहकर पोद्दारजी का ही समर्थन कर रहे हैं। निश्चय ही उपमेय के अभाव में सादृश्य की कल्पना विचित्र मानी जायेगी; अस्तु, पोद्दार जी और डा. सुखथांकर के विचार सत्य के अधिक निकट हैं, पर हिन्दी कविता में उपमेय लुप्ता के भी थोड़े-बहुत उत्तम उदाहरण अवश्य मिल जाते हैं। लुप्तोपमा के जितने भेद किये गये हैं, उन पर समीक्षात्मक दृष्टि से विचारने पर यह स्पष्ट हो जाता है कि ये समस्त भेद काव्य शास्त्र के लिए न तो अनिवार्य है और न सहृदयों को ग्राह्य, फिर इनमें तार्किकता का भी पूर्णतः अभाव है। हिन्दी के श्रृंगारकालीन आचार्यों द्वारा माने गये अनेक भेद—वाचकोपमेय लुप्ता, उपमेयोपमान लुप्ता, धर्मोपमेय लुप्ता, धर्मोपमानोपमेय लुप्ता, वाचकोपमानोपमेय लुप्ता और वाचक धर्मोपमेय लुप्ता—व्यर्थ के प्रपंच के ही परिणाम हैं। सच पूछिए तो त्रिलुप्ता में केवल 'वाचकधर्मोपमान लुप्ता' ही सम्भव है। डा. सुखथांकर ने भी प्रकारान्तर से इसकी पुष्टि की है। कतिपय विचारक 'वाचक धर्मोपमेय लुप्ता' को भी स्वीकार करना चाहते हैं। आप सोच सकते हैं कि भला धर्म, वाचक और उपमेय के लोप होने पर बचेगा क्या? मात्र उपमान न। यहाँ भूलने की बात नहीं कि रूपकातिशयोक्ति में भी तो मात्र उपमान का वर्णन होता है, अतः इसकी स्थिति सम्भव नहीं है। कुछ लोग ऐसा मान सकते हैं कि उपमा में उपमेय और उपमान का भेद होता है और अतिशयोक्ति में (अभेद होने के बाद) अध्यवसान। अतः **वाचक धर्मोपमेय लुप्ता ही रूपकातिशयोक्ति नहीं है,** फिर भी यह प्रपंच बेकार ही है। यों इसके भी कतिपय चमत्कारिक उदाहरण आधुनिक हिन्दी कविता में देखे जा सकते हैं।

हिन्दी की प्रकृति और उपमा के औचित्य को ध्यान में रखकर लुप्तोपमाओं का प्रसार हम निम्नांकित रूप में कर सकते हैं–

(क) एकलुप्ता : वाचक लुप्ता, धर्म लुप्ता, उपमान लुप्ता = 3

(ख) द्विलुप्ता : धर्मवाचक लुप्ता, वाचकोपमान लुप्ता, धर्मोपमान लुप्ता = 3

(ग) त्रिलुप्ता : वाचक धर्मोपमान लुप्ता = 1

=7

ऊपर के विवेचन से स्पष्ट है कि इन सात लुप्तोपमाओं के अतिरिक्त आचार्यों ने और प्रकार की लुप्तोपमाएं भी स्वीकार की हैं, पर चमत्कार के अभाव में उन्हें अस्वीकार करना ही श्रेयस्कर है। संस्कृत में तो कपितय ऐसी लुप्तोपमाएँ भी हैं, जिनका चलन हिन्दी में एकदम है ही नहीं। जैसा पहले स्पष्ट किया भी गया है कि कतिपय विद्वान 'उपमेय लुप्ता', 'धर्मोपमेय लुप्ता' और 'वाचकोपमेय लुप्ता' भी मानते हैं, पर इनमें चमत्कारिक उत्कृष्टता का प्रायः अभाव ही दिखता है–यों छिटपुट रूप से कुछ अच्छे उदाहरण मिल भी जाते हैं, पर इन्हें मानना श्रेयस्कर नहीं है। पाठकों को दृष्टि में रखकर मैं उनका निरूपण कर रहा हूँ, पर मेरे विचार से उन्हें अस्वीकृत करना ही उत्तम है।

(क) एकलुप्ता

1. **उपमेय लुप्ता जहाँ : उपमेय को छोड़कर उपमा के शेष तीनों अंगों का कथन किया जाए, वहाँ उपमेय लुप्ता उपमा होगी।**

पड़ी थी बिजली-सी विकराल। –गुप्तजी : साकेत

यहाँ उपमान (बिजली), साधर्म्य (विकराल) और वाचक (सी) का कथन किया गया है, किन्तु उपमेय (कैकेयी) लुप्त है। यदि पूर्व प्रसंग ज्ञात न हो तो उपमेय (कैकेयी) का सहज ही आक्षेप दुष्कर ही नहीं असम्भव है। अस्तु, यहाँ उपमेय लुप्ता तो है, पर चमत्कार का अभाव ही कहना चाहिये।

मुख कमल समीप सजे थे दो किसलय दल पुरइन के। –प्रसाद : आँसू

यहाँ उपमान (पुरइन के किसलय), साधर्म्य (सजना) और वाचक (समीप) हैं, किन्तु उपमेय (दो कान) लुप्त हैं। अतः यहाँ भी उपमेयलुप्ता है। पहले उदाहरण की अपेक्षा इसमें चमत्कार अधिक है और उपमेय को भी आसानी से आक्षिप्त किया जा सकता है। वस्तुतः उपमेय-लुप्ता के साथ यही सबसे बड़ी गड़बड़ी है कि यदि उपमान चुभते हुए और पूर्ण स्पष्ट नहीं होते हैं तो उपमेय का समझना

दुष्कर हो जाता है। इसके प्रयोग में थोड़ी सतर्कता की आवश्यकता होती है। अर्थ संधित्सुओं के लिए भी उपमा-परम्परा का अधिकृत ज्ञाता होना आवश्यक है। निम्नांकित उदाहरण में उपमान के चुभते हुए होने के कारण उपमेय को आक्षिप्त कर लेना सहज है–

चंचल हैं ज्यों मीन, अरुनारे पंकज सरिस।
निरखि न होय अधीन, ऐसो नर नागर कवन।।

यहाँ प्रथम चरण में 'मीन', 'चंचल' और 'ज्यों' एवं द्वितीय चरण में 'पंकज', 'अरुनारे' और 'सरिस' क्रमशः उपमान, साधर्म्य और वाचक हैं। उपमेय (नेत्र) लुप्त हैं, पर उसका आक्षेप सहज ही हो जाता है।

2. उपमान लुप्ता जहाँ उपमान को छोड़कर उपमा के शेष तीनों का कथन किया जाये, वहाँ उपमान लुप्ता उपमा होगी।

गज-सम गमन सुमन्द। —पद्माकर : पद्माभरण

यहाँ उपमेय (गमन = गति : स्त्री की चाल); साधर्म्य (समन्द) और वाचक (सम) हैं, किन्तु उपमान (गज-गमन : गजगति) लुप्त है। 'गज' मात्र उपमा सूचक शब्द है, उपमान नहीं–'गमन' का उपमान 'गज-गमन' होगा न कि 'गज'। एक बात और–उपमान लुप्ता में उपमान के सदृश किसी अन्य वस्तु का विधान आवश्यक रूप से होता है। सदृश वस्तु के अभाव में यह अलंकार 'समनामी' अलंकार में बदल जाएगा। उपर्युक्त उदाहरण में 'गज' वैसा ही शब्द है और वास्तविक उपमान (हाथी के समान चाल) की अनुपस्थिति में उसका होना आवश्यक था। अतः यहाँ उपमान लुप्ता है।

छिन इत छिन उत तकि रहत, अध-ऊरध ठहरैं न।
डरे हरिन के-से चपल, कहा करे ये नैन।। —का. कौमुदी

यहाँ उपमेय (नयन), साधर्म्य (चपल) और वाचक (से) तो कथित है, पर उपमान (हरिण के नेत्र) लुप्त। यहाँ 'हरिण' शब्द मात्र उपमा सूचक शब्द है, उपमान नहीं। अतः यहाँ उपमान लुप्ता उपमा है।

काव्यशास्त्रीय दृष्टिकोण से हिन्दी में उपमान लुप्ता के उदाहरण इक्के-दुक्के ही मिलते हैं। अलंकार विवेचन से सम्बन्धित हिन्दी की अधिकांश पुस्तकों में उपमान लुप्ता के उदाहरण गलत ही रखे गये हैं–वहाँ लोगों ने **उपमान के निषेध को उपमान का लोप** मानकर उदाहरण रख दिया है। वस्तुतः **निषेध** और **लोप** में अन्तर न समझने के कारण ही वैसा हुआ है।

3. धर्मलुप्ता जहाँ धर्म को छोड़कर उपमा के शेष तीनों अंगों का कथन किया जाये, वहाँ धर्मलुप्ता उपमा होगी।

कुंद इंदु सम देह, उमा रमन करुना अयन। —तुलसी : मानस

यहाँ उपमेय (शिव जी की देह), उपमान (कुंद, इंदु) और वाचक (सम) कथित हैं, पर धर्म (गौर वर्ण) लुप्त। अतः यहाँ धर्म लुप्ता है।

कनक-से दिन, मोती-सी रात
सुनहली साँझ, गुलाबी प्रात। —महादेवी

यहाँ पूर्वार्द्ध में धर्मलुप्ता के दो उदाहरण हैं—प्रथम उदाहरण में उपमेय (दिन), उपमान (कनक) और वाचक (से) तो है, पर धर्म (पीलापन, सुनहला आदि) लुप्त है। इसी प्रकार द्वितीय उदाहरण में भी उपमेय (रात), उपमान (मोती), वाचक (सी) है, पर धर्म (उज्जवलता : चाँदनी के कारण प्रकाश) लुप्त है। अस्तु, यहाँ धर्मलुप्ता के दो उदाहरण हुए।

धूप—
माँ की हँसी के प्रतिबिंब-सी
शिशु-बदन पर। —अज्ञेय

यहाँ भी उपमेय (धूप), उपमान (माँ की हँसी का प्रतिबिंब) और वाचक (सी) तो हैं पर साधर्म्य (सुखकारक आदि) लुप्त है। अस्तु, साधर्म्यलुप्ता है।

4. वाचक लुप्ता : जहाँ सादृश्य-वाचक शब्द को छोड़कर उपमा के शेष तीनों अंग लुप्त न हों, वहाँ वाचक लुप्तोपमा होगी।

नील-सरोरुह स्याम, तरुन अरुन वारिज नयन।
करौ सो मम उरधाम, सदा क्षीर सागर सयन। —तुलसी : मानस

यहाँ प्रथम चरण में उपमेय (विष्णु : क्षीर सागर में सदा शयन करने वाले), उपमान (नील सरोरुह) और धर्म (श्याम) कथित हैं, पर वाचक (समान आदि) लुप्त। इसी प्रकार द्वितीय चरण में उपमेय (नयन), उपमान (वारिज) और धर्म (अरुण) कथित हैं। पर वाचक (समान आदि) लुप्त। अतः यहाँ वाचकलुप्तोपमा के दो उदाहरण हैं।

शलभ-चंचल मेरे मन प्राण। —पन्त : गुंजन

यहाँ उपमेय (मन, प्राण), उपमान (शलभ) और धर्म (चंचल) हैं, पर वाचक ('सा' आदि) का कथन नहीं है। अतः यहाँ भी वाचक लुप्ता है।

तापस बाला गंगा, निर्मल। —पन्त : नौकाविहार

यहाँ उपमेय (गंगा), उपमान (तापसबाला) और धर्म (निर्मल) कथित हैं, पर वाचक ('सा' आदि) लुप्त। अस्तु, यहाँ भी वाचक लुप्तोपमा है।

(ख) द्विलुप्ता

5. धर्मवाचक लुप्ता : जहाँ धर्म और वाचक लुप्त हों एवं उपमा के शेष दो अंग लुप्त न हों, वहाँ धर्मवाचक लुप्तोपमा होगी।

कंज-दृगनि लखि लेहु। —पद्माकर : पद्माभरण

—कमलाक्षी (नायिका) को देखो। यहाँ 'कंज' उपमान और 'दृगनि' उपमेय कथित है, पर धर्म और वाचक लुप्त हैं। अस्तु यहाँ धर्मवाचक लुप्ता है।

बिजली-माला पहने फिर मुसकाता था आंगन में। प्रसाद : आँसू

यहाँ 'बिजली' उपमान और 'माला' उपमेय है, पर धर्म और वाचक लुप्त हैं। अतः धर्मवाचक लुप्ता है।

धर्मवाचक लुप्तोपमा और रूपक में बड़ा सूक्ष्म अन्तर है। अतः दोनों में एक दूसरे का भ्रम सम्भव है। भ्रम निवारण हेतु यहाँ यह जान लेना चाहिये कि **धर्म उपमेयनिष्ठ होने पर उपमा और उपमाननिष्ट होने पर रूपक होता है।** धर्मवाचक लुप्तोतमा में विशेषण उपमेय से अन्वित होता है, किन्तु रूपक में उपमान से। पूर्वोक्त उदाहरणों में विशेषण उपमेय से ही अन्वित हैं। अस्तु, यहाँ धर्मलुप्ता है।

6. धर्मोपमान लुप्ता जहाँ धर्म और उपमान लुप्त हों, एवं उपमा के शेष दोनों अंग लुप्त न हों, वहाँ धर्मोपमान लुप्तोपमा होगी।

गज-सी गति अवरेखु। —पद्माकर : पद्माभरण

यहाँ उपमेय (गति) और वाचक (सी) है, पर उपमान (गजगति) और धर्म (मंथरता) लुप्त है। 'गज' यहाँ उपमान नहीं, मात्र उपमासूचक शब्द है, चूँकि नारियों की गति का उपमान है 'गजगति' न कि 'गज :। अतः यहाँ धर्मोपमान लुप्तोपमा है।

तदपि कहूँ कोई नहीं, काव्यानन्द समान। —का. दर्पण

यहाँ उपमेय (काव्यानन्द) और वाचक (समान) कथित हैं, पर धर्म और उपमान लुप्त हैं। अतः यहाँ भी धर्मोपमान लुप्तोपमा है।

7. धर्मोपमेय लुप्ता जहाँ धर्म और उपमेय लुप्त हों एवं उपमा के शेष दो अंगों का कथन किया जाये, वहाँ धर्मोपमेय लुप्ता होगी।

कंचन लता समान। —पद्माकर : पद्माभरण

यहाँ उपमेय (नायिका) और धर्म (सुन्दरता) का लोप है। मात्र उपमान

(सोने की लता) और वाचक (समान) का कथन किया गया है। अस्तु, यहाँ धर्मोपमेय लुप्तोपमा है। वस्तुतः, लुप्तोपमा का यह प्रकार भी क्लिष्ट-कल्पना पर ही आधारित है। उपमा की परिपाटी से परिचित अनुसंधित्सु ही इसे पहचान सकते हैं। क्लिष्ट-कल्पना के कारण चमत्कार का सहज रूप भी इसमें नहीं रह पाता है। अतः इसे अलंकार नहीं मानना ही अधिक संगत है।

8. वाचकोपमान लुप्ता जहाँ वाचक और उपमान लुप्त हों एवं उपमा के शेष दो अंगों का कथन किया जाये, वहाँ वाचकोपमान लुप्तोपमा होती है।

अरुण नयन उर बाहु विशाला। —अ. मीमांसा

यहाँ वाचकोपमान लुप्ता के दो उदाहरण हैं—प्रथम उदाहरण में उपमेय (नयन) और धर्म (अरुण) कथित हैं, तथा वाचक और उपमान लुप्त हैं। इसी प्रकार द्वितीय उदाहरण में भी उपमेय (उर और बाहु) और धर्म (विशाल) स्पष्ट हैं, तथा वाचक और उपमान लुप्त। अस्तु, यहाँ वाच-कोपमान लुप्ता है।

सुनहली साँझ, गुलाबी प्रात। —महादेवी

यहाँ भी वाचकोपमान लुप्ता के दो उदाहरण हैं। प्रथम उदाहरण में उपमेय (साँझ) और धर्म (सुनहली) कथित हैं, द्वितीय उदाहरण में भी उपमेय (प्रातः) और धर्म (गुलाबी) कथित हैं। वाचक और उपमान का लोप दोनों उदाहरणों में है। अतः ये वाचकोपमान लुप्ता के उदाहरण हैं।

9. वाचकोपेमेय लुप्ता : जहाँ धर्म और उपमान का कथन किया जाये, पर उपमा के शेष दो अंग (वाचक और उपमेय) लुप्त हों, वहाँ वचकोपमेय लुप्ता होती है।

चपल चंचला देखु। —पद्माकर : पद्माभरण

यहाँ उपमान (चंचला) और धर्म (चंचल) कथित हैं, पर उपमेय (नायिका) और वाचक (के समान) लुप्त। अस्तु, वाचकोपमेय लुप्ता है। इसी प्रकार—

छबि सो रति आचरति है, चलि अवलोकहु लाल। —रस मंजरी

में उपमान (रति) और धर्म (छवि) वर्तमान हैं, पर उपमेय और वाचक लुप्त। अस्तु, यहाँ भी वाचकोपमेय लुप्तोपमा है।

(ग) त्रिलुप्ता

10. वाचकधर्मोपमानलुप्ता : जहाँ मात्र उपमेय का ही कथन किया जाये एवं उपमा के शेष तीनों अंग लुप्त हों, वहाँ वाचकधर्मोपमान लुप्तोपमा होगी।

वृषभ कंध केहरि-ठवन। —तुलसी : मानस

यहाँ 'वृषभ' और 'केहरि' उपमा-बीजक शब्द भर हैं, उपमान नहीं; यहाँ भी मात्र उपमेय (कंध) ही कथित है और उपमा के शेष तीनों अंग लुप्त हैं। अस्तु, वाचकधर्मोपमान लुप्ता हुई।

खो गया मोरा खग अनजान मृगेक्षणि! —पन्त

यहाँ 'मृगेक्षणि' (नारी)—उपमेय भर कथित है और उपमा के शेष तीनों अंग लुप्त हैं। आँख (नारी) के लिए उपमान है 'मृग की आँख' न कि 'मृग'। अतः, 'मृगेक्षणि' का 'मृग' मात्र उपमा-बोधक शब्द भर है, उपमान नहीं। अस्तु, यहाँ भी वाचकधर्मोपमान लुप्ता है।

मालोपमा

जहाँ एक उपमेय का अनेक उपमानों से सादृश्य सम्बन्ध दिखाया जाये वहाँ मालोपमा अलंकार होता है। मालोपमा का अर्थ है माला के रूप में उपमा अर्थात् यहाँ एक उपमेय के लिए अनेक उपमान माला रूप में कहे जाते हैं। यह उपमा अलंकार का ही एक प्रकार है जिसे स्वतंत्र अलंकार की सत्ता प्राप्त है।

यह प्राचीनों से ही स्वीकृत रहा है। पं. विश्वनाथ ने आ. मम्मट के आधार पर ही इसका लक्षण किया है। संस्कृत के अधिकांश आचार्यों ने इसका विवेचन जाने या अनजाने न किया है। सम्भवतः इसके पीछे उपमा के विचित्र बंधों की इयत्ता का न होना ही है। आ. भामह की दृष्टि ऐसी ही है। उपमा के बंध-वैचित्र्य का विस्तृत निरूपण किया है आ. दण्डी ने, जिन्होंने **धर्मोपमा, नियमोपमा, मोहोपमा, चाटूपमा** आदि के साथ **बहूपमा** और **मालोपमा** भी स्वीकार किया है। हिन्दी के आचार्यों में मतिराम, पद्माकर आदि के लक्षण विश्वनाथ के लक्षण के ही अनुसार हैं। मालोपमा मूलतः तीन प्रकार की मिलती है—

1. **एकधर्मा (साम्यधर्मा) :** जहाँ अनेक उपमानों के लिए एक ही धर्म रहे।
2. **भिन्नधर्मा :** जहाँ सभी उपमानों के लिए धर्म भिन्न-भिन्न रहें।
3. **लुप्तधर्मा :** जहाँ सभी उपमानों के धर्म लुप्त रहें।

एकधर्मा मालोपमा

पछतावे की परिछाहीं-सी
तुम भू पर छायी हो कौन?
दुर्बलता की अँगड़ाई-सी
अपराधी-सी भय से मौन। —पन्त : छाया

यहाँ एक उपमेय (छाया) के लिए 'परछाहीं', 'दुर्बलता', 'अँगड़ाई' और 'अपराधी'—ये चारों उपमान रखे गये हैं। ये उपमान मालारूप में हैं। इन सबों के लिए एक साधर्म्य (छायी) है। अतः, यहाँ एकधर्मा मालोपमा है।

पन्नग समूह में गरुड़-सदृश,
तृण में विकराल कृशानु सदृश,
राणा भी रण में कूद पड़ा,
घन अन्धकार में भानु सदृश। —श्याम नारायण पांडेय : हल्दीघाटी

यहाँ एक उपमेय (राणा प्रताप) के लिए तीन उपमानों (गरुड़, कृशानु और सूर्य) की योजना मालारूप में की गयी है, जिनका साधर्म्य एक ही—'कूद पड़ा।' अस्तु, यहाँ भी समानधर्मा मालोपमा है।

भिन्नधर्मा मालोपमा

कभी चौकड़ी भरते मृग-से
भू पर चरण नहीं धरते,
मत्त मतंगज कभी झूमते,
सजग शशक नभ में चरते। —पन्त : बादल

यहाँ एक उपमेय (बादल) के लिए कवि ने अनेक उपमानों (मृग, मतंगज और शशक) की मालारूप में योजना की है, जिनके लिए क्रमशः 'चौकड़ी भरना', 'झूमना' और 'चरना'—भिन्न-भिन्न धर्म कहे गये हैं। अतः, यहाँ भिन्नधर्मा मालोपमा है—

अँधियारी बगिया में कोयल-सी कूक गयी,
सूनी दुपहरिया में पीड़ा-सी हूक गयी,
कारी बदरिया में उमड़-उमड़ घुमड़ाई,
चाँदी की रातों में चितवन-सी मूक रही,
सुधि आयी। —वीरा : सुधिआयी

यहाँ एक उपमेय (सुधिधाई) के लिए कवयित्री ने 'कोयल', 'पीड़ा', 'काले बादल' और 'चितवन'—इन चार उपमानों की माला तैयार की है। इनके साधारण धर्म भी भिन्न-भिन्न हैं—'कूक', 'हूक', 'घुमड़न' और 'मूक'। अस्तु, यहाँ भी भिन्नधर्मा मालोपमा है।

लुप्तधर्मा मालोपमा

तरुवर की छायानुवाद-सी,
उपमा-सी भावुकता-सी,

अविदित भावाकुल भाषा-सी
कटी छँटी नवकविता-सी। —पन्त : छाया

यहाँ एक उपमेय (छाया) के लिए अनेक उपमानों की माला तैयार की गयी है, पर सभी उपमानों के धर्म लुप्त हैं। अतः, यहाँ लुप्ताधर्मा मालोपमा है। भूषण का यह प्रसिद्ध छन्द—

इंद्र जिमि जंभ पर, बाड़ब सुअंभ पर,
रावण सदंभ पर रघुकुल राज है। —भूषण : शिवराज भूषण

भी लुप्तधर्मा मालोपमा का सुन्दर उदाहरण है। इसमें एक उपमेय शिवाजी के लिए अनेक उपमानों की योजना हुई है, पर उनके साधर्म्यों का कथन नहीं किया गया है। अज्ञेय जी का निम्नांकित छन्द देखा जा सकता है, जिसमें, लुप्तधर्मा और भिन्नधर्मा मालोपमा के उदाहरण एक साथ है—

द्रोपदी के पट जैसा,
वारिधि के तट जैसा,
वामन की माप-सा अनन्त,
भूख की पुकार-सा दुरन्त,
बढ़ता चला गया,
व्योम पर छा गया। —अज्ञेय

यहाँ कवि का उद्देश्य है धूलि-कणों के विस्तार का बोध कराना। इसके लिए कवि ने एक उपमेय (धूलि-कण) के लिए अनेक उपमानों (द्रोपदी का पट, समुद्र का तट, वामन की माप और भुक्खड़ों की पुकार) की मालाकार योजना की है। प्रथम दो उपमानों के धर्म लुप्त हैं। अतः वहाँ है लुप्तधर्मा मालोपमा, किन्तु अन्तिम दोनों उपमानों के लिए भिन्न-भिन्न धर्म (क्रमशः अनन्त और दुरन्त) दिए गए हैं। अतः यहाँ भिन्न धर्मा मालोपमा है। इस प्रकार इस एक ही उदाहरण में लुप्तधर्मा और भिन्नधर्मा—दोनों के उदाहरण हैं।

रशनोपमा

जहाँ उपमेय उत्तरोत्तर उपमान बनता जाता है, वहाँ रशनोपमा अलंकार होता है। रशना का अर्थ है करधनी, बन्धन या शृंखला। करधनी अथवा शृंखला की कड़ियाँ एक दूसरी से गुंथी रहती हैं—पहली कड़ी को दूसरी कड़ी पकड़ती है और दूसरी कड़ी को तीसरी, इस प्रकार कड़ियों की एक शृंखला बन जाती है। शृंखला की कड़ियों के समान ही यहाँ अनेक वस्तुएँ उपमेय-उपमान रूप में आबद्ध होती हैं अर्थात् पहले कहा गया उपमेय आगे चलकर दूसरे उपमेय का उपमान बनता

चलता है। इस प्रकार इस अलंकार में उपमेय को उपमान बनाते जाने से एक श्रृंखला अथवा रशना बन जाती है। कुछ लोग इसे **'रसनोपमा'** भी लिखते हैं, पर वहाँ 'रसना' से जिह्वा का भ्रम हो सकता है।

यह प्राचीनों से ही स्वीकृत रहा है। इसके निरूपण में आ. मम्मट ने भामह और उद्भट की दृष्टि से ही अपनाई है। इन्होंने केवल नाम भर (का. प्रकाश 10।90 वृत्ति) लिया है। पं. विश्वनाथ ने इसे स्वतंत्र अलंकार का रूप दिया है। हिन्दी के आचार्यों ने इसे विश्वनाथ के आधार पर ही ग्रहण किया है।

सुगुन ज्ञान सम उद्यमहु, उद्यम सम फल जान।
फल समान पुनि दान है, दान सरिस सनमान।।

—पद्माकर : पद्माभरण

यहाँ सुगुण के समान ज्ञान, ज्ञान के समान उद्यम, उद्यम के समान फल (परिणाम), फल के समान दान और दान के समान सम्मान बताया गया है। इस प्रकार पहले कहे गये उद्यम आदि उपमेय उत्तरोत्तर उपमान होते गये हैं, जिससे उपमा की एक श्रृंखला बनती गयी है अस्तु, यहाँ रश्नोपमा है।

मति-सी नति, नति-सी विनति, विनती-सी रति चारु।
रति-सी गति, गति-सी भगति, तो मैं पवन कुमारु।। -काव्य दर्पण

यहाँ मति के समान नति (नम्रता), नति के समान, विनती, विनती के समान रति (प्रेम), रति के समान गति और गति के समान भगति कही गयी है; इस प्रकार जो पहले उपमेय है, अगली उपमा में वही उपमान है। इस प्रकार यहाँ भी उपमा की एक श्रृंखला बन गयी है। अस्तु यहाँ भी रशनोपमा है।

समुच्चयोपमा

जिस उपमा में उपमान के अनेक साधर्म्यों का समच्चय हो, उसे समुच्चयोपमा कहते हैं। समुच्चयोपमा में दो शब्द है—समुच्चय और उपमा। उपमा तो पहले से स्पष्ट है ही, शेष है समुच्चय। समुच्चय का अर्थ है समूह अथवा झुण्ड। सामान्यतः उपमा में दो वस्तुओं के साम्यका निरूपण एक ही साधर्म्य के आधार पर होता है, पर इस अलंकार में अनेक साधर्म्यों को जुटाकर उनका समूह तैयार किया जाता है। यहाँ असल बात है साधर्म्य के समुच्चय या एकत्रीकरण की। 'कमल के समान सुन्दर मुख' में साधर्म्य एक ही—'सुन्दर'। अतः यहाँ उपमा है, पर 'कमल के समान सुन्दर, कोमल, मधुर और प्रफुल्लित मुख' में सुन्दर, कोमल, मधुर और प्रफुल्लित'—ये चार साधर्म्य है। यहाँ साधर्म्यों का समुच्चय किया गया है। अतः यहाँ उपमा नहीं, समुच्चयोपमा है।

दिव्य, सुखद, शीतल रुचिर तव दर्शन विधु-रूप।

—काव्य दर्पण

यहाँ 'विधु' के चार धर्मों—दिव्य, सुखद, शीतल और रुचिर से दर्शन (नायिका के) की उपमा दी गयी है। अतः समुच्चयोपमा है।

हरि-छवि-जल जबतें परे, तब ते छन बिधुरै न।
भरत, ढरत, बूड़त, तिरत, रहट-घरी लौं नैन।।

—बिहारी : सतसई

यहाँ 'आँख' उपमेय, 'रहट-धरी' उपमान और 'लौं' वाचक है। उपमान के चार साधर्म्यों—भरत, ढरत, बूड़त और तिरत—का यहाँ समुच्चय किया गया है। अतः समुच्चयोपमा अलंकार है।

च. लक्ष्योपमा

जिस उपमा में सादृश्य का ज्ञान वाचक के आधार पर नहीं, वरन् लक्षण द्वारा लक्षित होने से होता है, उसे लक्ष्योपमा कहते हैं। उपमा में सादृश्य का ज्ञान आवश्यक है। यह दो प्रकार से सम्भव है—वाचक शब्द (सा, समान आदि) के श्रवण से और अर्थ के अनुसंधान से। 'चन्द्रमा-सा सुन्दर मुख' में सादृश्य का ज्ञान वाचक 'स' के श्रवण मात्र से ही हो जाता है। यदि कोई उसे इस प्रकार कहे कि 'मुखचंद्रमा का प्रतिद्वन्द्वी है' या 'मुख चाँद के सौन्दर्य को चुरा रहा है' या 'चन्द्रमा मुख का मित्र है' तो बिना अर्थानुसन्धान के सादृश्य का ज्ञान दुष्कर है। इस विवेचन से स्पष्ट है कि यहाँ अभिधाशक्ति काम नहीं करती है। यहाँ लक्षणाशक्ति द्वारा ही हम सादृश्य का ज्ञान कर पाते हैं। इस अलंकार में उपमा लाक्षणिकता पर ही आश्रित होती है। इसी से लक्ष्योपमा के नाम से जाना गया है। कतिपय काव्यशास्त्री इसे ही ललितोपमा (उममा ललित और चमत्कारी होने के कारण), संकीर्णोपमा (उपमा की संकीर्णता के कारण), व्यंग्योपमा (व्यंग्य द्वारा उपमा प्रतिपादित होने के कारण) आदि के नाम से भी पुकारते हैं।

देख रही मैं तो निराली यह बात आली,
किसलय की लाली चुरा ली मेरे कर ने।

—अलंकार मुक्तावली

—कर ने किसलय की लाली चुरा ली कहने का यहाँ लक्षणा से यह अर्थ लक्षित होता है कि 'कर किसलय के समान लाल है'। 'चुरा ली' शब्द से ही यहाँ सादृश्य लक्षित हो रहा है। अतः यहाँ लक्ष्योपमा है।

चिढ़ जाता था वसंत का कोकिल भी
सुनकर वह बोली।
सिहर उठा करता था मलयज
इन स्वासों के सौरभ से। —प्रसाद

यहाँ 'चिढ़ जाना' और 'सिहर उठना' लक्षक पद है, जिनके लाक्षणिक चमत्कार द्वारा सादृश्य का ज्ञान कराया गया है। अस्तु, यहाँ भी लक्ष्योपमा अलंकार है।

5. रूपक

प्रस्तुत में अप्रस्तुत का निषेधरहित आरोप ही रूपक अलंकार है। रूपक अर्थ है रूप धारण करना, किसी के अनुरूप, निर्मितरूप, प्रतिरूप, प्रतिमूर्ति, प्रतिकृति आदि। अर्थात् इसमें किसी दूसरे का रूप धारण करना, किसी के रूप का किसी पर आरोप होना आवश्यक है। यहाँ असल बात है आरोप या अभेद की। आरोप का अर्थ है, एक (प्रस्तुत अथवा उपमेय अथवा विषय) पर दूसरे (आरोप्यमाण या अप्रस्तुत या उपमान आदि) को उठाकर इस प्रकार रखा जाये कि वह उसे पूर्णतः ढँक ले; उसे (विषय को) आरोप्यमाण ही बना ले। इस प्रकार यहाँ प्रस्तुत और अप्रस्तुत (उपमेय और उपमान) का पार्थक्य ही मिट जाता है, दोनों अभिन्न हो जाते है। उदाहरणार्थ 'मुखचंद्र है' में 'मुख' पर 'चन्द्र' का आरोप होने से दोनों में तादात्म्य-सम्बन्ध स्थापित हो गया है। यहाँ उपमा के सादृश्य की उत्कटता नहीं, रूपक का अभेदकत्व है। उपमेय और उपमान का भिन्नत्व मिटते ही उपमा रूपक बन जाती है।

आरोप निषेध रहित भी हो सकता है और निषेध सहित भी। पूर्वोक्त लक्षण के रूपक के लिए 'निषेध रहित' आरोप का ही विधान किया गया है। इसका कारण यह है कि अपहनुति अलंकार में भी उपमेय में उपमान का आरोप ही रहता है, पर वहाँ आरोप का निषेध सहित होना आवश्यक है।

यह सादृश्यगर्भ वर्ग का अभेद प्रधान आरोपमूलक अर्थालंकार है। यह आचार्य भरत के समय से ही स्वीकृत रहा है। उनके अनुसार इसमें गुण के आश्रय से किंचित् सादृश्य को अपने 'विकल्प' से रूपायित किया जाता है। भामह ने उपमान से उपमेय की एकरूपता और गुणों की समता में रूपक माना है। दंडी ने उपमान-उपमेय के परस्पर तिरोभूत हो जाने में ही रूपक स्वीकार किया है। रुय्यक ने दंडी के मत को ही दुहरा भर दिया है। पर इन्होंने विषयी के द्वारा विषय को रूपवत् करना स्वीकार कर उपमेय और उपमान की रूपवत्ता का आग्रह तो प्रगट किया ही, इसे एकावली से भिन्न भी कर दिया है। उद्भट का लक्षण इन सबों से भिन्न है। वामन ने रूपक को उपमा-प्रपंच स्वीकार करते हुए

इसे उपमान से उपमेय का गुण-साम्य होने से उपमेय में उपमान का अभेदारोप कहा है। आ. मम्मट ने अपने लक्षण में बड़ी कुशलता से भामह और उद्भट के लक्षणों का सारगर्भित संक्षेप उपस्थित किया है। पं. विश्वनाथ ने प्रायः मम्मट के लक्षण को ही स्पष्टता प्रदान की है।

उनके अनुसार अनपह्नुत विषय पर विषयी के अभेदारोप में रूपक होता है। अप्पयदीक्षित का लक्षण जयदेव के अनुसार है, जो प्रायः इन्हीं से मिलता-जुलता है। हिन्दी काव्यशास्त्रियों में आ. केशव ने इसे दंडी के अनुसार निरूपित किया है। जसवन्त सिंह ने इसका लक्षण नहीं दिया है। मतिराम, भूषण, दास, पद्माकर आदि के लक्षण प्रायः अप्पयदीक्षित और पं. विश्वनाथ के अनुसार है। कुलपति मिश्र ने अपने लक्षण में पं. विश्वनाथ की कारिका और वृत्ति दोनों का पूर्ण उपयोग किया है। आधुनिक काव्यशास्त्रियों का निरूपण अधिक सटीक है।

उपमा के समान ही रूपक बड़ा व्यापक अलंकार है। विभिन्न आचार्यों ने इसके विभिन्न प्रकार माने है। आ. भरत ने इसका भेद स्वीकार नहीं किया है। भामह ने इसके दो भेद किये हैं—समवस्तस्तुविषय और एकदेशविवर्ति। मम्मट ने इन्हें सांगरूपक का उपभेदभर माना है। दण्डी ने सामासिकता (समस्त, असमस्त, समस्त-व्यस्त), अवयव (अवयव, अवयवी), अंग (एकांग), सम्बन्ध की संगति (युक्त अयुक्त) आदि के आधार पर इसके सब मिलाकर बीस भेद माने हैं। रुद्रट ने प्रथम तीन भेद—सावयव, निरवयव और संकीर्ण रूपक स्वीकार किया है एवं पुनः सावय के तीन (सहज, आहार्य और सहजाहार्य) और निरवयव के चार (शुद्ध, माला, रशना और परम्परित) उपभेद माने हैं। मम्मट ने रूपक के भेद-प्रभेद की व्यवस्था रुय्यक के अनुसार की है। पं. विश्वनाथ का भेद निरूपण भी मम्मट जैसा ही है। हिन्दी के अधिकांश काव्य-शास्त्रियों ने अप्पयदीक्षित के अनुसार ही रूपक के छह भेद माने हैं। आ. केशव ने तीन भेद—अद्भुत, विरुद्ध और रूपक-रूपक स्वीकार किया है। दंडी का व्यतिरेक रूपक ही इनका अद्भुत रूपक है। कुलपति के भेद निरूपण का आधार मम्मट की भेद-प्रभेद-व्यवस्था ही है। सामान्य रूप से कहा जायेगा कि रूपक के भेद-प्रभेद की इयत्ता नहीं है। चूँकि रूपक में असल बात है उपमेय में उपमान के आरोप की। अतः आरोप की पद्धति और मात्रा के अनुसार इसके अनेक भेद स्वीकार किये जाते हैं। मूलतः आरोप दो प्रकार से सम्भव है—अभेद की कल्पना द्वारा और तादात्म्य स्थापन-द्वारा। अस्तु, रूपक के प्रथम दो भेद होंगे—अभेद रूपक और ताद्रूप्य रूपक। पुनः दोनों के सम, अधिक और न्यून—ये तीन तीन भेद माने जायेंगे। यह वर्गीकरण आरोप की पद्धति पर

आधारित है। कतिपय आचार्यों ने आरोप की मात्रा के आधार पर रूपक के सांग, निरंग और परम्परित—ये तीन भेद माने हैं पुनः सांग के समस्तवस्तु विषय और एकदेशविवर्ति एवं निरंग और परम्परित के क्रमशः शुद्ध और मालारूप—ये दो-दो भेद माने हैं। यदि हम चाहें तो अधिक विवाद में न पड़ते हुए सांग, निरंग और परम्परित को समअभेद रूपक के अन्तर्गत ही स्वीकार कर सकते है। अनेक आचार्यों ने ऐसा किया भी है। इससे अध्ययन-अध्यापन में सुविधा भी हो जाती है। अस्तु, रूपक का वृक्ष तैयार करना चाहें तो वह इस प्रकार होगा—

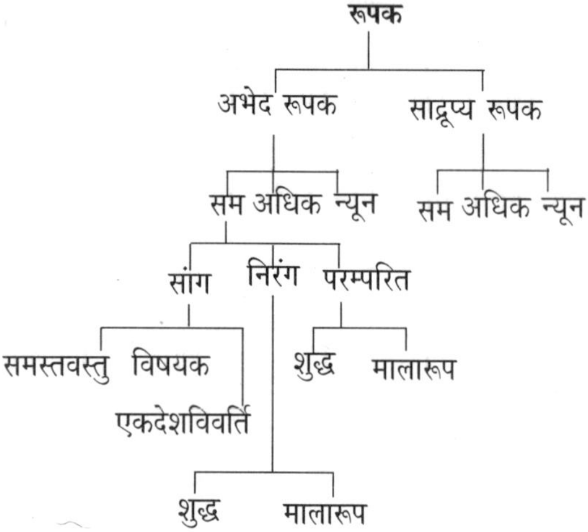

अभेद रूपक

प्रस्तुत में अप्रस्तुत का अभेद रूप में निषेध रहित आरोप होने पर अभेद रूपक होता है। इसमें प्रस्तुत और अप्रस्तुत (उपमेय और उपमान) की कल्पित अभिन्नता अथवा एकता होती है। अभेद दो प्रकार का होता है—आहार्य और वास्तव। जहाँ भेद में भी अभेद (कल्पनाजन्य) स्वीकार कर लिया जाता है, वहाँ अभेद आहार्य होता है और जहाँ वास्तविक अभेद होता है, वहाँ वास्तव। रूपक में अभेद आहार्य रूप में होता है, वास्तव रूप में नहीं। 'मुख चन्द्र है' में 'मुख' और 'चन्द्र' है पृथक्-पृथक्, पर आहार्य अभेद द्वारा इन्हें एक मान भर लिया गया है। वास्तव अभेद होता है भ्रांतिमान अलंकार में। हिन्दी के श्रृंगारकालीन आचार्यों ने इसे अप्पयदीक्षित जी से ग्रहण किया है, पर वे लक्षण को छोड़ गये हैं। इसके भेदों की कल्पना भी दीक्षितजी के आधार पर ही की गयी है। यह तीन प्रकार का होता है—सम अभेद, अधिक अभेद और न्यून अभेद।

सम अभेद रूपक : प्रस्तुत में अप्रस्तुत का समरूप में (बिना न्यूनता और अधिकता के) निषेध रहित अभेद स्थापन (पर्यवसान) होने पर समअभेद रूपक होता है। यह तीन प्रकार का होता है—सांग, निरंग और परम्परित।

सांग रूपक : जहाँ प्रस्तुत में अप्रस्तुत का निषेधरहित सावयव आरोप हो, वहाँ सांग रूपक होता है।

सांग का अर्थ है अंगों के साथ। इसे ही सावयव रूपक भी कहा जाता है। इसमें प्रधानता एक आरोप की होती है, जिसे अंगी कहा जाता है। शेष आरोप गौण होते है और वे उसके अंग होकर आते हैं। इसमें एक प्रधान आरोप के आधार पर कतिपय गौण आरोप भी देखे जाते हैं। इसे ही सादृश्य और सकल (दण्डी) रूपक भी कहा गया है। इसके दो भेद होते हैं—समस्तवस्तुविषयक और एकदेशविवर्ति। समस्तवस्तुविषय में आरोप के सभी विषय (उपमेय) और आरोप्यमाण (उपमान) शब्दतः कथित होते हैं, पर एकदेशविवर्ति में आरोप के कुछ विषय एवं आरोप्यमाण शब्दतः कथित न होकर आर्य होते हैं, अर्थ के बल से आक्षिप्त होते हैं।

समस्तवस्तुविषय

बीती विभावरी जाग री!
अम्बर-पनघट में डुबो रही तारा-घट उषा नागरी।

—प्रसाद

यहाँ उषा में नागरी का, अंबर में पनघट का और तारा में घट का आरोप किया गया है। उषा में नागरी का आरोप ही प्रधान है और शेष गौण। ये आरोप समरूप में हैं अतः यहाँ समस्तवस्तु विषय-सांग-सम-अभेद रूपक है।

चख-झख, बार-सिवार, मुख-सरसिज, गमन-मराल।
छवि-तरंग, पानिप-सलिल, बाल-मानसर ताल।।

—पद्माकर

यहाँ अंगी है 'बाल' (उपमेय) जिसमें 'मानसर ताल' (उपमान) का आरोप किया गया है। उसके अंग—चख, बार, मुख, गमन, छबि और पानिप (उपमेय) में क्रमशः झख, सिवार, सरसिज, मराल, तरंग और सलिल (उपमान) का आरोप किया गया है। अस्तु यहाँ समस्तवस्तु-विषय-सांग रूपक है।

रवि-शशि तेरे अवतंस लोल
सीमंत-जटित तारक अमोल

चपला विभ्रम, स्मित इन्द्रधनुष
हिमकण बन झरते स्वेद-निकर
अप्सरि, तेरी सुन्दर नर्तन!

—महादेवी

यहाँ विराट् प्रकृति का चित्रण अप्सरा के रूप में किया गया है। यहाँ आरोप के सभी विषय और आरोप्यमाण शब्दतः कथित है। अस्तु यहाँ भी सांग रूपक (समस्त वस्तु विषयक) है।

एकदेशविवर्ति—

जीवन की चंचल सरिता में, फेंकी मैने मन की जाली।
फँस गयीं मनोहर भावों की, मछलियाँ सुघर भोलीभाली।।

—पन्त

इसमें अंगी है 'जीवन' (उपमेय) जिसमें 'चंचल सरिता' (उपमान) का आरोप किया गया है। जीवन के अन्य अवयवों 'मन' एवं 'मनोहर भावों' में क्रमशः 'जाली' (जाल) और 'मछलियों' का आरोप किया गया है। यहाँ मछलियाँ पकड़ने के सभी साधन है—सावयव उपमेय और उपमानों का शब्द द्वारा स्पष्ट कथन किया गया है, पर 'मैंने' का उपमान उक्त नहीं हैं यहाँ 'मैंने' के स्थान पर धीवर (उपमान) अर्थ द्वारा आक्षिप्त होता है। अस्तु यहाँ एकदेशविवर्ति सांग रूपक है।

शिशुता की निशा सिरानी, उग आया यौवन दिनकर।
छबि विलसित तन-सरवर में, दो सरसिज लसे मनोहर।।

—भक्त

यहाँ 'शिशुता' में 'निशा', 'योवन' में 'दिनकर', 'तन' में 'सरोवर' और 'स्तन' में 'सरसिज' का आरोप है, पर 'सरसिज' के साथ 'स्तन' का कथन नहीं हुआ हैं वह अर्थ द्वारा सहज ही आक्षिप्त हो जाता है। अस्तु यहाँ एकदेशविवर्ति सांग रूपक हैं यदि 'सरगिज' के साथ 'स्तन' (उपमेय) का कथन शब्दतः रहता, तो यह भी समस्तवस्तु विषय-सांग रूपक का उदाहरण होता।

फैला अपने मृदु स्वप्न पंख उड़ गयी नींद
निशि-क्षितिज पार।

—महादेवी

यहाँ 'स्वप्न पर 'पंख' का और 'निशि' पर 'क्षितिज' का आरोप शब्दतः कथित है, पर 'नींद' पर 'विहग' का आरोप शब्द नहीं है। उसे अर्थ द्वारा आक्षिप्त करना पड़ता है। अस्तु यहाँ एकदेशविवर्ति-सांग रूपक है।

आँखों के कोष हुए है मोती बरसा कर रीते। -महादेवी

यहाँ 'आँसू' उपमेय का शब्दतः कथन नहीं है। मात्र उपमान का ही कथन है। अतः यहाँ भी एकदेशविवर्ति-सांग रूपक ही है।

निरंग रूपक : जहाँ प्रस्तुत में अप्रस्तुत का निषेध रहित निरवयव आरोप हो, वहाँ निरंग रूपक होता है। इसे निरवयव रूपक भी कहा जाता है। निरंग या निरवयव का अर्थ है अंगों के बिना अर्थात् जहाँ मात्र एक उपमेय में उपमान का आरोप हो। 'मुखचन्द्र', 'चरणकमल' आदि इसी के उदाहरण हैं। रूपक का यही भेद सर्वाधिक प्रचलित है। इसके दो भेद हैं—शुद्ध या केवल और मालारूप। शुद्ध निरवयव रूपक में एक उपमान का आरोप एक उपमेय में होता है, पर मालारूप निरवयव रूपक में अनेक उपमानों का आरोप मात्र एक उपमेय में होता है।

शुद्ध रूप

चरण-कमल बंदौ हरि राई।

—तुलसी

यहाँ एक उपमेय (चरण) में एक उपमान (कमल) का आरोप होने से शुद्ध-निरंग रूपक है।

इस हृदय-कमल का घिरना, अलि-अलकों की उलझन में।
आँसू-मरंद का गिरना, मिलना निःश्वास-पवन में।।

—प्रसाद

यहाँ 'हृदय-कमल', 'अलि-अलक', 'आँसू-मरंद' और निःश्वास-पवन'—ये चार रूपक हैं जो शुद्ध-निरंग रूपक है।

तू स्वप्न-सुमनों से सजा तन, विरह का उपहार ले।

—महादेवी

यहाँ 'स्वप्न-सुम में' 'स्वप्न' पर 'सुमन' का निरवयव आरोप है। अतः निरवयव रूपक है।

पलक-यवनिका के भीतर छिप
हृदय-मंच पर, छाकर छबिमय।

—पन्त

यहाँ 'पलक' पर 'यवनिका' का और 'हृदय' पर 'मंच' का आरोप है। ये आरोप निरवयव है। अस्तु यहाँ भी शुद्ध-निरवयव रूपक है।

मालारूप

ओ चिन्ता की पहली रेखा,
अरे विश्व-वन की व्याली;
ज्वालामुखी स्फोट से भीषण,
प्रथम कंप-सी मतवाली!
हे अभाव की चपल बालिके,
री ललाट की खल रेखा
हरी-भरी-सी दौड़-धूप
ओ जल-माया की चल रेखा!

—प्रसाद

यहाँ एक चिन्ता (उपमेय) में विश्ववन की व्याली, ज्वालामुखी के भीषण स्फोट की प्रथम कम्पन के समान मतवाली, अभाव की चपल बालिका, ललाट की वक्ररेखा आदि अनेक उपमानों का मालाकार आरोप है। अस्तु यहाँ मालारूप निरवयव रूपक है।

ओ अकूल की उज्ज्वल हास!
अरी अतल की पुलकित श्वास!
महानन्द की मधुर उमंग!
चिर शाश्वत की अस्थिर लास!

—पन्त

यहाँ एक उपमेय (विचिविलास) में हास, श्वास, उमंग, लास आदि अनेक उपमानों का आरोप मालारूप में हुआ है। अस्तु यहाँ मालारूप निरवयव रूपक है।

अन्य युगों की तरह आधुनिक युग में भी उपमा और रूपक का कवियों ने खुलकर प्रयोग किया है। छायावादियों की तो कतिपय कविताएँ ही रूपक का सुन्दर उदाहरण प्रस्तुत करती है। उदाहरणार्थ महादेवी की 'किस सुधि वसंत का सुमन तीर', 'प्रिय मेरे गीले नयन बनेंगे आरती' आदि कविताएँ देखी जा सकती हैं पन्त जी की 'नक्षत्र' शीर्षक कविता में निरवयव रूपक के अतिरिक्त और है क्या? यहाँ मात्र सुन्दर-असुन्दर, सम्भव-असम्भव आरोप ही तो है।

परम्परित रूपक : जहाँ एक आरोप दूसरे आरोप के कारण-रूप में अवस्थित होता है, वहाँ परम्परित रूपक होता है। परम्परित का अर्थ है सिलसिलेवार, परम्परा

से, लगातार अथवा आश्रित। यहाँ कार्य-कारण भाव से आरोप की शृंखला बन्ध जाती है, एक आरोप पर ही दूसरा आरोप आधारित होता है। यहाँ प्रस्तुत में अप्रस्तुत का आरोप स्वतः सिद्ध नहीं होता है—इसकी सादृश्य भावना स्वतः सिद्ध नहीं, पारस्परिकतानु सम्बन्धी होती है। जैसे, यदि कोई कहे कि—'श्रीमन्! आप भ्रष्टाचाररूपी कुम्भकर्ण के लिए राम हैं', तो यह स्पष्ट है कि 'भ्रष्टाचार' एवं 'कुम्भकर्ण' तथा 'श्रीमन्' एवं 'राम' में कोई सम्बन्ध नहीं है, पर चूँकि 'भ्रष्टाचार' में 'कुम्भकर्ण' का आरोप किया गया है। इसी से 'श्रीमन्' में 'राम' का आरोप हुआ है। यहाँ कहने का तात्पर्य इतना ही है कि जिस प्रकार राम ने कुम्भकर्ण का नाश किया था उसी प्रकार श्रीमन् भी भ्रष्टाचार का नाश करने में समर्थ है। तो अब खुलासा हो गया कि परम्परित रूपक में दो आरोप परस्पर मिलकर ही एक-दूसरे को सार्थक बनाते हैं, इनकी स्वतन्त्र सत्ता नहीं होती है। इस रूपक के भी दो भेद होते हैं—शुद्ध या केवल और मालारूप। जहाँ आरोप दो ही हों और एक आरोप दूसरे आरोप का कारण हो, वहाँ शुद्ध परम्परित रूपक होता है और जहाँ आरोप दो से अधिक हों—आरोपों की एक शृंखला-सी बन गयी हो, वहाँ मालारूप परम्परित रूपक होता है। इन भेदों के दो-दो उपभेद भी माने गये हैं—श्लिष्टशब्दमूलक और अश्लिष्टशब्द मूलक, किन्तु ये उपभेद तर्क की कसौटी पर खरे नहीं उतरते हैं। श्लेष की स्थिति तो प्रायः सभी अलंकारों के साथ हो सकती है। आचार्य मम्मट ने भी—'यद्यपि शब्दार्थालंकारोऽयमित्युक्तं वक्ष्यते च तथापि प्रसिद्ध्यनुरोधादत्रोक्तः। एकदेशविवर्ति हीदमन्यैरभिधीयते' कहकर श्लेषमूलक रूपक को अर्थालंकार मानने से हिचक ही प्रकट किया है। अस्तु, ये उपभेद बुद्धिबोधित नहीं प्रतीत होते हैं।

शुद्ध परम्परित रूपक

राम नाम सुन्दर करतारी।
संशय विहग उड़ावनहारी।।

—तुलसी

यहाँ 'राम नाम' में 'करतारी' का और 'संशय' में विहग' का आरोप है। इसे आरोपों का कार्य-कारण भाव है। राम नाम में करतारी (ताली) के आरोप का कारण है संशय में विहग का आरोप होना। सन्देह को पक्षी मानने के पश्चात् राम नाम को ताली (ताली बजाने से पक्षी उड़ जाते है) कहना उचित ही है। ये आरोप एक दूसरे के कारण ही सार्थक है। अस्तु यहाँ शुद्ध परम्परित रूपक है।

बाड़व ज्वाला सोती थी
इस प्रणय-सिन्धु के तल में।
प्यासी मछली-सी आँखें,
थी विकल रूप के जल में।

—प्रसाद

यहाँ आँखों में मछली का आरोप, रूप में जल के आरोप का कारण है। अतः यहाँ शुद्ध परम्परित रूपक है। प्रस्तुत उदाहरण में कुछ लोग उपमा अलंकार भी मान सकते हैं, पर उपमा है नहीं।

दो आँसू-तारक चख-नभ से अकस्मात् ही टूट पड़े।

—भक्त

यहाँ आँसू में तारक करने से ही नेत्र में नभ का आरोप किया गया है। अतः यहाँ भी शुद्ध-परम्परित रूपक है।

मालारूप परम्परित रूपक

राम कथा कलि पन्नग भरनी।
पुनि विवेक-पावक कहँ अरनी।।

—तुलसी

यहाँ 'कलि (युग)' में 'पन्नग' (सर्प) का 'रामकथा' में 'भरनी' (सर्प-मन्त्र) का और 'विवेक' में 'पावक' का एवं 'रामकथा' में 'अरनी' (आग उत्पन्न करने के लिए विशिष्ट लकड़ी) का आरोप किया गया है। दोनों चरणों में रूपक परम्परित है, चूँकि एक आरोप का कारण है। पुनः एक (रामकथा) में 'भरनी' और 'अरनी' का आरोप होने से यह मालारूप भी है। अतः यहाँ मालारूप परम्परित रूपक है।

अधिक-अभेद रूपक : प्रस्तुत में अप्रस्तुत का निषेधरहित अभेद-पर्यवसान के पश्चात् कुछ अधिकता बताने पर अधिक-अभेद रूपक होता है।

नव बिधु बिमल तात जस तोरा,
रघुवर किंकर कुमुद चकोरा।
उदित सदा अथइहिं कबहूँ ना,
घटहि न जग नभ दिन-दिन दूना।

—तुलसी

यहाँ यश से नव विधु का निषेधरहित अभेद कथन किया गया है। पुनः चन्द्रमा का घटना-बढ़ना और यश का सदा उदित रहना कहा गया है। इससे उपमेय की अधिकता का वर्णन हो जाता है। अतः यहाँ अधिक-अभेद रूपक है।

जगत की सुन्दरता का चाँद,
सजा लांछन को भी अवदात।
सुहाता बदल-बदल दिन रात,
नवलता ही जग का आह्लाद।। —पन्त

यहाँ सुन्दरता में चन्द्रमा का निषेधरहित अभेदारोप है। चाँद लांछन को भी अवदात बना देता है, यही अधिकता है। अस्तु यहाँ भी अधिक अभेद रूपक है।

न्यून-अभेद रूपक : प्रस्तुत में अप्रस्तुत का निषेधरहित अभेद-पर्यवसान के पश्चात् कतिपय न्यूनता बताना ही न्यून-अभेद रूपक है।

तुव दृग खंजन है सही, उड़ि न सकत तजि थान।

—पद्माकर

यहाँ 'दृग-खंजन' में नायिका के नेत्र (उपमेय) में खंजन के नेत्र (उपमान) का निषेधरहित अभेदारोप है, पर 'स्थान छोड़कर उड़ नहीं सकते' के द्वारा नेत्रों के न्यूनत्व का बोध कराया गया है। अतः यहाँ न्यून-अभेद रूपक है।

निर्झर में अक्षय स्वर प्रवाह है,
पर वह विकल विराग नहीं।

—मिलिन्द

यहाँ पहले निर्झर और स्वर का अभेद कथन किया गया है; पुनः 'वह विकल विराग नहीं' के द्वारा न्यूनता दिखायी गयी है। अतः यहाँ भी न्यून-अभेद रूपक है।

ताद्रूप्य रूपक

भेद के रहते हुए भी सामान्य धर्म के आश्रय से जहाँ प्रस्तुत में अप्रस्तुत का निषेधरहित आरोप होता है, वह ताद्रूप्य रूपक कहा जाता है। तद्रूप (तत्+रूप) शब्द का अर्थ है 'उसका रूप' अर्थात् इस में प्रस्तुत अप्रस्तुत-रूप में कहा जाता है। अभेद रूपक की तरह यहाँ प्रस्तुत और अप्रस्तुत में एकता नहीं हो पाती है, दोनों में भेद बना ही रहता है। भेद के होते हुए भी सामान्य धर्म के आश्रय से ही यहाँ आरोप निष्पन्न होता है। इसमें प्रस्तुत अप्रस्तुत का रूप तो ग्रहण करता है, पर कहा जाता है उसे भिन्न ही। जैसे, कोई कहता है—'मुख दूसरा कमल है, तो यहाँ 'मुख' और 'कमल' है अलग-अलग ही, फिर भी सामान्यधर्म के आधार पर (सादृश्य से) 'मुख' में 'कमल' का आरोप का दिया गया है। हिन्दी के आचार्यों ने रूपक के इस भेद को अप्पयदीक्षित के अनुसार ही ग्रहण किया है, पर अधिकांश आचार्यों ने इसे बिना निरूपित किये ही मात्र उदाहरण दे दिया है। इस अलंकार के भी तीन भेद होते हैं—सम, अधिक और न्यून। ताद्रूप्य न्यून,

अधिकता बतायी आये तो ताद्रूप्य अधिक और ताद्रूप्यता समान हो तो सम होता है। आधुनिक हिन्दी कविता में रूपक के इन भेदों के उदाहरण खोजने पर ही मिलेंगे, अनायास नहीं।

सम-ताद्रूप्य रूपक :

सुधा सहित मुख-ससि लख्यों,
वृथा सरद को चंद।

—पद्माकर

यहाँ 'मुख' में 'शशि' का आरोप होने से रूपक है। 'वृथा सरद को चंद'' कह कर मुख से चन्द्रमा का ताद्रप्यारोप किया गया है एवं 'सुधा सहित कह कर साम्य की प्रतीति करायी गयी है। अस्तु यहाँ सम-ताद्रूप्य रूपक है।

अधिक-ताद्रूप्य रूपक

राधा मुख यह अपर ससि,
सतत उदित सुख देत।

—अ. मंजरी

यहाँ 'मुख' में 'चन्द्रमा' का आरोप है। 'अपर ससि' कहने से यहाँ ताद्रूप्यारोप है, पर मुख को 'सतत उदित' कहकर चन्द्रमा से उसकी अधिकता बताई गयी है; चूँकि चाँद हमेशा उदित नहीं रहता है। अस्तु यहाँ अधिक-ताद्रूप्य रूपक है।

न्यून-ताद्रूप्य रूपक

दुइ भुज के हरि रघुवर सुन्दर भेष।
एक जीभ के लछिमन दूसर शेष।।

—तुलसी

यहाँ प्रथम पंक्ति में 'रघुवर' में 'हरि' (विष्णु) का ताद्रूप्यारोप तो है, पर उन्हें दो भुजावाला कहकर न्यून घोषित किया गया है। इसी प्रकार द्वितीय पंक्ति में लक्ष्मण में शेषनाग का ताद्रूप्यारोप है, पर 'एक जीभ-वाला' कहकर शेषनाग से उनकी हीनता बताई गयी है। अस्तु यहाँ न्यून-ताद्रूप्य रूपक है।

टिप्पणी : हिन्दी कविता में सादृश्य का विशिष्ट महत्त्व रहा है। कतिपय कवियों का तो सादृश्य पर असाधारण अधिकार रहा है। कवियों ने सादृश्य के लिए 'उपमा' या 'उपम्मा' शब्द भी प्रयुक्त किया हैं 'पृथ्वीराज रासो' में 'उपम्मा' शब्द के ऐसे अनेकत्र प्रयोग आसानी से देखे जा सकते हैं। सादृश्य की प्रबलता

वाले ऐसे स्थलों पर सादृश्यगर्भ अलंकारों का बड़ा विचित्र घाल-मेल दिखता है। कवि ने स्वयं तो प्रयोग किया है शब्द 'उपम्मा', 'ओपम', 'उपमा' उपम्य आदि, पर इनमें यत्र-तत्र 'मनो', 'जनु' आदि उत्प्रेक्षावाचक शब्द भी मिल जाते है। अस्तु इन्हें उत्प्रेक्षा भी कह सकते है, किन्तु प्रस्तुत-अप्रस्तुत में अंग-प्रत्यंगों की समता पर विचारने से इन्हें रूपक कहना ही सटीक जँचता है। ऐसे स्थलों को डा. ओमप्रकाश जी रूपक बन्ध कहना चाहते है। रासो का यह उदाहरण देखा सकता है–

कनक्क काम कुंडिलं, हलंत ते जउम्भरे।
ससी सहाइ मान भाइ, सज्जि सूर दो करे।
दुती उपम्म बिंद की, किरन्न चंद दिठ्ठयं।
मनो कि सूर इंद गोदि, अप्य आनि विठयं।

—पृथ्वीराज रासो, पृ. 81

आधुनिक हिन्दी कविता में भी ऐसे रूपक प्रयुक्त किये हैं, जिनमें उपमा के वाचक शब्द (सा, सी, से आदि) धड़ल्ले से देखे जा सकते हैं। इन्हें डा. ओमप्रकाश के अनुसार 'रूपक बन्ध' हो कहा जायेगा। यदि कहें तो रूपक बन्ध का लक्षण कुछ इस प्रकार कर सकते है–'जहाँ वाचक शब्दों की चिन्ता न करते हुए प्रस्तुत-अप्रस्तुत में मात्र अंग-प्रत्यंगों की समता दिखाते हुए सादृश्य कथन किया जाये, वहाँ 'रूपक बन्ध' होता है।' सामान्य रूप से इस रूपक और उपमा का मिश्रण होता है। चन्द, जायसी, तुलसी, सूर आदि की कविताओं में भी ऐसे प्रयोग तो मिलते ही है, प्रायः छायावाद के सभी कवियों में भी ऐसे प्रयोग देखे जा सकते है। निम्नांकित उदाहरण ऐसे ही है–

(क) तम-जलधि में नेह का मोती
रचूँगी सीप-सी मैं।

—महादेवी

(ख) अगरु धूम-सी साँस सुधि-गंध-सुरभित।
बना स्नेह-लौ आरती चिर अकम्पित,
हुआ नयन का नीर अभिषेक जलकण।

—महोदवी

उपर्युक्त उदाहरणों में रूपक और उपमा का मिश्रण-सा प्रतीत होता है, पर वस्तुतः है यहाँ रूपक ही। इन्हें रूपक बन्ध कहा अवश्य जा सकता है। डॉ. ओमप्रकाश के अनुसार यहाँ भी रूपक बन्ध की ही छटा है–

सेंदुर आगि सीस उपराहीं, पहिया-तरिवन चमकत जाहीं।
कुच-गोला-दुइ हिरदय लाये, चंचल धुजा रहहिं छिटकाये।
रसना-लूक रहहिं मुख खोले, लंका जरै सो उनके बोले।

—पद्मावत

यहाँ तोपों को-मतवाली नारी' के रूप में जायसी ने देखा है। यहाँ प्रस्तुत से अधिक प्रभावशाली अप्रस्तुत ही हो गया है।

6. उत्प्रेक्षा

उपमेय में उपमान की संभावना उत्प्रेक्षा अलंकार है। उत्प्रेक्षा का वाच्यार्थ है (उत् + प्र + ईक्षा) अन्य (उपमान) का उत्कटतापूर्वक ज्ञान अर्थात् उपमान को प्रधानता से बलपूर्वक देखना। यहाँ देखने का तात्पर्य है सम्भावना करना या कल्पना करना। यह सम्भावना प्रबल तो होती ही है, एककोटिक भी होती है। इसी से इसमें उपमेय प्रायः उपेक्षित रहता है और प्रधानता मिलती है उपमान को।

सम्भावना ज्ञान की मध्यम स्थिति है। इसकी स्थिति संशय और निश्चय के मध्य में है। सम्भावना से थोड़ा-सा आगे बढ़ने पर ही निश्चय की स्थिति आ जाती है। इसे निम्नांकित वाक्यों के आधार पर समझा जा सकता है—

1. राम आ भी सकता है और नहीं भी आ सकता है — सन्देह।
2. राम के आने की सम्भावना है — सम्भावना
3. (क) राम आयेगा — निश्चय
   (ख) राम नहीं आयेगा — निश्चय

उपर्युक्त वाक्यों में प्रथम वाक्य में संशय की स्थिति है, वहाँ ज्ञान द्विकोटिक है। पर दूसरे वाक्य में ज्ञान द्विकोटिक तो नहीं है, पर पूर्णतः निश्चयात्मक भी नहीं है। हाँ, उसका झुकाव निश्चय की ओर है अवश्य। अतः स्पष्ट है कि सम्भावना ही आगे बढ़ने पर निश्चय की स्थिति है भी। संभावना की स्थिति में ज्ञान निश्चित नहीं होता है। किन्तु उत्कट अथवा प्रबल रूप से निश्चय की ओर झुका हुआ अवश्य रहता है। उपमेय में उपमान की ऐसी ही संभावना करने पर उत्प्रेक्षा अलंकार होता है।

यह सादृश्यगर्भ वर्ग का अभेदप्रधान अध्यवसायमूलक अर्थालंकार हैं यह प्राचीनों से ही स्वीकृत रहा है। इसका सर्वप्रथम वर्णन भामह ने किया है। उनके अनुसार इसमें विशेष गुण-साम्य नहीं, क्रिया योग आवश्यक है। उत्प्रेक्षा के साथ ही उन्होंने 'उत्प्रेक्षावयव' का भी निरूपण किया है। दण्डी ने चेतन

अथवा अचेतन की अन्यथा स्थित वृत्ति को 'मन्ये', 'शंके', 'ध्रुवं, 'प्रायः' 'नूनम्' आदि शब्दों द्वारा अन्यथा संभावना में उत्प्रेक्षा मानी है। आ. मम्मट, पं. विश्वनाथ और अप्पयदीक्षित के लक्षण प्रायः समान, सुबोध और सुकंठ है। जयदेव ने निषेधरहित उन्नीयन को उत्प्रेक्षा के लिए आवश्यक बताया है। हिन्दी के आचार्यों में केशवदास ने 'उत्प्रेक्षोपमा' का तो निरूपण किया ही है—'और वस्तु में और कीजिये तर्क' कह कर उत्प्रेक्षा का लक्षण भी दिया है। जसवन्त सिंह, भूषण, पद्माकर आदि के लक्षण मम्मट, विश्वनाथ और दीक्षित जी के अनुसार ही पड़ते है।

उत्प्रेक्षा के भेदों का विस्तार अपेक्षाकृत पीछे हुआ है। भामह ने भेद के सम्बन्ध में चुप्पी लगा रखी है। आ. मम्मट ने इसके भेद नहीं किये हैं। उद्भट ने 'भावाभावाभिनतः' वाले भेदों को ही स्वीकार किया है। रुय्यक ने इसके अनेक भेदों की चर्चा कर अन्त में इसे अन्तहीन भेद वाली कहा है। सामान्य रूप से कहा जायेगा कि मम्मट के समय तक इसके दो ही भेद प्रचलित थे—वाच्या और प्रतीयमाना। इसके भेदों को पूर्ण विस्तार मिला है 'साहित्यदर्पण' में, जहाँ पं. विश्वनाथ ने वाच्या और प्रतीयमाना के कुल अट्ठासी (56 + 32) भेद स्वीकार किये है। इन्होंने 'सापह्नवा', 'श्लेषहेतुगा' और 'उपक्रमा' का भी विवेचन किया है। जयदेव ने उत्प्रेक्षा के तीन भेद—वस्तु, हेतु और फल माने हैं, एवं प्रतीयमाना (गूढ़ा) को अलग से स्वीकार किया है। हिन्दी के शृंगारकालीन आचार्यों ने प्रायः जयदेव के मत को ही स्वीकार किया है। पंडितराज जगन्नाथ ने भी चमत्कार की विलक्षणताहेतु इसके भेदों को फल और स्वरूप (वस्तु) तक भी सीमित किया है। इसी से ये भी उत्प्रेक्षा के तीन ही भेद मानते है। इस विवरण से स्पष्ट है कि उत्प्रेक्षा के भेदों को लेकर आचार्यों में काफी मतभेद है।

आधुनिक युग के अधिकांश काव्यशास्त्री उत्प्रेक्षा के भेंदों का विस्तार पं. विश्वनाथ के अनुसार ही स्वीकार करते है। सामान्यरूप में उसे यों समझा जा सकता है कि उपमा की तरह ही उत्प्रेक्षा के भी कतिपय वाचक शब्द है—मनु, मानों, मानहु, मनहुँ, जनु, जानो, जानहु, जिमि, ज्यों, जैसे, इव, निश्चय, प्रायः, सा, सी, से, मेरे ज्ञान, मेरे जानते, जान पड़ता है आदि। इन वाचक शब्दों का कहीं प्रयोग होता भी है और कहीं नहीं भी। जहाँ उत्प्रेक्षा वाचक शब्द प्रयुक्त होते हैं, वहाँ उत्प्रेक्षा वाच्या होती है और जहाँ ये प्रयुक्त नहीं होते हैं, वहाँ प्रतीयमाना। इस प्रकार उत्प्रेक्षा के प्रथम दो भेद हुए—वाच्या और प्रतीयमाना। पुनः वाच्या के तीन—वस्तूत्प्रेक्षा हेतूप्रेक्षा और फलोत्प्रेक्षा एवं प्रतीयमाना के दो—हेतूत्प्रेक्षा और

फलोत्प्रेक्षा भेद होते है। पं. विश्वनाथ के अनुसार प्रतीयमाना वस्तुत्प्रेक्षा नहीं हो सकती, चूँकि वाचक शब्द के अभाव में उसमें अतिशयोक्ति की प्रतीति होने लगेगी। पुनः वस्तुत्प्रेक्षा के दो उक्तविषया और अनुक्तविषया एवं हेतूप्रेक्षा और फलोत्प्रेक्षा के भी दो-दो—सिद्धास्पदा और असिद्धास्पदा भेद होते है। इसका वृक्ष निम्नांकित रूप में तैयार किया जा सकता है—

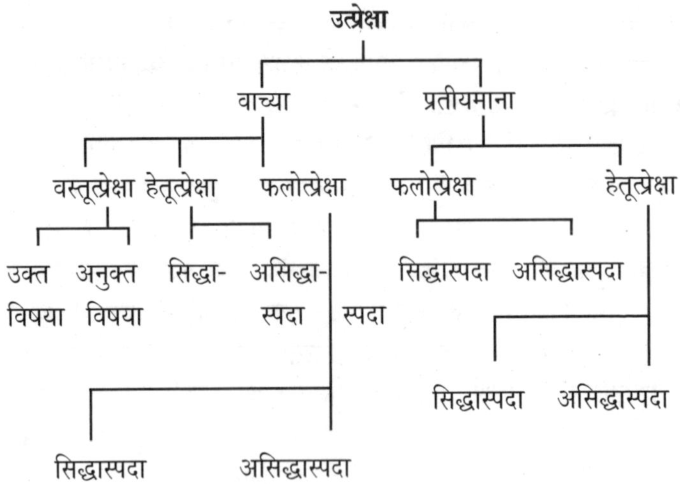

यहाँ यह जान लेना चाहिये कि आचार्यों ने वाच्या और प्रतीयमाना के रूप में उत्प्रेक्षा का जो भेद स्वीकार किया है, वस्तुतः उन्हें उत्प्रेक्षा का भेद नहीं, वरन् भेदों का आधार मानना ही श्रेयस्कर है। एक बात और—उपमेय और उपमान केवल वस्तूत्प्रेक्षा में ही सम्भव है, हेतूत्प्रेक्षा में नहीं। अतः उत्प्रेक्षा के लक्षण में उपमेय-उपमान भाव का कथन उपलक्षण मात्र ही समझना चाहिये, यहाँ असल बात है संभावना की।

वस्तूत्प्रेक्षा

एक वस्तु (उपमेय) में दूसरी वस्तु (उपमान) की संभावना वस्तूत्प्रेक्षा है।

यहाँ उत्प्रेक्षा का आश्रय उपमेय होता हैं यह दो प्रकार की होती है उक्तविषया और अनुक्तविषया। प्रथम में उपमेय और उपमान उक्त (शब्दतः कथित) रहते हैं और द्वितीय में उपमेय अनुक्त रहता है। अनुक्तविषया में विषय (उपमेय) का कथन नहीं किया जाता है, उसे आक्षिप्त करना पड़ता है।

उक्तविषया

छिप्यौ छबीलो मुँह लसै, नीले अंचल चोर।
मनो कलानिधि झलमलै, कालिन्दी के नीर।।

—बिहारी

यहाँ नीले घूँघट से झाँकते हुए मुख में यमुना के पानी में झलमलाते हुए चाँद की उत्प्रेक्षा है। यहाँ मुँह (एकवस्तु) में चन्द्रमा (दूसरी वस्तु) की उत्प्रेक्षा होने से वस्तूप्रेक्षा एवं मुख (उपमेय) के उक्त होने से उक्त विषया और वाचक शब्द (मनो) के प्रयोग से वाच्या है। अस्तु यहाँ उक्तविषया-वाच्या-वस्तूत्प्रेक्षा है।

सोहत ओढ़े पीत पट्ु, श्याम सलोने गात।
मनो नीलमणि, सैलपर, आतप पर्यौ प्रभात।।

—बिहारी

यहाँ श्रीकृष्ण के श्याम-सलोने गात पर पीतपट की शोभा की उत्प्रेक्षा नीलमणि पर्वत पर पड़ने वाली प्रभातकालीन रश्मियों से की गयी है। यहाँ दो वस्तुओं में उत्प्रेक्षा होने से वस्तूप्रेक्षा, उपमेय के उक्त होने से उक्तविषया और वाचक शब्द के प्रयोग से वाच्योत्प्रेक्षा है।

नील परिधान बीच सुकुमार
खुल रहा मृदुल अधखुला अंग
खिला हो ज्यों बिजली के फूल
मेघवन बीच गुलाबी रंग।

—प्रसाद

यहाँ नीले परिधान के बीच से झाँकते हुए अधखुले अँग (उपमेय) के लिए मेघवन के बीच गुलाबी रंग के बिजली के फूल (उपमान) के खिलने की उत्प्रेक्षा की गयी है। यहाँ भी एक वस्तु (उपमेय) में दूसरी वस्तु (उपमान) की उत्प्रेक्षा होने से वस्तूत्प्रेक्षा, उपमेय के उक्त होने से उक्तविषया और वाचक शब्द (ज्यों) के प्रयोग के कारण वाच्योत्प्रेक्षा है।

छोटे-छोटे बिखरे-से, शुभ्र बादलों को पार करता हुआ
मानो कोई तपक्षीण कापालिक
साध्य-साधना की जल बुझी, झरी
बची-खुची राख पर धीमे पैर रखता—
नीरव चपलतर गति से
चाँद भागा जा रहा है—
द्रुत पद।

—अज्ञेय

यहाँ बिखरे बादलों को द्रुतगति से पार करते हुए चाँद (उपमेय) के लिए साध्य-साधना की जल बुझी, बची-खुची राख पर नीरव किन्तु चपलतर गति से भागने वाले तपक्षीण कापालिक (उपमान) की उत्प्रेक्षा की गयी है। यहाँ दो वस्तुओं में उत्प्रेक्षा होने से वस्तूत्प्रेक्षा, उपमेय के उक्त होने से उक्तविषया और वाचक (मानों) के प्रयोग से वाच्योत्प्रेक्षा है।

अनुक्तविषया

सरद ससी बरसत मानों, धन घनसार अमंद।

—पद्माकर

शरद ऋतु की चाँदनी (इस प्रकार फैल रही है।) मानो, कर्पूर की वर्षा कर रही है। यहाँ चाँदनी के फैलने में कर्पूर की वर्षा की उत्प्रेक्षा की गयी है, पर चाँदनी का फैलना (उपमेय) अनुक्त है, मात्र कर्पूरवर्षा (उपमान) ही उक्त हैं अस्तु यहाँ अनुक्तविषया एवं वाचक (मनों) के प्रयोग से वाच्योत्प्रेक्षा है।

उस असीम नीले अंचल में
देख किसी की मृदु मुसकान
मानों हँसी हिमालय की है
फूट चली करती कल गान।

—प्रसाद

यहाँ उपमेय है निर्झर, पर उसका कथन नहीं किया गया है। उस पर हिमालय की हँसी (उपमान) की उत्प्रेक्षा की गयी हैं। इसलिए यहाँ अनुक्त विषया वस्तूप्रेक्षा है और वाचक शब्द (मानों) के प्रयोग से वाच्योत्प्रेक्षा।

आयी मोद-पूरिता सोहागवती रजनी
चाँदनी का आँचल सम्हालती सकुचती
गोद में खेलाती, चन्द्र चंद्रमुख चूमती
झिल्लीरव गूँजा, चलो मानो वनदेवियां

—वियोगी

यहाँ वनदेवियों के बलैया लेने में उत्प्रेक्षा तो है, पर विषय के उक्त न होने से अनुक्तविषया है। वाचक शब्द (मानों) के प्रयोग से यहाँ वाच्योत्प्रेक्षा है।

खुल-सी गयी है दो पहाड़ों की श्रेणियाँ
और बीच में अबाध अन्तराल में
शुभ धौत—

मानो स्फुट अधरों के
बीच से प्राकृतिक
बिखर गया हो कल हास्य।

—अज्ञेय

यहाँ वर्ण्य विषय है दो पहाड़ों के बीच अन्तराल में अबाध रूप से प्रवाहित होने वाली शुभ्र स्त्रोतस्विनी, पर वह (उपमेय) अनुक्त है, केवल उस पर स्फुट अधरों के मध्य से फूटने वाली स्वाभाविक हँसी (उपमान) ही उक्त है। अस्तु यहाँ भी दो विषयों में उत्प्रेक्षा होने से वस्तूत्प्रेक्षा, उपमेय के अनुक्त होने से अनुक्तविषया और वाचक (मानों) के शब्दतः कथन से वाच्योत्प्रेक्षा है।

हेतूत्प्रेक्षा

अहेतु में हेतु मानकर उत्प्रेक्षा करना हेतूत्प्रेक्षा है।

इसमें अकारण में कारण-रूप बताकर सम्भावना की जाती है। इसके भी दो भेद होते हैं—सिद्धास्पदा और असिद्धास्पदा। जहाँ उत्प्रेक्षा का आस्पद (आधार) सिद्‌ध (सम्भव) होता है, वहाँ सिद्‌धास्पदा और जहाँ असिद्‌ध (असम्भव) होता है, वहाँ असिद्‌धास्पदा हेतूत्प्रेक्षा होती है।

सिद्धास्पदा

मनो चली आँगन कठिन, तातें राते पाँय।

—जसवन्त सिंह

मानों (नायिका) कठिन आँगन में चली है, इसी से उसके पैर लाल है। यहाँ आँगन की कठोरता के कारण नायिका के पैरों का लाल होना कथित है। वस्तुतः यह कारण है नहीं। उसमें ललाई सहज है, आँगन में चलने से ललाई नहीं हुई है, किन्तु आंगन में (कठोर वस्तुपर) चलने से पैर लाल हो सकते हैं। इसलिए सिद्धावस्था है और अकारण में कारण की कल्पना होने से हेतूत्प्रेक्षा है। पुनः वाचक (मानों) के प्रयोग से वाच्या भी है। अस्तु यहाँ सिद्धास्पदा-वाच्या-हेतूत्प्रेक्षा है।

मानो खोटी विरह-घटिका सामने देख के ही।
कोई भी थी अवनतमुखी, कांतिहीना मलीना।।

—हरिऔध

यहाँ कातिहीन, मलीन और नम्रमुखी होने के लिए 'विरह-घटिका' कारण रूप में कथित है, पर वस्तुतः वह कारण है नहीं। अतः अकारण में कारण की

कल्पना हुई, किन्तु 'विरह-घटिका' किसी के कांतिहीन, मलीन और नम्रमुखी होने का सिद्ध कारण हो सकती है। इसलिए सिद्धास्पदा हुई। 'मानों' के प्रयोग से यह वाच्या भी है। अतः यहाँ सिद्धास्पदा-वाच्या-हेतूत्प्रेक्षा है।

रजनीश जाता है चला, दिवसेश आता है यहाँ।
मानों इसी से पक्षियों का वृन्द गाता है यहाँ।

—उपाध्याय

पक्षी स्वभावतः कलरव कर रहे हैं, पर यहाँ उसके कारण रूप में चन्द्रमा का अस्त और सूर्य का उदय होना कथित है, जो वस्तुतः कारण नहीं है (अहेतु में हेतु की सम्भावना), पर यह भी किसी के लिए सिद्ध कारण हो सकता है (सिद्धास्पदा)। इस प्रकार यहाँ भी सिद्धास्पदा हेतूत्प्रेक्षा है। 'मानों' के प्रयोग से यह भी वाच्या ही है।

असिद्धापदा

मोर मुकुट की चन्द्रकनि, यों राजत नन्दनन्द।
मनु ससि-सेखर की अकस, किय सेखर सतचंद।।

—बिहारी

सैकड़ों चन्द्रबिंबों वाले मयूरपंख से निर्मित मुकुट को श्रीकृष्ण का धारण करना यहाँ चन्द्रशेखर (शिव) के ईर्ष्यारूप में वर्णित है। वस्तुतः यह कारण असिद्ध है। इस प्रकार अहेतु में असिद्ध हेतु की कल्पना होने से यहाँ असिद्धास्पदा-हेतूत्प्रेक्षा है एवं 'मनु' शब्द के कथन के कारण वाच्या।

करते हुए गर्जन गगन में दौड़ते हैं घन यथा,
हय, गज, रथादिक शब्द करते चल पड़े अगणित तथा।
उठने लगी सब ओर रज, होने लगी कंपित धरा,
मानों न सहकर भार यह ऊपर चली करके त्वरा।।

—गुप्तजी

यहाँ धरती को ऊपर उड़ने (धूल के रूप में) का कारण बताया गया है घोड़े, हाथी, रथ आदि का उसके द्वारा भार न सहन करना। वस्तुतः यह कारण असिद्ध है साथ ही अकारण में कारण भी। इसलिए यहाँ असिद्धास्पदा-हेतूत्प्रेक्षा है। मानों' शबद के रहने से प्रस्तुत उदाहरण भी वाच्योत्प्रेक्षा का ही है।

निराकार तम मानों सहसा
ज्योतिपुंज में हो साकार
बदल गया द्रुत जगत-जाल में
घर कर नाम-रूप नाना।

—पन्त

यहाँ ज्योतिपुंज में साकार होने वाले नाना नामरूप जगज्जाल का कारण बताया गया है निराकार तम। वस्तुतः यह कारण है नहीं। अतः यह अकारण में कारण की क्ल्पना है। पुनः यह कारण असिद्ध भी है। अस्तु, यहाँ भी अहंसिद्धास्पदा -हेतूत्प्रेक्षा है एवं 'मानों' शब्द के कारण वाच्या भी।

फलोत्प्रेक्षा

अफल में फल की सीयावना करना फलोत्प्रेक्षा है।

इसमें जो फल नहीं होता है, उसमें फल की उत्प्रेक्षा की जाती है। यह भी दो प्रकार का होता है—सिद्धास्पदा और असिद्धास्पदा।। जहाँ फल का आस्पद! (आधार) सिद्धू (सम्भव) होता है, वहाँ सिद्धास्पदा और जहाँ आस्पद (आधार) असिद्ध (अंसभव) होता है, वहाँ असिद्धासस्पदा-फलोत्प्रेक्षा होती है।

सिद्धास्पदा

किये पीन कुच विधि मनों, लंक लचहिं केहि हेत।

—पद्माकर

कमर में लचक के लिए ही ब्रह्मा ने मानों नायिका का स्तन पुष्ट बना दिया है—यहाँ अफल में फल की संभावना की गयी है, ब्रह्मा ने पीन स्तनों का निर्माण कटि में लोच लाने के लिए नहीं किया है, किन्तु यह फल सिद्ध भी हो सकता है। अस्तु, यहाँ सिद्धास्पदा-फलोत्प्रेक्षा है। यहाँ उत्प्रेक्षा का वाचक (मनों) शब्दतः कथित होने से वाच्योत्प्रेक्षा है।

तरनि तनुजातट तमाल तरुवर बहु छाये।
झुके कूल सों जल परसन हित मनहु सुहाये।।

—भारतेन्दु

यमुना के तट पर उगे तमाल वृक्ष इस प्रकार झुके हैं मानो, वे यमुना के जल का स्पर्श करना चाहते है। यहाँ झुके हुए वृक्षों का उद्देश्य जल का स्पर्श करना नहीं है, किन्तु कवि-कल्पित संभावना से वे वर्णित वैसे ही है। अतः, यहाँ अफल में

फल की संभावना। पर इस संभावना का आधार है सिद्ध। अस्तु यहाँ सिद्धास्पदा -फलोत्प्रेक्षा है एवं 'मनहु' शब्द के कारण यह वाच्या भी है।

मधुप निकारन के लिए, मानों रुके निहारि।
दिनकर निज कर देत है, शतदल दलनि उघारि।।

—अ. मुक्तावली

सूर्य की किरणों से कमल का खिलना स्वतःसिद्ध है, पर कवि ने उत्प्रेक्षा की है कि कमल-संपुट में बन्द भौरों को माना मुक्त करने के निमित्त ही सूर्य अपने करों (किरणों) से कमल की पंखुड़ियों को खोलता है। कमल के खिलने से भौंरे का बाहर निकलना अफल में फल की संभावना है, पर है यह कारण सिद्ध। अस्तु, यहाँ भी सिद्धास्पदा-हेतूप्रेक्षा है। वाचक शब्द 'मानों' यहाँ भी स्पष्टतः कथित है। अस्तु यह वाच्योत्प्रेक्षा है।

असिद्धास्पदा

खंजरीट नहीं लखि परत, कछु दिन साँची बात।
बाल-दृगन सम होन को, मनों करन तप जात।।

—भिखारीदास

कामिनी के नेत्रों की समता प्राप्ति हेतु यहाँ खंजन का तप करना कथित हैं यह अफल में फल की कल्पना है—वस्तुतः खंजन कुछ दिनों के लिए तप दकरने हेतु नहीं जाते हैं। पुनः कामिनी के नेत्रों की समता के लिए तपस्या करना असिद्ध है, कामिनी की प्राप्ति के लिए तो तपस्या की जा सकती है, पर उसके नेत्रों की समता के लिए नहीं। अस्तु, यहाँ असिद्धास्पदा-हेतूत्प्रेक्षा है। पुनः वाचक शब्द (मनों) के कथन के कारण यहाँ वाच्योत्प्रेक्षा है।

नाना सरोवर खिले नव पंकजों को
ले अंक में बिहँसते मन मोहते थे।
मानों पसार अपने शतशः करों को
वे माँगते शरद से सुविभूतियाँ थे।।

—हरिऔध

यहाँ फलरूप में 'विभूतियों' की याचना हेतु सरोवरों द्वारा पंकज-मिस हाथ फैलाने की उत्प्रेक्षा की गयी है। यह अफल में फलकी कल्पना तो है ही, असिद्ध भी है। पुनः वाचक शब्द यहाँ भी स्पष्टतः कथित है। अस्तु यहाँ भी असिद्धास्पदा-वाच्या-फलोत्प्रेक्षा है।

7. विभावना

जहाँ कारण के अभाव में कार्य की उत्पत्ति का वर्णन किया जाये, वहाँ विभावना अलंकार होता है।

विभावना का अर्थ है विशिष्ट भावना या कल्पना। वस्तुतः कारण के अभाव में कार्योत्पत्ति का वर्णन विशिष्ट भावना का ही विषय हो सकता है, सामान्य भावना का नहीं। ऐसी विशिष्टता स्थूल जगत् में नहीं, काव्यलोक में ही सम्भव है। सामान्य भावानुसार कारण के पश्चात् ही कार्योत्पत्ति होती है।

विभावना में कारण के अभाव का अर्थ वास्तव में कारण का न होना नहीं है, यहाँ तात्पर्य है कारणान्तर से। कारण तो होता है, पर लोक प्रसिद्ध या सामान्य कारण का अभाव बताकर अप्रसिद्ध कविकल्पित कारणांतर दिखाया जाता है। वस्तुतः इस अलंकार का मूल है अभेद अध्यवसान। इसमें आरोप के विषय का नहीं, मात्र आरोप्यमाण का उल्लेख होता है।

यह विरोधमूलक अर्थालंकार हैं भामह से लेकर आज तक यह समान रूप में महत्त्वपूर्ण माना जाता रहा है। भामह, उद्‌भटादि के अनुसार कारण के निषेध से उसके फल की कल्पना में ही विभावना होती है। दंडी ने प्रसिद्ध कारण के अभाव में कविकल्पित कारणान्तर के अनुसन्धान अथवा कारण के ज्ञान मात्र न होने से कर्ा के स्वाभाविकत्व के अन्दाज में ही इस अलंकार की कल्पना की है। मम्मट के लक्षण पर भामह और उद्‌भट का पूर्ण प्रभाव है। पं. विश्वनाथ ने लक्षण निर्माण मम्मट के आधार पर ही किया है, पर इनमें स्पष्टता अधिक है। परवर्ती आचार्यों ने इन्हीं के लक्षण को आधार माना है। रुय्यक ने विभावना के विवेचन में यह स्पष्ट किया है कि इसके मूल में अतिशयोक्ति होती है। इसके अनुसार इसमें अतिशयोक्ति का अनुप्राणन स्वाभाविक है। अतिशयोक्ति से यह सबल ही होती है, बाधित नहीं। इसका पोषण विमर्शिनीकार ने भी किया है, पर पंडितराज जगन्नाथ ने इसे सर्वत्र आवश्यक नहीं माना है। पं. विश्वनाथ ने निमित्त कथन के आधार पर विभावना के दो भेद माने हैं–उक्तनिमित्ता और अनुक्तनिमित्ता। जहाँ कारण के अभाव में कार्योत्पत्ति का निमित्त प्रतिपादन हो, वहाँ उक्तनिमित्ता और जहाँ कारण के अभाव में कार्योत्पत्ति का निमित्त प्रतिपादित न हो, वहाँ अनुक्तनिमित्ता विभावना होती है। संस्कृत के अधिकांश आचार्यों को ये भेद मान्य है। अप्पयदीक्षित ने विभावना के छह भेद माने हैं–(1) प्रसिद्ध कारणाभाव में कार्योत्पत्ति (2) असमग्र कारण में कार्योत्पत्ति, (3) प्रतिबन्धक के होने पर भी

कार्योत्पत्ति, (4) अकारण में कार्योत्पत्ति, (5) विरोधी कारण से कार्योत्पत्ति और (6) कार्य से कारणोत्पत्ति।। दीक्षित जी ने इसके लिए किसी निश्चित आधार की कल्पना नहीं की है। पंडितराज जगन्नाथ ने दीक्षित जी के उपर्युक्त भेदों को अस्वीकार करते हुए प्रतिपादन किया है कि वे सभी प्रकार प्रथम विभावना में ही अन्तर्भूत हो जाते हैं। हिन्दी के प्रायः सभी आचार्य विभावना के लक्षण के लिए पं. विश्वनाथ और जयदेव के ऋणी है, पर भेदों का निरूपण इन्होंने दीक्षित जी के आधार पर ही किया है। यहाँ एक बात कही जा सकती है कि चूँकि अलंकार का मूल है चमत्कार और विभावना के उपर्युक्त सभी भेदों में चमत्कार उत्पादन की क्षमता है। अतः ये छह भेद मान्य है।

प्रथम विभावना

जहाँ प्रसिद्ध कारण के अभाव में कार्योत्पत्ति का वर्णन किया जाये, वहाँ प्रथम विभावना होती है।

हिन्दी के आचार्यों ने इसका लक्षण पं. विश्वनाथ और अप्पयदीक्षित के आधार पर निरूपित किया है। इसके निमित्त जसवन्त सिंह, मतिराम, पद्माकर आदि के लक्षण देखे जा सकते है।

बिनु पद चलै सुनै बिनु काना, कर बिनु कर्म करै विधि नाना।
आनन रहित सकल रस भोगी, बिनु बानी बकता बड़ जोगी।।

—तुलसी

यहाँ ईश्वर को पैर, कान, हाथ, मुँह और वाणी (कारण) से हीन बताया गया है, फिर भी उसे चलने वाला, सुनने वाला, सकल-कर्म करने वाला, सकल रस भोगी और कुशल वक्ता (कार्योत्पत्ति) कहा गया है। अस्तु, प्रथम विभावना है।

किन्तु आज आकुल है ब्रज में,
जैसी वह ब्रजरानी।
दासी ने घर बैठे उसकी,
मर्म-वेदना जानी।।

—गुप्तजी

यहाँ दासी घर बैठे ही (बिना ब्रज में गये ही) राधा (ब्रजरानी) की तरह मार्मिक वेदना जान लेती हैं। इस प्रकार कारण के अभाव में ही कार्योत्पत्ति हो जाती है। अस्तु, प्रथम विभावना अलंकार है।

दुख क्या था उनको मेरा,
जो सुख लेकर यों भागे।
सोते में चुम्बन लेकर,
जब रोम तनिक-सा जागे।।

—प्रसाद

यहाँ दुःख नहीं होने पर भी सुख लेकर भागना—कारण के अभाव में कार्य का उत्पन्न होना कथित होने से प्रथम विभावना अलंकार है।

द्वितीय विभावना

जहाँ अपर्याप्त अथवा असमग्र कारण से ही कार्योत्पत्ति का वर्णन किया जाये, वहाँ द्वितीय विभावना होती है।

इसका प्रथम निरूपण किया है अप्पयदीक्षित ने। हिन्दी के आचार्यों ने इसे दीक्षितजी के आधार पर ही निरूपित किया है। विभावना के इसी भेद को दंडी ने विशेषोक्ति के रूप में स्वीकार किया है। उनके अनुसार जहाँ विशेष्यदर्शन के लिए गुण-जाति-क्रियादि की विशेषता बतायी गयी हो, वहाँ विशेषोक्ति होती है।

काम कुसुम-धनु-सायक लीन्हा।
सकल भुवन अपने बस कीन्हा।।

—तुलसी

यहाँ फूल के धनुष-बाण से समस्त संसार को बस में करना—अपर्याप्त कारण से कार्य का होना कथित होने से द्वितीय विभावना अलंकार है।

आया जब मार मुझे मारने को बार-बार
अप्सरा-अनीकिनी सजाये हेम तीर से,
तुम तो यहाँ थी ध्यान-धीर ही तुम्हारा वहाँ
जूझा, मुझे पीछे कर, पंचसर वीर से।

—गुप्तजी

यहाँ यशोधरा के ध्यान मात्र से ही ससैन्य आक्रमण करने वाले कामदेव को पराजित करना—अपर्याप्त कारण से ही कार्योत्पत्ति होना कथित है। अस्तु यहाँ भी द्वितीय विभावना है।

तृतीय विभावना

प्रतिबन्धक के रहते हुए भी हाँ कार्य का हो जाना कहा जाये, वहाँ तीसरी विभावना होती है।

मानत लाज लगाम नहीं, नैक न गहत मरोर।
होत तोहि लखि बाल के, दृग तुरंग मुँहजोर।।

—मतिराम

यहाँ लाज और मरोड़ प्रतिबंधक है, फिर भी नायिका के नेत्ररूपी घोड़े (नायक को देखते ही) मुँहजोर हो जाते हैं—प्रतिबंधक रहते हुए भी कार्य हो जाता है। अतः तीसरी विभावना है।

रुद्ध भी तुम्हारी गिरा जगती में गूँजी है।
देखो यह सारी सृष्टि पुलकित हो गयी।

—गुप्तजी

यहाँ वाणी का गूँजना (कार्य) रुद्ध होने पर भी (प्रतिबन्धक के रहते हुए भी) कथित है। अतः तीसरी विभावना है।

ज्यों-ज्यों लज्जा विवश वह थी रोकती वारि धारा;
त्यों-त्यों आँसू अधिकतर थे लोचनों मध्य आते।

—हरिऔध

यहाँ लज्जावश रोकने पर भी आँसुओं का उमड़ना—प्रतिबन्धक के होते हुए भी कार्य का होना कथित है। अतः यहाँ भी तीसरी विभावना है।

चौथी विभावना

जहाँ अकारण (भिन्न कारण) से कार्य का होना कहा जाये, वहाँ चौथी विभावना होती है।

हँसति बाल के बदन में, यों छवि कछु अतूल।
फूली चम्पक वेलि तें, झरत चमेली फूल।।

—मतिराम

यहाँ चम्पक लता से चमेली का फूल झड़ना—भिन्न कारण से कार्य का होना वर्णित है। अतः चौथी विभावना अलंकार है।

चुभते ही तेरा अरुण वाण,
बहते कण-कण से फूट-फूट
मधु के निर्झर से जल गान।

—महादेवी

यहाँ बाण के आघात से गान का उत्पन्न होना—भिन्न कारण से कार्य का होना कथित है। अतः यहाँ भी चौथी विभावना है।

पाँचवीं विभावना

जहाँ विपरीत कारण से कार्य का होना कहा जाये, वहाँ पांचवीं विभावना होती है।

करत मोहिं संताप यह, सखी सीतकर सुद्ध।

—जसवन्त सिंह

—हे सखी! यह शुद्ध (केवल) शीतल किरणों वाला (चन्द्रमा) मुझे संताप दे रहा है।—यहाँ शीतल किरणोंवाला को संतापकारी कहा गया है—विपरीत कारण से कार्य का होना वर्णित है। अतः पाँचवीं विभावना है।

रहौ गुही बेनी लख्यौ, गुहिबे को त्यौनार।
लागे नीर चुचान ये, नींठ सुखाये बार।। —बिहारी

यहाँ सूखे हुए बाल से पानी का चूना—विरुद्ध कारण से कार्य का होना कहा गया है। अतः पाँचवीं विभावना है। असल में नायिका बेनी गूँथ रही है। उसी समय नायक का संस्पर्श होता है, जिससे सात्त्विक भाव 'स्वस्वेद' उत्पन्न हो गया है और सूखी बेनी से पानी (स्वेद = बूँद) चूने लगा है।

दुख इस मानव आत्मा का
रे नित का मधुमय भोजन।
दुख के तम को खा-खा कर
भरती प्रकाश से वह मन।

—पन्त

यहाँ तम (अंधकार) को खाकर प्रकाश से मन भरना—विपरीत कारण से कार्य का होना कथित है। अतः यहाँ भी पाँचवीं विभावना है।

छठी विभावना

जहाँ कार्य से ही कारण की उत्पत्ति बतायी जाये, वहाँ छठी विभावना होती है।

सुदृग-सरोजन ते भयो, छबि पानिप दरियाउ।

—पद्माकर

कमल की उत्पत्ति पानी से होती है, पर यहाँ नेत्र-कमल (कार्य) से ही सौन्दर्यरूपी पानी (कारण) का उत्पन्न होना वर्णित है। कार्य से कारण की उत्पत्ति कहने से यहाँ छठी विभावना है।

हाय उपाय न जाय कियो, ब्रज बूड़त है बिन पावस पानी।
धारन तें अँसुवान की है चख-मीनन तें सरिता सरसानी।।

—का. दर्पण

यहाँ नेत्ररूपी मछली (कार्य) से अश्रुपवाहरूपी नदी (कारण) का उत्पन्न होना कथित होने से छठी विभावना है।

8. अपह्नुति

जहाँ प्रकृत (उपमेय) का निषेध कर अप्रकृत (उपमान) का आरोप (स्थापन) किया जाये, वहाँ अपह्नुति अलंकार होता है। अपह्नुति के मूल में है 'अपह्नव', जिसका अर्थ है—निषेध, प्रतिषेध, डराना, छिपाना, बहाना करना आदि। इसमें प्रकृत (प्रत्यक्ष) को 'न', 'नहीं' आदि निषेवाचक शब्दों से छिपाया जाता है एवं उसमें अप्रकृत (परोक्ष) का चमत्कारवेष्ठित आरोप या स्थापन किया जाता है। जैसे—'यह मुख नहीं, कमल है, में 'नहीं' द्वारा मुख का निषेध कर उसमें कमल की स्थापना की गयी है। स्थापना या आरोप के मूल में सादृश्य की उत्कट भावना ही होती है।

प्रकृत में अप्रकृत का आरोप रूपक में भी होता है, पर वहाँ उद्देश्य है अभेद स्थापना और यहाँ निषेध सूचना। वहाँ आरोप निषेधरहित होता है और यहाँ निषेधसहित। हाँ, इसके लिए निश्चित क्रम नहीं है कि पहले निषेध होगा, तब आरोप या पहले आरोप, तब निषेध। वस्तुतः यहाँ आरोपपूर्वक निषेध भी हो सकता है और निषेधपूर्वक आरोप भी।

यह सादृश्यगर्भ वर्ग का अभेदप्रधान आरोपमूलक अर्थालंकार है। आ. दण्डी के अनुसार इसमें औपम्य आवश्यक नहीं, मात्र किसी के निषेध द्वारा अन्य के प्रस्तुत करने में ही अपह्नुति है। वामन ने उपमेय का उपमान से निषेध में—तुल्य से अन्य के अपलाप में अपह्नुति स्वीकारी है। इन दोनों की अपेक्षा रुद्रट का लक्षण अधिक स्पष्ट है। इनके अनुसार अतिसादृश्य के कारण सत्य होने पर भी उपमेय को असत्य कहकर उपमान को सत्य सिद्ध करना ही अपह्नुति है। इन्हीं का अनुसरण करते हुए आ. मम्मट ने प्रकृत का निषेध कर अप्रकृत की सिद्धि में अपह्नुति मानी है। इसके भेदों के विस्तार का निर्देश दण्डी ने ही किया था, पर मम्मट तक उसकी स्पष्ट कल्पना नहीं मिलती है। पं. विश्वनाथ के लक्षण पर आ. मम्मट के लक्षण की पूर्ण छाया है। इन्होंने रुय्यक (अ. सर्वस्वम्) के

आधार पर इसका तीन भेद स्वीकार किया है—निषेधपूर्वक आरोप, आरोपपूर्वक निषेध और गोपन के लिए श्लेष आदि द्वारा निषेध। जयदेव ने पर्यस्त, भ्रांत, छेक और कैतव—इन चार भेदों की विवेचना की है। अप्पयदीक्षित ने शुद्ध और हेतु—दो और भेद माने हैं। इस प्रकार अपह्नुति कुल छह प्रकार की मान ली गयी है—शुद्ध, हेतु, पर्यस्त, भ्रान्त छेक और कैतव।

हिन्दी के श्रृंगारकालीन आचार्यों ने प्रायः अप्प दीक्षित के अनुसार इसके छह प्रकार स्वीकार किये है। हाँ, आ. केशव ने इसे दण्डी से उधार लिया है, पर उन्होंने भेद निरूपित नहीं किया है। आधुनिक काव्यशास्त्री श्री पोद्दारजी ने पूर्वोक्त भेदों को शब्दों, आर्थी, सावय और निरवयवा के अन्तर्गत रखा है। पं. रामदहिन मिश्र ने विशेषापह्नुति नामक एक और भेद स्वीकार कर लिया है।

शुद्धापह्नुति

कतिपय आचार्यों के अनुसार अपह्नुति का सामान्य लक्षण (पूर्वोक्त लक्षण) ही शुद्धापह्नुति का लक्षण है। जयदेव द्वारा अपह्नुति के सामान्य लक्षण के आधार पर ही अप्पयदीक्षिज्ञत ने 'प्रकृत के धर्म का निह्नव कर अप्रकृत के धर्म का उस पर आरोप' को शुद्धापह्नुति मानी है। हिन्दी के श्रृंगारकालीन आचार्य जसवन्त सिंह, मतिराम, भूषण, दास, पद्माकर आदि ने अप्पयदीक्षित का ही अनुसरण किया है। कुछ आचार्यों ने वर्ण्यस्तु के गोपन में ही इसे स्वीकार किया है (जैसे पद्माकर), पर वर्ण्यवस्तु के धर्म का गोपन और वस्तु है तथा कवि द्वारा उत्प्रेक्षित धर्मान्तर का गोपन और। समस्त विवादों को छोड़कर हमें अपह्नुति के सामान्य लक्षण (पूर्वोक्त लक्षण) को ही शुद्धापह्नुति का लक्षण स्वीकार कर लेना चाहिये। उक्त लक्षण में 'प्रकृत का निषेध' से अभिप्राय है 'प्रकृत के धर्म का निषेध', धर्मी का नहीं। इसी प्रकार 'अप्रकृत का आरोप' से तात्पर्य है 'अप्रकृत के धर्म का आरोप'। वस्तुतः गोपन धर्म का ही सम्भव है, धर्मी का नहीं। यह आरोप दो प्रकार से सम्भव है—निषेध पूर्वक आरोप और आरोप पूर्वक निषेध।

निषेध पूर्वक आरोप

उर पर नाहिं उरोज ये, कनकलता फल मानि।

—जसवन्त सिंह

यहाँ प्रकृत (नायिका के वक्षस्थल पर स्तन) का पहले 'नाहिं' शब्द से निषेध कर पीछे उस पर अप्रकृत (कनकलता के फल) का आरोप किया गया हैं। उस्तु यहाँ अपहुति है :

वे दो ओठ न थे राधे, था एक फटा उर तेरा।

—मैथिलिशरण गुप्त

यहाँ प्रकृत (ओठ) का पहले 'न' द्वारा निषेध किया गया है, पुनः उसमें अप्रकृत (फता उर) का आरोप। अस्तु, निषेधपूर्वक आरोप से यहाँ भी शुद्धापहुनति है।

ये न मग है तव चरण की रेखियाँ है।
बलि-दिशा की और देखा देखियाँ है।
विश्व पर पद से लिखे कृतिलेख है ये,
धरा तीर्थों की दिशा की मेख हैंये।।

—भारतीय आत्मा

यहाँ भी पहले प्रकृति (मग : रास्ता) का 'न' द्वारा निषेध किया गया है और पुनः उस पर अप्रकृत (चरण की रेखा आदि) का आरोप। अस्तु यहाँ भी निषेधपूर्वक आरोप द्वारा शुद्धापहुति है।

आरोपपूर्वक निषेध

यह ढुलक रही है याद, नयन से पानी नहीं।

—महादेवी

यहाँ आरोप पहले है और निषेध पीछे—पहले अप्रकृत (याद) का आरोप किया गया है और पीछे प्रकृत (आँसू) का निषेध। अस्तु यहाँ आरोपपूर्वक निषेध से अपहुति है।

है पलकों में करुणा के अणु, पाटल पर हिम हास नहीं।

—महादेवी

यहाँ पहले अप्रकृत (आँसू) का आरोप ही लेता है, तब पीछे प्रकृत (कमल पंखुड़ियों पर पड़ी ओस की बूँदें) का निषेध किया जाता है। अस्तु यहाँ भी आरोपपूर्वक निषेध है।

है बिखरी उर की निःश्वासें, मादक मलय बतास नहीं यह।

—महादेवी

यहाँ भी अप्रकृत (उर की निःश्वासें) का स्थापन पहले होता है और प्रकृत (मलय बतास) का गोपन पीछे। अतः यहाँ भी आरोपपूर्वक निषेध द्वारा शुद्धापह्नुति है।

हेत्वपह्नुति

जहाँ प्रकृत का निषेध कर अप्रकृत का युक्तिपूर्वक (सहेतुक) आरोप किया जाये, वहाँ हेत्वपह्नुति होती है। हेतु का अर्थ है कारण अर्थात् हेत्वपह्नुति में गोपन का कारण भी निर्दिष्ट रहता है। अपह्नुति के इस भेद की प्रतिष्ठा अप्पयदीक्षित ने की है। उनके अनुसार युक्तियुक्त शुद्धापह्नुति ही हेत्वपह्नुति होती है हिन्दी के आचार्यों के लक्षण उन्हीं के अनुसरण पर बने हैं। इसका शुद्धापह्नुति से अन्तर स्पष्ट है—वह होती है अनुक्तनिमित्त और यह होती है उक्तनिमित्त।

ये नहीं फूल गुलाब के, दाहत हियो हमार।
बिनु घनस्याम अराम में, लागी दुसह दवार।।

—पद्माकर

यहाँ प्रकृत (गुलाब के फूल) का निषेध कर अप्रकृत (दुसह दवार-दावाग्नि) का आरोप किया गया है। इस आरोप के लिए कारण भी दिया गया—गुलाब के फूल में दाहकता नहीं होती है (यहाँ जला रहा है हृदय)। अतः यहाँ हेत्वपह्नुति है।

पहले आंखों में थे, मानस में कूद मग्न प्रिय अब थे।
छींटे वही उड़े थे, बड़े-बड़े अश्रु वे कब थे?

—मैथिलीशरण गुप्त

यहाँ प्रकृति (आँसू) का निषेध कर अप्रकृत (छींटों) की स्थापना की गयी है, जिसके लिए कारण दिया गया है—कूदना। अतः यहाँ भी हेत्वपह्नुति है।

पूर्वोक्त उदाहरणों में निषेध का स्वरूप स्पष्ट होने से अपह्नुति तो है, पर अर्थमीमांसा के पश्चात् कतिपय आचार्य ऐसे स्थलों पर अपह्नुति की अपेक्षा सन्देह और भ्रांति को ही प्रमुख मानने के पक्ष में हैं यहाँ मात्र चमत्कार ही अभिप्रेत नहीं हैं, चमत्कार से अधिक उक्त है वियोगानुभूतियाँ, इसी से गुलाब के फूल दावाग्नि और आँसू छींटे प्रतीत होते हैं। अस्तु यहाँ सन्देह अथवा सन्देह मिश्रित भ्राँति मानना ही श्रेयस्कर है। पंडितराज जगन्नाथ ऐसे स्थलों पर भ्रांतिमान मानने के पक्ष में ही है।

कैतवापह्नुति

जहाँ छल, मिस, छद्म, बहाना, कैतव, ब्याज आदि शब्दों द्वारा प्रकृत का निषेध कर अप्रकृत का आरोप किया जाये, वहाँ कैतवापह्नुति होती है। अपह्नुति का अर्थ तो स्पष्ट है ही, रहा 'कैतव'। कैतव का अर्थ है छल, मिस, बहाना आदि। इस अलंकार में निषेध वाचक शब्द (न, नहीं) प्रत्यक्षतः प्रयुक्त नहीं होते हैं। यहाँ निषेध शब्दतः नहीं, अर्थतः होता है। पूर्वोक्त 'मिस' आदि शब्दों द्वारा ही निषेध सूचित होता है। इसी से कतिपय आचार्य इसे आर्थी अपह्नुति भी कहते हैं। इसमें निषेध वाच्य नहीं, व्यंग्य रहता है इसीलिए यह व्यंग्यापह्नुति भी कही जाती है। कैतव अथवा कैतव वाची शब्दों के प्रयोग के कारण ही यह कैतवापह्नुति कही जाती है।

इस अलंकार की स्पष्ट कल्पना प्रथम जयदेव ने की है। इसे ही अप्पयदीक्षित ने और अधिक स्पष्ट किया है। हिन्दी के आचार्यों के लक्षण इन्हीं के अनुसरण पर निर्मित हुए हैं।

ओसों के मिस नभ-दृग से बहते थे आँसू झर-झर।

—श्यामनारायण पाण्डेय

यहाँ ओस (प्रकृत) का गोपन कर उसमें आँसू (अप्रकृत) की स्थापना की गयी है। गोपन हेतु यहाँ 'मिस' शब्द प्रयुक्त है। अतः, यहाँ कैतवापह्नति है।

आँसू मिस हिम के कण ढुलते।

—महादेवी

यहाँ प्रकृत (आँसू) का 'मिस' शब्द के द्वारा गोपन किया गया है एवं उसमें अप्रकृत (हिमकरण) का आरोप हुआ है। अस्तु, यहाँ कैतवापह्नुति है।

पीत पल्लवों में सुन तेरी पद-ध्वनि उठती जाग।
फूट-फूट पड़ता किसलय-मिस चिरसंचित अनुराग।

—महादेवी

यहाँ प्रकृत (किसलय) का 'मिस' शब्द से गोपन कर उसमें अप्रकृत (अनुराग) की स्थापना होने से कैतवापह्नुति हैं इसी प्रकार पन्तजी की निम्नांकित पंक्ति में कैतवापह्नुति का चमत्कार ही है—

प्रिये, कलि कुसुम में आज,
मधुरिमा मधु सुषमा सुविकास।
तुम्हारी रोम-रोम छबि व्याज,
छा गया मधुवन में मधुमास।। —पन्त

छेकापह्नुति

किसी गोपनीय रहस्य के प्रकट हो जाने पर जब चतुराई से उसका गोपन किया जाये, तो छेकापह्नुति होती है। छेकापह्नुति (छेक + अपह्नुति) का अर्थ है चतुराई से छिपाना, विदग्धतापूर्ण गोपन। गोपन किसी प्रकट बात का ही सम्भव है। अर्थात् कोई ऐसी बात जो गुप्त ही रखी जाने योग्य है, जब भूल से प्रकट हो जाती है, तो उसे छिपाने के लिए की जाने वाली चतुराई से जो चमत्कार उत्पन्न होता है, वही छेकापह्नुति का विषय है। गोपन के लिए यह आवश्यक नहीं है कि वह आत्म-रहस्य ही हो, पर रहस्य का भी गोपन किया जा सकता है। इसी प्रकार गोपन का कार्य श्लेष द्वारा भी हो सकता है और अश्लेष द्वारा भी।

अपह्नुति के इस भेद का स्वरूप रुय्यक में ही लक्षित होता है। पं. विश्वनाथ की तीसरी अपह्नुति, भी यही है जहाँ वे गोपन के लिए श्लेष आदि द्वारा निषेध की बात करते है। इसकी स्पष्ट कल्पना जयदेव ने की है।

हिन्दी के आचार्यों के लक्षण इन्हीं के अनुकूल है। हाँ, दास जी का लक्षण अन्यों से भिन्न है। वस्तुतः गोपनीय बात के खुल जाने पर मिथ्या समाधान प्रस्तुत करना ही छेकापह्नुति है। इस अलंकार का प्रचार मुकरियों के रूप में खूब मिलता है। खुसरो की मुकरियाँ काफी प्रसिद्ध रही है। मुकरी का अर्थ है—मुकर जाना या बदल जाना। इसमें कही हुई बात प्रायः बदल ही तो दी जाती है।

बरजत हूँ बहुबार हरि, दियो चीर यह चीर।
का मनमोहन को कहै, नहिं बानर बेपीर।।

—अ. पीयूष

नायिका की उक्ति सखी से है कि अनेक बार मना करने पर भी हरि (कृष्ण) ने कपड़े फाड़ ही दिये। इस पर सखी हरि का अर्थ मनमोहन (कृष्ण) समझ लेती है और पूछती है—क्या मनमोहन के सम्बन्ध में कह रही हो? नायिका को अब स्पष्ट हो जाता है कि उसका गोपनीय रहस्य खुल रहा है, अतः यह सोचकर कि कहीं अनर्थ न हो जाये, वह 'हरि' का अर्थ ही बदल देती है—कृष्ण ने नहीं, बेदर्दी बन्दर ने कपड़े फाड़ डाले है। यहाँ 'हरि' शब्द में श्लेष है। अतः यहाँ श्लेष द्वारा छेकापह्नुति है।

सब गुरुजन को बुरो बतावैं।
अपनी खिचड़ी आप पकावैं।
भीतर तत्त्व न झूठी तेजी।
क्यों सखि सज्जन, नहीं अँग्रेजी।

—भारतेन्दु

यहाँ पहले 'सज्जन' का अर्थ प्रकट कर, पुनः 'अँग्रेजी' के अर्थ द्वारा रहस्य का गोपन किया गया है। यहा गोपन अश्लेष द्वारा हुआ हैं। इस प्रकार यहाँ छेकापह्नुति है।

ऐनक लिए तने रहते हैं।
अपने मन साहब बनते हैं।
उनका मन औरों के काबू।
क्यों सखि साजन? ना सिख बाबू।

—उपाध्याय

यहाँ पहले अपने साजन (पति) की गोपनीय बाद प्रकट करके, पुनः 'बाबू' के अर्थ द्वारा प्रकट रहस्य का गोपन किया गया है। यहाँ भी गोपन अश्लेष द्वारा ही है।

पर्यस्तापह्नुति

जब अप्रकृत के धर्म का निषेध कर प्रकृत के धर्म में उसकी स्थापना की जाती है, तो पर्यस्तापहुति होती है।

पर्यस्तापह्नुति का अर्थ है पर्यस्त का अपह्नव। पर्यस्त का अर्थ है विपरीत अथवा उलटा। हिन्दी के आचार्यों ने पर्यस्त का अर्थ फेंका हुआ किया है, जो पूर्णतः असंगत है। अपह्नुति के सामान्य लक्षण से इसका लक्षण विपरीत पड़ता है—वहाँ गोपन उपमेय के धर्म का होता है, पर यहाँ उपमेय (प्रकृत) के धर्म का गोपन न होकर, उपमान के धर्म का ही गोपन (निषेध) होता है। इसी से इसे पर्यस्तापह्नुति कहते हैं।

'अलंकार सर्वस्वम्' के विमर्शनीकार एवं पण्डितराज जगन्नाथ इसमें हाने वाले निषेध को आरोप की दृढ़ता भर मानते हैं। इसी से वे इसे अपह्नुति नहीं, 'दृढ़ारोपरूपक' मानते है। किन्तु पर्यस्तापह्नुति को रूपक के अन्तर्गत स्वीकार करना असंगत ही समझिये, चूँकि रूपक में आरोप निषेध रहित होता है और अपह्नुति में निषेध सहित। जयदेव के 'यंत्र धर्ममात्रं निषिध्यते' के आधार पर ही अप्पयदीक्षित ने इसका लक्षण निरूपित किया है। हिन्दी के काव्यशास्त्री इसके लक्षणों के लिए दीक्षित जी के ही ऋणी है। इस अलंकार में उपमान की प्रायः द्विरुक्ति होती हैं यह निर्हेतुक और सहेतुक—दोनों प्रकार की हो सकती है।

होय सुधाधर नाहिं यहि, बदन सुधाधर ओप।

—जसतन्त सिंह

यहाँ उपमान चन्द्रमा के धर्म (सुधाधरत्व) का निषेध कर उसे उपमेय मुख (वदन) में आरोपित किया गया है। अतः पर्यस्तापह्नुति है। यहाँ 'सुधाधर' विशेषण है। विशेषण के साथ विशेष्य 'यहि' (सर्वनामरूप में) भी है।

है न सुधा, यह है सुधा संगति-साधु समाज।

—अ. पीयूष

यहाँ सुधा के धर्म (सुधात्व) का निषेध कर उसे साधु-संगति में आरोपित किया गया है। अस्तु पर्यस्तापह्नुति है। इसी प्रकार बच्चनजी की निम्नांकित पंक्तियों में भी इस अलंकार का चामत्कारिक सौन्दर्य देखा जा सकता है—

मधुशाला वह नहीं, जहाँ पर मदिरा बेची जाती है।
भेंट जहाँ मस्ती की मिलती मेरी वह मधुशाला है।

—बच्चन

भ्रान्तापह्नुति

जहाँ एक वस्तु में दूसरी वस्तु की भ्रांति हो जाने पर सत्य कथन द्वारा भ्रांति-निवारण किया जाये, वहाँ भ्रान्तापह्नुति होती है।

भ्रांतापह्नुति में अपह्नुति के साथ भ्रांति का योग है। यहाँ भ्रांति का निषेध कर सत्य बात की स्थापना की जाती है। यहाँ दो बातें होती है—भ्रांति का निवारण (निषेध) और तत्त्वकथन (सत्य का प्रतिपादन)। सम्भवतः इसमें भ्रमनिवारणोपरांत तत्त्व निश्चय होने के कारण पं. विश्वनाथ ने इसे निश्चय अलंकार माना है। दण्डी द्वारा प्रतिपादित तत्त्वाख्यानोपमा भी यही है। पोद्दार जो इसे अपह्नुति ही मानने के पक्ष में है। श्री शुकदेव बिहारी मिश्र और प्रतापनारायण मिश्र के अनुसार अपह्नुति में भ्रम आहार्य होता है, वास्तविक (अनाहार्य) नहीं। चूँकि पर्यस्तापह्नुति में भ्रम आहार्य होता ही है, अस्तु इसे (भ्रान्तपह्नुति को) मानना संगत है। हिन्दी के आचार्यों ने इसे जयदेव के आधार पर ही निरूपित किया है। यहाँ असल बात है सत्यकथन द्वारा भ्रम का निवारण। भ्रम दो प्रकार का सम्भव है—वास्तविक और कल्पित। दोनों प्रकार के भ्रम इस अलंकार के विषय हो सकते हैं।

बिमल बदन यह बिधु नहीं, करि भ्रम लखु न चकोर।
नये उरोज सरोज न ये, भूलु न अलि यहि ओर।।

—अ. पीयूष

यहाँ चकोर को मुख में चन्द्रमा की और भ्रमर को उरोज की भ्रांति हुई है जिनका निवारण कर उपमेय की स्थापना की गयी हैं यहाँ भ्रांति कल्पित वास्तविक नहीं। अस्तु यहाँ भ्रांतापह्नुति है।

बेसर-मोती-दुति-झलक, परी अधर पर आय।
चूनो होय न चतुर तिय, क्यों पट पोछो जाय।।

—अलंकार मुक्तावली

यहाँ नायिका के बेसर का मोती ही भ्रम का कारण है। मोती की परछाहीं उसके अधर पर पड़ती है, जिससे उसे चूना की भ्रांति हो जाती है इसका निवारण सच्ची बात कह कर उसकी सखी करती है (यह चूना नहीं है, तू बार-बार उसे क्यों पोछ रही है) इस प्रकार यहाँ भी उपमान का निषेध कर उपमेय की स्थापना की गयी है। भ्रांति यहाँ भी कल्पित ही है।

रस

परिभाषा

रस की निष्पति के सम्बन्ध में भरत मुनि ने अपने नाट्यशास्त्र में लिखा है—"विभावानुभाव व्यभिचारि संयोगाद्रस-निष्पत्तिः" अर्थात् विभाव, अनुभाव और व्यभिचारी भावों के संयोग से रस की निष्पत्ति होती है।

साहित्य के अध्ययन से पाठक को जो अनुभूति होती है वह एक सात्विक आनन्द है और उसे ही रसानुभूति कहते हैं। साहित्य और कला से जो हमें आनन्द मिलता है, वैसा आनन्द संसार की किसी भी भौतिक वस्तु से नहीं मिल सकता। साहित्य में काव्य पाठ एवं श्रवण तथा नाटक के देखने से जिस आनन्द की प्राप्ति होती है, उसे ही रस कहते हैं। यह आनन्दानुभूति व्यक्तिगत राग-द्वेष से मुक्त होती है। सांसारिक प्रेम, दुख या क्रोध में व्यक्तिगत सम्बन्ध होता है। पर कविता पाठ अथवा श्रवण तथा नाट्याभिनय को देखकर जो हमारे अंदर प्रेम, दुख या क्रोध उत्पन्न होता है वह निजी स्वार्थ, राग या द्वेष से मुक्त होता है। साहित्य और कला का अनुभव हमें व्यक्तिगत संकीर्णताओं से मुक्त कर देता है। तथा आनन्द जो हमें प्राप्त होता है वह सर्वजन हिताय होता है। इसीलिए हमारे आचार्यों ने इस अनुभव की तुलना योगियों की समाधि या ब्रह्मानन्द से की है।

रस के अवयव और रस सिद्धान्त

रस के चार अंग या अवयव हैं—स्थायी भाव, विभाव, अनुभाव तथा संचारी भाव।

1. स्थायी भाव—संसार में जो भी मनुष्य जन्म लेता है, उसमें कुछ भाव या संस्कार जन्मजात रूप से रहते हैं। जैसे कि प्रत्येक व्यक्ति के चित्त में प्रेम, दुख या करुणा, क्रोध, आश्चर्य, उत्साह के भाव सदैव रहते हैं। ये ऐसे भाव हैं, जो संस्कार के रूप में जन्म लेने के साथ ही हमारे चित्त में रहते हैं। जब इनके कारण सामने आते हैं और उन कारणों को हम समझने लगते हैं तो संस्कार के रूप में

चित्त में दबे हुए ये भाव प्रकट हो जाते हैं। इसी तरह साहित्य या कला में भी ये भाव प्रकट होते हैं। इन्हीं को स्थायी भाव कहा गया है।

स्थायी भाव दस की संख्या में हैं। ये हैं–रति (स्त्री और पुरुष का प्रेमद), हास, शोक (दुख), क्रोध, उत्साह, भय, जुगुत्सा (घृणा), विस्मय (आश्चर्य), निर्वेद (वैराग्य या शान्ति) तथा वात्सल्य (अपने से छोटों के लिए प्रेम)।

2. विभाव–स्थायी भाव के कारण को विभाव कहा गया है। ये विभाव दो प्रकार के होते हैं–आलम्बन और उद्दीपन।

आलम्बन विभाव–जिन व्यक्तियों या पात्रों के आलम्बन (सहारे) से स्थायी भाव जाग्रत होता है, वे आलम्बन विभाव कहे जाते हैं। आलम्बन के भी दो प्रकार हैं–आश्रय और विषय। जिस पात्र या व्यक्ति के चित्त में स्थायी भाव उत्पन्न होते हैं, वे आश्रय कहलाते हैं। जिसको लेकर या जिसके प्रति आश्रय के चित्त में ये भाव उत्पन्न होते हैं, वह विषय है।

उद्दीपन विभाव–आश्रय के मन में जाग्रत स्थायी भाव को जो तत्व संवर्धित या वृद्धि करते हैं, वे उद्दीपन कहलाते हैं। उद्दीपन विभाव भी दो प्रकार के होते हैं–विषय की बाह्य चेष्टाएँ और बाह्य वातावरण। उदाहरण के लिए शृंगार रस के प्रसंग में यदि नायक (आश्रय) के मन में नायिका (विषय) के प्रति रति भाव जाग्रत होता है तो नायिका (विषय) की शारीरिक चेष्टाएँ जो कि (आश्रय) के मन में जाग्रत रति भाव को और अधिक तीव्र करती हैं तथा आसपास का सुन्दर वातावरण चाँदनी रात आदि भी आश्रय के रति भाव को और अधिक तीव्र करने में सहायक होते हैं। अतः विषय की चेष्टाएँ और बाह्य अनुकूल वातावरण दोनों उद्दीपन विभाव हुए।

3. अनुभाव–'अनु' उपसर्ग का अर्थ है–बाद में या पीछे। स्थायी भाव के उत्पन्न होने पर उसके बाद जो भाव उत्पन्न होते हैं उन्हें अनुभाव कहा जाता है। ये अनुभाव उस व्यक्ति में उत्पन्न होते हैं जो स्थायी भाव का आश्रय है। दूसरे शब्दों में आश्रय की बाह्य चेष्टाओं को अनुभाव कहा जाता है। अनुभाव भी दो प्रकार के होते हैं–कायिक तथा सात्विक। शरीर में होने वाले अनुभाव कायिक हैं। जैसे किसी को पकड़ने के लिए हाथ बढ़ाना, चितवन से अपने प्रेमी को ताकना आदि। जो अनुभाव मन में आए भाव के कारण स्वतः प्रकट हो जाते हैं, वे सात्विक हैं। जैसे–पसीना आना, रोंएँ खड़े हो जाना, कँपकँपी छूट जाना, मुँह फीका पड़ना आदि।

4. संचारी भाव–स्थायी भाव के साथ आते-जाते रहने वाले अन्य भावों को

संचारी भाव कहा जाता है। संचारी भावों की संख्या तैंतीस (33) बताई गई है। इसमें से मुख्य संचारी भाव ये हैं—शंका, निद्रा, मद, आलस्य, दीनता, चिन्ता, मोह, स्मृति, धैर्य, लज्जा, चपलता, आवेग, हर्ष, गर्व, विषाद, उत्सुकता, उग्रता, मति, त्रास और वितर्क।

रस स्थायी भाव तथा संचारी भावों के परस्पर सम्बन्ध को इस प्रकार प्रदर्शित किया जा सकता है—

रस	**स्थायी भाव**	**संचारी भाव**
शृंगार	रति	स्मृति, चिन्ता, हर्ष, मोह आदि।
हास्य	हास	हर्ष, निद्रा, आलस्य, चपलता आदि।
करुण	शोक	ग्लानि, शंका, चिन्ता, दीनता, मोह आदि।
रौद्र	क्रोध	उग्रता, शंका, स्मृति आदि।
वीर	उत्साह	आवेग, हर्ष, गर्व आदि।
भयानक	भय	त्रास, ग्लानि, शंका, चिन्ता आदि।
वीभत्स	जुगुप्सा	दीनता, निर्वेद, ग्लानि आदि।
अद्‍भुत	विस्मय	हर्ष, स्मृति, आवेग, शंका आदि।
शान्त	निर्वेद (वैराग्य)	हर्ष, धृति, स्मृति आदि।
वत्सल	वात्सल्य	चिन्ता, शंका, हर्ष, धृति, स्मृति आदि।

रस के भेद

शृंगार, हास्य, करुण, रौद्र, वीर, भयानक, वीभत्स, अद्‍भुत, शान्त और वत्सल—रस के ये दस भेद हैं।

1. शृंगार रस

स्त्री और पुरुष के बीच होने वाले प्रेम का वर्णन साहित्य में शृंगार रस कहलाता है। शृंगार रस दो प्रकार का होता है—संयोग और वियोग। इसके विभावों में आलम्बन के अन्तर्गत विषय और आश्रय वे नायक और नायिका माने जाते हैं जिनमें परस्पर प्रेम हो। वसंत ऋतु, चाँदनी रात आदि इसके उद्‍दीपन विभाव होते हैं। उत्सुकता, दीनता, चिन्ता आदि संचारी भाव इसके साथ रहते हैं।

उदाहरण (1) : *मेरा बस चलता तो मैं बन जाता कौमार्य तुम्हारा*
ओठों पर निर्माल्य अछूता बनकर मैं छा जाता
अंगों के चंपई रेशमी परदों में सो जाता।

—नरेन्द्र शर्मा

पहले उदाहरण में संयोग श्रृंगार है। इसमें प्रेमी आश्रय है, प्रेमिका विषय (आलम्बन)। प्रेमिका की सुन्दरता उद्दीपन है। प्रेमिका के ओठों पर निर्माल्य बन कर छाने, उसके अंगों के परदों में सोने आदि की इच्छा अनुभाव है। हर्ष, आवेग, मोह आदि संचारी भाव हैं। इनसे यहाँ रति स्थायी भाव प्रकट होता है। इस रति की अभिव्यक्ति से पाठक को संयोग श्रृंगार का अनुभव होता है।

उदाहरण (2): *निसिदिन बरसत नैन हमारे।*
सदा रहत पावस रितु हम पै जब तें स्याम सिधारे।
दृग अंजन लागत नहिं कबहूं उर कपोल भये कारे।
कंचुक नहिं सूखत सुन सजनी उर बिच बहत पनारे।

यहाँ कृष्ण आलम्बन हैं। गोपियाँ आश्रय हैं। वर्षा उद्दीपन विभाव है। गोपियों का रुदन, उच्छ्वास आदि अनुभाव हैं। आवेग, चिन्ता, विषाद आदि संचारी भाव हैं। इन सबके संयोग से विप्रलंभ श्रृंगार की निष्पत्ति हुई है।

2. करुण-रस

अत्यंत दुखद घटना या प्रसंग के निरूपण से करुण रस की निष्पत्ति होती है। करुण रस का स्थायी भाव शोक है। प्रिय व्यक्ति या प्रिय वस्तु से सदा के लिए वियोग होने पर करुण रस होता है। जिसमें वियोग हो, वह इसमें आलम्बन और उससे सम्बन्धित वस्तुओं का दर्शन उद्दीपन होता है। मूर्छित होकर गिर पड़ना, रोना, आहें भरना आदि अनुभाव होते हैं और ग्लानि, चिन्ता आदि संचारी भाव।

उदाहरण : *अभी तो मुकुट बँधा था माथ*
हुए कल ही हल्दी के हाथ
खुले भी न थे लाज के बोल
खिले भी न चुंबन शून्य कपोल
हाय चूक गया संसार
बना सिंदूर अंगार।

कवि सुमित्रानन्दन पन्त की इन पंक्तियों में सुखमय संसार के अचानक नष्ट हो जाने से जन्मी निराशा व्यक्त हुई है। किसी नववधू का प्रियतम विवाह के बाद पहले ही दिन दिवंगत हो गया है। यह नववधू यहाँ आश्रय है। दिवंगत पति विषय है। नायिका का दुख में मौन रह जाना अनुभाव है। विषाद, चिन्ता, लज्जा, आदि संचारी भाव हैं। इनके संयोग से यहाँ करुण रस व्यक्त हुआ है।

3. हास्य रस

अनुचित आचरण, विकृत चेष्टाओं के चित्रण से हास्य रस उत्पन्न होता है। हास्य रस का स्थायी भाव हास (हँसी) है। हँसी या उपहास का पात्र इसके आलम्बन विभाव तथा हँसा देने वाली चेष्टाएँ उसमें उद्दीपन विभाव बनती हैं।

उदाहरण : *इस दौड़-धूप में क्या रखा, आराम करो, आराम करो।*
आराम जिंदगी की कुंजी, इससे न तपेदिक होती है।
आराम सुधा की एक बूँद, तन का दुबलापन खोती है।
आराम शब्द में राम छिपा, जो भव बंधन को खोता है।
आराम शब्द का ज्ञाता तो बिरला ही योगी होता है।
इसलिए तुम्हें समझाता हूँ, मेरे अनुभव से काम करो।

—गोपालदास व्यास

यह कविता एक आलसी व्यक्ति की उक्ति है। आलसी व्यक्ति यहाँ आलम्बन है। उसके हास्यपूर्ण कथन उद्दीपन हैं। हर्ष, चपलता, आलस्य आदि संचारी भाव हैं। इनसे यहाँ हास्य रस की सृष्टि होती है।

4. रौद्र रस

रौद्र रस का स्थायी भाव क्रोध है। अपना शत्रु, दुष्ट व्यक्ति, समाजद्रोही, खलनायक आदि इसमें आलम्बन विभाव होते हैं तथा उनके कार्य या चेष्टाएँ उद्दीपन। आँखें लाल होना, दाँत पीसना, ओठ काटना, अस्त्र-शस्त्र उठाना आदि इसमें अनुभाव होते हैं। उग्रता, मद, गर्व, आदि संचारी भाव।

उदाहरण : *श्रीकृष्ण के सुन वचन अर्जुन क्रोध से जलने लगे,*
सब शोक अपना भूलकर करतल युगल मलने लगे।
"संसार देखे अब हमारे शत्रु रण में मृत पड़े।"
करते हुए यह घोषणा वे हो गए उठ कर खड़े।

मैथिलीशरण गुप्त के जयद्रथ-वध काव्य में यहाँ अर्जुन के क्रोध का निरूपण होने से रौद्र-रस व्यक्त हुआ है। अर्जुन आश्रय है, जयद्रथ विषय। श्रीकृष्ण के वचन उद्दीपन हैं। अर्जुन का हथेली मलना तथा घोषणा करना अनुभाव हैं।

5. वीर रस

युद्ध, धर्म, दान या करुणा के प्रसंगों में किसी वीर या महापुरुष नायक की चेष्टाओं के चित्रण से वीर-रस उत्पन्न होता है। इसका स्थायी भाव उत्साह है।

शत्रु, याचक, दयनीय व्यक्ति आदि इसके आलम्बन विभाव होते हैं। शत्रु की चेष्टाएँ, याचक के वचन आदि उद्दीपन। बाँहों का पड़कना, मुँह का लाल होना आदि अनुभाव इसके साथ रहते हैं तथा गर्व, हर्ष, उत्सुकता आदि संचारी भाव।

उदाहरण : *भीषम भयानक पुकार्यो रनभूमि आनि,*
छाई छिति छत्रिनि गीति उठि जाइगी।
कहै रतनाकर रुधिर सौं रूँधेगी धरा,
लोथनि पै लोथनि की भिति उठि जाइगी।
जीति उठि जाइगी अजीत पंडु-पूतनि की,
भूप दुरजोधन की भीति उठि जाइगी।
कैतो प्रीति-रीति सुनीति उठि जाइगी, कै
आज हरि-प्रन की प्रतीति उठि जाइगी।

जगन्नाथदास 'रत्नाकर' के इस काव्यांश में भीष्म के दृढ़ निश्चय का चित्रण किया गया है। भीष्म आश्रय हैं, श्रीकृष्ण विषय हैं, भीष्म का घोषणा करना अनुभाव है। धृति, मति, गर्व आदि संचारी भाव यहाँ व्यक्त हुए हैं। भीष्म का उत्साह स्थायी भाव है।

6. भयानक रस

डरावने दृश्यों या भयजनक प्रसंगों के चित्रण से भयानक रस की प्रतीति होती है। भयानक रस का स्थायी भाव भय है। डरावने व्यक्ति या जानवर आदि इसमें आलम्बन विभाव होते हैं तथा भयानक दृश्य या भयंकर कर्म उद्दीपन। काँपना, पसीना आना आदि अनुभाव तथा दीनता, त्रास, वितर्क, चिन्ता आदि संचारी भाव इसके साथ रहते हैं।

1. *उधर गरजती सिंधु लहरियाँ कुटिल काल के जालों सी*
चली आ रहीं फेन उगलती फन फैलाए व्यालों सी
धँसती धरा धधकती ज्वाला ज्वालामुखियों के विश्वास
और संकुचित क्रमशः उसके अवयव का होता था ह्रास ॥

—कामायनी

यहाँ प्रलयकालीन विनाश का दृश्य है। मनु आश्रय हैं। उनका जड़-स्तब्ध रह जाना अनुभाव है। चिन्ता, विषाद, शंका, मोह, त्रास आदि संचारी भाव हैं। इनसे भय स्थायी भाव पुष्ट होकर रस रूप में आस्वाद्य होता है।

2. *एक ओर अजगरहिं लखि एक ओर मृगराय।*
विकल बटोही बीच ही पर्‌यो मूरछा खाय ॥

यहाँ विकल बटोही (पथिक) आश्रय है। अजगर तथा सिंह विषय हैं। अजगर और सिंह की चेष्टाएँ उद्‌दीपन हैं और बटोही का मूर्छित होना अनुभाव है। त्रास, शंका, दीनता, आवेग आदि संचारी भाव हैं।

7. वीभत्स रस

घृणा उत्पन्न करने वाले अमांगलिक, अश्लील या गंदे दृश्यों अथवा वस्तुओं के चित्रण से वीभत्स रस उत्पन्न होता है। वीभत्स रस का स्थायी भाव जुगुप्सा (घृणा) है। घृणित वस्तु इसमें आलम्बन तथा दुर्गन्ध आदि उद्‌दीपन होते हैं। नाक बन्द करना, झिझकना, दूर हटना आदि अनुभाव तथा आवेग, ग्लानि आदि संचारी भाव होते हैं।

1. *यज्ञ समाप्त हो चुका तो भी धधक रही थी ज्वाला।*
दारुण दृश्य, रुधिर के छींटे, आस्थिरखंड की माला ॥
वेदी को निर्मम प्रसन्नता पशु की कातर वाणी।
मिलकर वातावरण बना था कोई कुत्सित प्राणी ॥

—कामायनी

यहाँ यज्ञवेदी आलम्बन है। श्रद्धा आश्रय है। खून के छींटे, हड्डियाँ, पशु का चीत्कार उद्‌दीपन है। नाक-भौं सिंकोड़ना, नेत्र बंद करना आदि अनुभाव हैं। ग्लानि, आवेग आदि संचारी भाव हैं। इनसे जुगुप्सा स्थायी भाव पुष्ट होकर वीभत्स रस का रूप प्राप्त करता है।

2. *सिर पै बैठ्‌यो काम आँख दोउ खात निकारत।*
खींचत जीभहिं स्यार अतिहि आनन्द उर धारत ॥
गिद्‌ध-जाँघ कहँ खोदि के मांस उचारत।
स्वान आंगुरिन काहि काहि कै खात बिदारत ॥

—भारतेन्दु हरिश्चन्द्र

यहाँ श्मशान के घृणित दृश्य का चित्रण होने से वीभत्स रस है। श्मशान के दृश्य को देखने वाले राजा हरिश्चंद्र आश्रय हैं। श्मशान विषय है। श्मशान में कौए, सियार, गिद्‌ध आदि पशु-पक्षियों की घृणित चेष्टाएँ उद्‌दीपन हैं। इनके द्‌वारा हम उबकाई आना, वमन होना आदि अनुभावों की कल्पना कर सकते हैं।

आवेग, उग्रता आदि संचारी भाव यहाँ प्रकट हुए हैं और इस प्रकार यहाँ वीभत्स रस की व्यंजना हुई है। जुगुत्सा स्थायी भाव है।

8. अद्भुत रस

चकित कर देने वाले दृश्यों या प्रसंगों के चित्रण से अद्भुत रस उत्पन्न होता है। इसका स्थायी भाव विस्मय या आश्चर्य है। चकित कर देने वाले व्यक्ति या दृश्य इसमें आलम्बन और उनकी चेष्टाएँ अथवा वर्णन उद्दीपन होते हैं। आँखें फैलाना, चीत्कार करना आदि अनुभाव और उत्सुकता, स्मृति, हर्ष आदि संचारी भाव इसके साथ रहते हैं।

उदाहरणः *हरि ने भीषण हुंकार किया*
अपना स्वरूप विस्तार किया।
डगमग डगमग दिग्गज डोले
भगवान कुपित होकर बोले
जंजीर बढ़ा कर साध मुझे
हाँ हाँ दुर्योधन। बाँध मुझे
यह देख गगन मुझमें लय है
यह देख पवन मुझमें लय है
मुझमें विलीन झंकार सकल
मुझमें लय है संसार सकल

दुर्योधन शान्तिदूत बनकर आए श्रीकृष्ण को बाँधना चाहता है, तब श्रीकृष्ण अपना विराट रूप प्रकट कर देते हैं। श्रीकृष्ण के विराट रूप का विस्मयजनक वर्णन होने से यहाँ अद्भुत रस है। दुर्योधन की सभा के सदस्य आश्रय हैं और श्रीकृष्ण का विराट रूप विषय। कृष्ण का भीषण हुंकार करना, दिग्गजों का डोलना तथा उनके चुनौती भरे कथन उद्दीपन हैं। देखने वाले दृश्यों का आश्चर्य से फैलना, उनके देह का रोमांचित होना आदि अनुभाव यहाँ कल्पित किए जा सकते हैं। उत्सुकता, आवेग, हर्ष, अमर्ष आदि संचारी भाव हैं।

9. शान्त रस

मन में संयम, शान्ति या वैराग्य को जाग्रत करने वाले प्रसंगों के चित्रण में शान्त रस होता है। शान्त रस का स्थायी भाव निर्वेद या वैराग्य है। परमात्म-चिंतन या तत्व-ज्ञान उसका आलम्बन और शान्त स्थान, आश्रम, तीर्थ आदि का दर्शन

उद्दीपन होता है। रोमांच होना, मुसकान आदि अनुभाव तथा हर्ष, स्मृति, धैर्य आदि संचारी भाव होते हैं।

उदाहरणः *ममतामूर्ति अहिंसा प्रतिमा*
स्थविर शान्त थे, शान्त पवन था
चंचल कहीं नहीं था कुछ भी
शान्त शब्द था शान्त गगन था
भिक्षु मंडली शान्त, शान्त राजा का दल था
शान्त त्वरित गति बहने वाला निर्झर जल था
क्लांतिहीन वाणी अशोक की
मैं विमूढ़ हूँ, मुग्ध प्राण हूँ, दिशा चाहिए।

ये पंक्तियाँ भवानीप्रसाद मिश्र के **कालजयी** नामक काव्य की हैं। यहाँ सम्राट अशोक के मन में युद्ध में हुई हिंसा को देखकर वैराग्य उत्पन्न हो गया है। वे शान्ति प्राप्त करने के लिए स्थविर बौद्ध भिक्षु, के पास पहुँचते हैं। यह पूरा प्रसंग चित्त में संयम, शान्ति या वैराग्य के भाव जाग्रत करता है, इसलिए यहाँ शान्त रस है। सम्राट अशोक आश्रय हैं, बौद्ध भिक्षु विषय हैं। आश्रय का शान्त वातावरण और बौद्ध भिक्षु के प्रभाव उद्दीपन हैं। अशोक की शान्ति के लिए पुकार अनुभाव है। स्मृति, धृति, मति आदि संचारी भाव हैं, इनसे निर्वेद या वैराग्य नामक स्थायी भाव शान्त रस में परिणत हुआ है।

10. वात्सल्य रस

अपने से छोटे के लिए स्नेह का चित्रण होने पर वत्सल रस होता है। इस रस का स्थायी भाव वत्सल है। पुत्र, शिष्य, शिशु आदि स्नेहपात्र इसके आलम्बन विभाव तथा उनकी चेष्टाएँ उद्दीपन होती हैं। बच्चे को गोद में उठाना, दुलारना आदि अनुभाव और हर्ष, शंका, आवेग, स्मृति आदि संचारी भाव होते हैं।

उदाहरणः *जगदंबा ने बाहर आकर*
कहा–नहा धो ले बेटा
खा पी लो थक कर आए घर
जाने के दिन में लौटे हो
दुबला तन ले मुरझाया मुख
खटते औरों के हित नित
कब समझोगे अपना सुख दुख

सुमित्रानन्दन पन्त के **लोकायतन** महाकाव्य की इन पंक्तियों में माँ का एक बेटे के प्रति वात्सल्य चित्रित है। जगदंबा आश्रय है, बेटा विषय। जगदंबा का स्नेहपूर्ण कथन अनुभाव है। हर्ष, चिन्ता, आवेग आदि संचारी भाव हैं।

11. भक्ति रस

भक्ति रस का उद्‌गम स्रोत नाटक अथवा काव्य नहीं भक्तिशास्त्रीय ग्रन्थ हैं जिनमें मुख्य स्थानीय **गीता**[1], **भागवत**[2] **नारदभक्तिसूत्र**[3] और **शाण्डिल्यभक्तिसूत्र**[4] हैं। इनका आधार ग्रहण कर ही **रूप गोस्वामी** (हरिभक्तिरसामृतसिन्धु), मधुसूदन सरस्वती (भक्ति-रसायन) आदि ने भक्ति रस की प्रतिष्ठा की है। शांति, प्रीति, प्रेयस्, वत्सल एवं उज्ज्वल (मधुर)। भक्ति रस का सर्वोत्कृष्ट भेद उज्ज्वल रस (मधुरा भक्ति) है जिसे वे 'भक्तिरसराट्' मानते हैं। भक्ति रस के दूसरे प्रमुख विवेचक **मधुसूदन सरस्वती** हैं। उन्होंने अपने ग्रन्थ 'भक्ति-रसायन' में भक्ति का सोपपत्तिक एवं सर्वांगीण विवेचन किया है। हिन्दी-आचार्यों में सर्वप्रथम इसका विवेचन देव में मिलता है।

भक्ति रस का **स्थायी भाव** भगवद्रति है। परब्रह्म या परमेश्वर या राम-कृष्णादि अवतार, दिव्य विग्रह आदि इसके **आलम्बन**; भगवद्‌भक्त, सामाजिक आदि **आश्रय**; अव्यक्त परब्रह्म के विराट रूप, गुण आदि का कथन या श्रवण, सगुण रूप परमेश्वर का सौन्दर्याकर्षण, अवतारों के कार्य, पतित-उद्धार, दीन-रक्षा, लीला आदि **उद्दीपन**; हर्ष, अश्रु, व्यामोह, रोमांच आदि **अनुभाव** एवं हर्ष, सुख, चपलता, आवेग, उन्माद, चिंता, दैन्य, धृति, मति, स्मृति आदि संचारी भाव हैं। विचारकों ने भक्ति रस को ही वास्तविक ब्रह्मानन्द-सहोदर बताया है। भक्ति रस का यहाँ एक उदाहरण रखा जाता है। यथा—

मेरे तो गिरधर गोपाल, दूसरो न कोई।
जाके सिर मोर मुकुट, मेरो पति सोई।।
साधुन संग बैठि-बैठि लोक लाज खोई।
अब तो बात फैल गई, जानत सब कोई।।
अँसुबन जल सींचि सींचि प्रेम बेसि बोई।
मीराँ को लगन लागी, होनी होय सो होई।। —मीराँ।

सन्दर्भ

1. गीता 1/27-31; 11/54; 18 / 65, 66।
2. भागवत-1/1/3; 1/2/6; 3/27/7-14, 4/7/10; 6/12/22;7/5/23-24; 11/3/32 आदि।
3. नारद भ. सू. - 4, 5 आदि।
4. शा. भ. सू. — सा परानुरक्तिरीश्वरे, इत्यादि सूत्र।

रीति

'रीति' **शब्द 'रीङ्'** धातु (रीङ् गतौ) से **'क्ति'** (क्तिन्) प्रत्यय के योग से बना है, जिसका अर्थ है—मार्ग, पंथ, वीथि, पद्धति, प्रणाली, गति, प्रस्थान, प्रवृत्ति, लेखन प्रकार आदि। सम्प्रति 'रीति' के अर्थ में **'शैली'** शब्द अपेक्षया अधिक प्रचलन पा रहा है। हिन्दी-साहित्य में 'रीति' शब्द एक विशिष्ट अर्थ—लक्षणाबद्ध काव्य (लक्षण उपस्थित कर या लक्षण को ध्यान में रख कर रचित काव्य)—के अर्थ में भी प्रयुक्त हुआ है। इस प्रकार के काव्य का सृजन रीतिकाल की प्रमुख प्रवृत्ति थी। साहित्यशास्त्र में, विशेषतः आधुनिक आलोचकों द्वारा 'रीति' का ग्रहण विशिष्ट लेखन-प्रकार अथवा 'शैली' के अर्थ में ग्रहण किया जाता है।

प्राचीन आचार्यों में 'रीति' के लिए **'मार्ग'** नाम का अधिक प्रचलन था। इस पर विचार तो प्रारम्भ से ही किया जाता रहा, पर रीति-मत के सुदृढ़ स्थापक हैं '**आचार्य वामन**'। उन्होंने '**विशिष्ट पदरचना**' यानी '**पदों की संघटना**' को रीति कहा जिसकी विशिष्टता 'गुणों पर आधारित' (गुणात्मा) होने में है—'**विशिष्टा पदरचना रीतिः, विशेषो गुणात्मा**' (काव्या. 1/2/7)। अस्तु, वामन के अनुसार ओज, प्रसादादि गुणों से मण्डित पद-रचना रीति है। इस प्रकार गुण को रीति की आत्मा के रूप में प्रतिष्ठित कर उन्होंने रीति को काव्य की आत्मा (**रीतिरात्मा काव्यस्य**) के रूप में प्रतिष्ठित करने की कोशिश की। गुणों से सम्बद्ध किये जाने के कारण ही रीति-मत गुण-सम्प्रदाय के नाम से भी जाना जाता है। प्राचीन आचार्यों में गुण और अलंकार विषयक किंचित् भ्रान्ति भी थी। वामन ने ही पहली बार गुण और अलंकार में भी स्पष्ट अन्तर किया। उनके अनुसार काव्य के शोभाकारक धर्म 'गुण' हैं एवं उसका अतिशय करनेवाले 'अलंकार'।

परवर्त्ती आचार्यों ने वामन की '**विशिष्टा पदरचना रीतिः**' को तो स्वीकार किया, पर 'रीतिरात्मा काव्यस्य' को नहीं। काव्य की आत्मा 'रस' को स्वीकारते हुए ही उन्होंने रीति को रस का उपकार करने वाली (**उपकर्त्री रसादीनाम्**) और

काव्य-शरीर में अंगव्यवस्थावत् (**रीतिरंग संस्थाविशेषवत्**) स्वीकार किया। अर्थात् **रसादि काव्यसौन्दर्य के उन्मीलन के लिए उपकार करनेवाली पदों की विशिष्ट संघटना ही रीति है।** इस प्रकार रीति का महत्त्व **लेखन-प्रकार** अथवा **शैली** (विशिष्ट पदरचना) के रूप में स्वीकृत हुआ।

क. रीति-भेद

लेखन की भिन्न-भिन्न शैलियों का विभिन्न अंचलों में प्रचलन प्रायः एक ही समय में हुआ होगा। अंचल विशेष में विकसित-प्रचलित होने के कारण ही सम्भवतः उनका नामकरण भी उक्त अंचल के नाम पर हुआ। आरम्भ में वे नाम भौगोलिक महत्त्व के—अंचल विशेष के सूचक—रूप में प्रचलित हुए। कालान्तर में उन नामों का भौगोलिक महत्त्व समाप्त हो गया एवं वे लेखन-शैलियाँ विषय और रूप (Matter & Form) से सम्बद्ध की गयीं। परिणामतः युद्ध, संघर्ष आदि भयानक वस्तुओं के लिए एक प्रकार की लेखन-शैली (गौड़ी रीति) रूढ़ हुई तो शृंगार आदि सुकुमार वस्तुओं के लिए दूसरे प्रकार की (वैदर्भी रीति)। यह स्थिति भी कुछ शतियों तक बनी रही। विकास के तीसरे और अन्तिम दौर में रीतियाँ **कवि-स्वभाव** से सम्बद्ध कर दी गयीं। ऐसा '**कुन्तक**' (के 'वक्रोक्तिजीवितम्') के पश्चात् हुआ। उन्होंने पूर्व प्रचलित नामों—**वैदर्भी, गौड़ी, पांचाली**—से अंचल विशेष की छाप को मिटाने के लिए ही उनके लिए नये नाम भी चलाये—**सुकुमार मार्ग** (वैदर्भी रीति), **विचित्र मार्ग** (गौड़ी रीति) और **मध्यम मार्ग** (पांचाली रीति)। यह और बात है कि आगे भी पूर्व प्रचलित नाम ही अधिक प्रचलित और लोकप्रिय रहे।

रीति विषयक मत के विकास के अवगाहन से विदित होता है कि रीति-संख्या के निर्धारण में मत-वैभिन्न्य रहा है। वस्तुतः किसी भी साहित्यकार की रचना-रीति दूसरे साहित्यकार की रचना-रीति से भिन्न होगी ही। जितने साहित्यकार होंगे, रचना-रीतियाँ भी शुद्ध रूप में उतनी ही होनी चाहिए। **आचार्य दण्डी** ने इसे समझा था। उनकी उक्ति इसी का पोषक है, किन्तु व्यावहारिक सुविधा की दृष्टि से विशेष लक्षणों के आधार पर उनकी संख्या को सीमित करना आवश्यक प्रतीत हुआ। आचार्य **भरत** ने 'प्रवृत्ति' (भाषा और वार्ता का प्रकटन) चार प्रकार की गिनायी है—**आवन्ती, दाक्षिणात्या, औड्रमागधी** और **पांचाली**। इन्हें उस काल की रीतियों का स्थानापन्न माना जा सकता है। आचार्य **वामन ने वैदर्भी, गौड़ी, पांचाली** तीन रीतियाँ स्वीकार की। राजशेखर ने (कर्पूरमंजरी के मंगल श्लोक में) वैदर्भी (वच्छोमी) और पांचाली (पांचालिका) के अतिरिक्त **मागधी** का उल्लेख किया है। **रुद्रट ने लाटीया** भी मानी है। **भोजराज** ने मागधी और लाटी के अतिरिक्त आवन्ती

को भी स्वीकार किया है। विभिन्न आचार्यों द्वारा स्वीकृत सभी रीतियों का यदि मान्यता दी जाये तो उनकी संख्या कुल छह होती हैं—'वैदर्भी', 'गौड़ी', 'पांचाली', 'मागधी', 'लाटी' और 'आवन्ती'। आचार्य वामन द्वारा स्वीकृत संख्या से यह दोगुणी है। परवर्त्ती आचार्यों ने इसे अस्वीकृत कर वामन के अनुरूप ही रीति-भेद स्वीकृत किया है। कारण, लेखन-प्रकार अथवा शैली (पद-रचना) के तीन प्रधान रूप स्थिर किये गये हैं—(क) समासहीनता अथवा माधुर्य गुण, (ख) दीर्घ समासता अथवा ओज गुण और (ग) अल्प समासता अथवा दोनों की अन्तरालवर्तिनी। इन्हीं आधारों पर रीतियाँ भी तीन प्रकार की मानी गयी हैं अथवा यों कहें कि 'रीति' के **तीन प्रधान** भेद मान्य हैं—1. **वैदर्भी** (सुकुमार मार्ग), 2. **गौड़ी** (विचित्र मार्ग) और 3. **पांचाली** (मध्यम मार्ग)।

1. वैदर्भी : माधुर्य गुण-व्यंजक वर्णों से युक्त समासहीन अथवा अत्यल्प समासवाली ललित रचना वैदर्भी है।

वैदर्भी काव्य की सर्वथा मधुर और ललित शैली है। इसका नामकरण विदर्भ आदि प्रदेशों में प्रचलित रीति के आधार पर हुआ है। यह सर्वोत्तम, सर्वगुण सम्पन्न और सर्वाधिक समुज्ज्वल रीति मानी गयी है। इसमें ट, ठ, उ, ढ से रहित ककार से मकार तक वर्ण प्रयुक्त होते हैं। संयुक्त होने पर पंचमाक्षर पहले आते हैं और स्पर्श वर्ण पीछे। रेफ और णकार ह्रस्व स्वर से अन्तरित होते हैं। समास या तो होता ही नहीं है, अथवा होता भी है तो अत्यल्प। अर्थात् इसमें माधुर्य गुण, सुकुमार वर्ण, असमास (या अत्यल्प समास) और लालित्य रचना का एकत्र योग होता है। श्रृंगार, करुण आदि रसों के लिए यह अधिक उपयुक्त है। वामन ने इसके सर्वोत्तम होने के दो कारण गिनाये हैं—(क) गुणों की विशदता—**गुणस्फुटत्व**, और (ख) गुणों की समग्रता—**गुण-साकल्य**। अनेक साहित्यकारों और साहित्याचार्यों ने वैदर्भी रीति की बहुविध महत्ता स्वीकार की है। 'बाल रामायण' (3/14) में वैदर्भी को वाग् माधुर्यगुण चुराने वाला कहा गया है। राजशेखर ही नहीं, अपितु धनपाल, पद्मगुप्तपरिमल, श्री हर्ष, नीलकण्ठ आदि ने भी वैदर्भी की महत्ता मानी है। अस्तु, वामन द्वारा प्रतिपादित इसकी अभिधा 'समग्रगुणा' असत्य नहीं है। इसका उदाहरण अग्रांकित है। यथा—

क. यह घाट वही जिस पर हँस कर,
वह कभी नहाती थी धँस कर,
आँखें रह जाती थीं फँस कर,
कँपते थे दोनों पाँव, बन्धु!
—निराला

ख. चारू चन्द्र की चंचल किरणें,
खेल रही हैं जल-थल में
स्वच्छ चाँदनी बिछी हुई है,
अवनि और अम्बर-तल में।
—गुप्तजी

2. गौड़ी : ओज गुण-प्रकाशक वर्णों से युक्त दीर्घ समासों वाली औद्धत्यपूर्ण विकट रचना गौड़ी है।

ओजस्वी काव्य अथवा ओजगुण-सम्पन्न काव्य की शैली है—गौड़ी। इसीलिए यह रौद्र, भयानक, वीर आदि रसों के लिए अधिक उपयुक्त है। गौड़ आदि प्रदेशों में प्रचलित रीति के आधार पर इसका नामकरण हुआ है। कठोर वर्ण-योजना और संयुक्ताक्षरों के प्रयोग इसमें अनिवार्य हैं। इसमें **ओज गुण, कठोर वर्ण, दीर्घ समास ओर विकट रचना का एकत्र योग होता है।** इसमें वर्णों के आडम्बर पर विशेष बल दिया जाता है। (गौडेष्वक्षरडम्बरः—वाण)। इसके विवेचन में वामन ने अपेक्षया अधिक न्याय किया है। उसके अनुसार इसमें **ओज तथा कान्ति गुणों की प्रधानता रहीं है।** तभी इसमें **ओजस्विता का संचार रहता है। कुन्तक ने इसे ही 'विचित्र मार्ग' कहा है जो अलंकार-समुच्चय से चर्चित और कलात्मक शब्दसौष्ठव से मण्डित होता है। गौड़ी रीति का उदाहरण अग्रांकित है।** यथा—

अनिमेष राम—विश्वजिद्दिव्यशर-भंग-भाव—
विद्धांग—बद्धकोदण्ड-मुष्टि-खर-रुधिर-स्राव,
रावण-प्रहार-दुर्वार-विकल-वानर-दल-बल—
मूर्च्छित-सुग्रीवागंद-भीषण-गवाक्ष-गय-नल—
वारित-सौमित्री-भल्लपति-अगणित-मल्लरोध,
गर्जित-प्रलयाविध-क्षुब्ध-हनुमत्केवल प्रबोध,
उद्गीरित-वह्निन-भीम-पर्वत-कपि-चतुःप्रहर—
जानकी-भीरु-उर-आशाभर-रावण-सम्बर। —निराला

3. पांचाली : वैदर्भी-गौड़ी रीतियों के बीच की काव्य-शैली पांचाली रीति है।

पांचाल आदि प्रदेशों में प्रचलित लेखन-शैली पांचाली कही गयी है। यह वैदर्भी और गौड़ी की अन्तरालवर्तिनी मानी गयी है। इसमें **वैदर्भी-गौड़ी से इतर वर्ण-योजना, अल्प समास, माधुर्य और सौकुमार्य का एकत्र योग** होता है। इसमें ओज और कांति गुणों का अभाव होता है। राजशेखर ने इसमें शब्द और अर्थ का समान गुम्फन स्वीकार किया है। इस प्रकार यह **मध्यम रीति** है। यथा—

क. काट अन्ध-उर के बन्धन-स्तर
बहा जननि, ज्योतिर्मय निर्झर
कलुष-भेद-तम हर प्रकाश
भर जगमग जग कर दे।

ख. भारत के नभ का प्रभा-पूर्य
शीतलच्छाय सांस्कृतिक सूर्य
अस्तमित आज रे तमस्तूर्य दिङ्मण्डल।
—निराला

इनके अतिरिक्त कई विचारकों ने 4. **आवन्ती** (आवन्तिका), 5. **लाटी** (लाटीया) और 6. **मागधी** रीति की भी चर्चा की है। 'आवन्ती' वैदर्भी-पांचाली के मध्य की रीति मानी गयी है। समस्त **रीतियों के मिश्रण की अभिधा 'लाटी' है**। एवं इसका निर्वाह नहीं होने पर खण्डरीति 'मागधी' कही जाती है। भोजराज कृत 'मागधी' का लक्षण अस्पष्ट हे। 'कर्पूरमंजरी' के मंगलश्लोक में उल्लिखित 'मागधी' का निर्देश सम्भवतः 'गौड़ी' के लिए है। इसी सम्भावना के कारण 'बाल रामायण' (10/15) में वर्णित 'मैथिली' रीति को 'मागधी' रीति का नामान्तर स्वीकारा जाता है। इस आधार पर **'मागधी' वैदर्भी-गौड़ी की अन्तरालवर्तिनी रीति** सिद्ध होती है। साहित्यशास्त्रीय ग्रन्थों में मैथिली स्वतंत्र रीति के रूप में स्वीकृत नहीं हुई है। केवल श्रीपाद ने उसे स्वतंत्र स्थान दिया था जिसका उल्लेख केशव कृत 'अलंकार शेखर' में हुआ है। वस्तुतः उपर्युक्त विवेचित वैदर्भी, गौड़ी और पांचाली ही प्रधान रीतियाँ हैं। आवन्ती, लाटी और मागधी गौण रीतियाँ हैं। अतः इसका और विवेचन यहाँ अनपेक्षित है।

रीति-विवेचन में प्रथम महत्वपूर्ण योगदान है **आ. वामन** का। दूसरे महत्त्वपूर्ण विवेचक हैं—आ. **कुन्तक**, किन्तु दोनों की अवधारणाओं में पर्याप्त अन्तर है। दोनों के मतों को ध्यान में रखते हुए रीति-मत का और भी समुचित विकास और व्यवस्थापन किया जाना चाहिए था, पर वैसा हो नहीं सका। **कुन्तक** के विवेचन की महती देन है—**रीति (मार्ग) को 'कवि-स्वभाव' (व्यक्ति-स्वभाव) सम्बद्ध करना।** इसकी प्रेरणा उन्हें भामह से मिली है। भामह की प्रेरणा का ही परिणाम है कि **उन्होंने देश-भेद से रीति (मार्ग-शैली) भेद मानना असंगत और युक्तिहीन समझा।** साथ ही यह भी स्पष्ट किया कि सभी सत्कवियों ने कौशल (कवि-कौशल यानी शैली) प्रकार का आकलन करना तो सम्भव नहीं है, पर दिशा-निर्देश के रूप में केवल तीन रीतियों (मार्गों) के नाम गिनाये जा सकते हैं। वे तीन मार्ग हैं—सुकुमार, विचित्र और मध्यम। इन मार्गों के लक्षण-निर्धारित करने के उपरान्त उन्होंने इनमें **'सामान्य'** (औचित्य और सौभाग्य) एवं **'विशेष'** (माधुर्य, प्रसाद, लावण्य और आभिजात्य) गुणों की स्थिति भी स्वीकार की। परवर्त्ती विचारकों ने कुन्तक की पहली बात तो स्वीकार की, पर दूसरी नहीं। परिणामतः रीतियों के वैदर्भी आदि पूर्वप्रचलित नाम ही चलते रहे, पर अब वे नाम देश नहीं, **रचना-सरणि वाचक** यानी शैली प्रकार के द्योतक हैं। **सम्प्रति तत्र ये मार्गाः कवि प्रस्थान हेतवः**' (व. जी.)। रीतियों के मुख्य भेदक समास और वर्ण-विन्यास ही हैं जिसका निर्देश दण्डी[17] ने ही कर दिया है।

आ. वामन ने रीति की स्वतन्त्र सत्ता स्थापित की, किन्तु परवर्त्ती आचार्यों

को वह मान्य नहीं हुआ। रीति को रस के अधीन माना गया। **आनन्दवर्धन** के अनुसार रीति का प्रमुख नियामक **रस** है। रस के अतिरिक्त **वक्तृ-औचित्य, वाच्यौचित्य** और **विषयौचित्य** भी रीति के नियामक हेतु हैं। उनकी यह मान्यता मनोविज्ञान-सम्मत है। इस प्रकार नियामकों की कुल संख्या चार है।

काव्यशास्त्र में **प्रवृत्ति** और **वृत्ति** जैसे काव्यांग भी रीति के सहधर्मी-रूप में प्रयुक्त हुए हैं। अस्तु, इन पर भी यहीं विचार कर लेना अनपेक्षित नहीं होगा।

ख. रीति और प्रवृत्ति

नाट्याचार्य भरत ने रीति का प्रत्यक्ष विवेचन नहीं किया है, पर विभिन्न प्रदेशों (जनपदों) में प्रचलित जिन चार प्रकार की प्रवृत्तियों का निरूपण किया है, उन्हीं में रीति भी समाहित मानी जा सकती है। वहाँ प्रवृत्ति ही रीति-स्थानीया है। भरत के पश्चात् **राजशेखर, भोज** आदि ने भी प्रवृत्ति पर विचार किये हैं। आ. भरत के अनुसार, ''**जो पृथ्वी के नाना देशों के वेश, भाषा तथा आचार की वार्ता को व्यक्त करे, वह प्रवृत्ति है।**'' प्रदेश-भेद से उन्होंने **चार प्रकार** की प्रवृत्तियाँ मानी है–

क. **आवन्ती** (पश्चिम भारत की) ग. **औड्रमागधी** (पूर्वी भारत की)
ख. **दाक्षिणात्या** (दक्षिण भारत की) घ. **पांचाली** (मध्यदेश और उत्तरी भारत की)

इससे इतना अनुमित होता है कि भारत के विभिन्न अंचलों में प्रचलित रहन-सहन, आचार-व्यवहार और बोल-चाल (आचार-व्यवहार-उच्चार) के ढंग में जो वैभिन्न्य था, वह सामान्य आंचलिक वैशिष्ट्य के रूप में रूढ़ हो चुका था। रूढ़ हो चुकी सामान्य विशेषताओं को ध्यान में रख कर ही आ. भरत ने भौगोलिक (आंचलिक) आधार पर प्रवृत्तियों का नामकरण किया है।

पूर्व विवेचित रीति की प्रवृत्ति के साथ पड़ताल करने पर स्थिर होता है कि रीति की अपेक्षा प्रवृत्ति की परिधि व्यापक है। रीति का सम्बन्ध मात्र भाषा-प्रयोग (बोलने और लिखने) तक सीमित है, जबकि प्रवृत्ति का सम्बन्ध सम्पूर्ण जीवनचर्या से है। प्रवृत्ति में वेश-भूषादि, आचार-व्यवहार, भाषा-प्रयोग, रहन-सहन सब का अन्तर्भाव हो जाता है। रीति का मूल तत्त्व है आन्तरिक (और अमूर्त), पर प्रवृत्ति के मूल तत्व हैं बाह्य और मूर्त। रीति का आधार है व्यक्ति-स्वभाव (कवि-स्वभाव), प्रवृत्ति का नाटक से–**राजशेखर** ने प्रवृत्ति को मात्र **वेश-विन्यासक्रम** (वेष-विन्यासक्रमः प्रवृत्तिः) स्वीकार किया है। इस प्रकार **रीति** है शुद्ध साहित्यिक, जबकि प्रवृत्ति जीवनचर्या से सम्बन्धित यानी व्यवहारात्मक है। सम्प्रति **रीति** और **प्रवृत्ति** सर्वथा भिन्न-भिन्न अर्थों के द्योतक हैं।

5. ग. रीति और वृत्ति

वृत्ति (वृत् + क्तिन्) शब्द 'वृत्' (वर्तन) धातु से 'क्तिन्' प्रत्यय के योग से निर्मित है। 'वर्तन' का अर्थ है जीवन। अस्तु, 'वृत्ति' हुई जीवन का सहायता पहुँचाने वाली; व्यवहार अथवा पुरुषार्थ-साधक व्यापार। 'वृत्ति' के अनेक अर्थ हैं। काव्यशास्त्र में भी 'वृत्ति' के कई अर्थ हैं। यहाँ 'वृत्ति' के मात्र उन दो रूपों से ही तात्पर्य है जो 'रीति' के सहधर्मी हैं। वे दोनों रूप अग्रांकित हैं–

क. **नाटयवृत्ति**–यह चार प्रकार की मानी गयी है–भारती, सात्वती, कैशिकी और आरभटी।

ख. **काव्यवृत्ति**–यह तीन प्रकार की मानी गयी है–**उपनागरिका, परुषा और कोमला** (ग्राम्या)।

आनन्दवर्धन और अभिनवगुप्त ने इन्हें ही क्रमशः **अर्थवृत्ति** (नाटयवृत्ति) और **शब्दवृत्ति** (काव्यवृत्ति) कहा है। वृत्ति में व्यवहार-सूचक सारे क्रिया-कलापों और चेष्टाओं का अन्तर्भाव हो जाता है। तभी **व्यवहार या व्यापार को ही वृत्ति कहा गया है।** अभिनवगुप्त के अनुसार पात्र (नायकादि) की वैचित्र्ययुक्त कायिक, वाचिक और मानसिक चेष्टा ही वृत्ति है। ऐसे व्यापारों और चेष्टाओं का वर्णन काव्य में सर्वत्र किया जाता है। इसी कारण आद्याचार्य **भरत** ने ही वृत्ति को काव्य-माता घोषित किया है–

सर्वेषामेव काव्यानां वृत्तयो मातृकाः स्मृताः। – ना. शा. 20/4।

काव्यप्रवृत्तियों के उद्‌भावक हैं **उद्‌भट**। उन्होंने वृत्ति को चित्त की अवस्था मानते हुए अनुप्रास-जातीय रूप में विवेचित किया है। **रुद्रट** ने काव्यवृत्तियों पर नयी दृष्टि से (अनुप्रास-जातीय रूप में ही) विचार किया। उन्होंने दो वृत्तियों के पूर्व-स्वीकृत नाम तो बदले ही, दो नयी वृत्तियाँ भी जोड़ दीं। इस प्रकार उनकी संख्या पाँच हो गयी मधुरा (उपनागरिका), प्रौढ़ा, परुषा, ललिता (कोमला), और भद्रा। **भोज** ने वृत्ति का लक्षण **काव्यव्यापी च सन्दर्भो वृत्तिरित्यभिधीयते**।' करते हुए अनुप्रास-जातियों को अस्वीकार कर वर्णों के पारस्परिक सम्बन्ध-असम्बन्ध से युक्त रचना-संघटना के आधार पर बारह प्रकार की–गम्भीरा, ओजस्विनी, प्रौढ़ा, मधुरा, निष्ठुरा, श्लथा, कठोरा, कोमला, मिश्रा, परुषा, ललिता और अमिता–वृत्तियाँ मानी। तात्पर्य यह कि काव्यवृत्तियों (शब्दवृत्तियों) के विवेचन में आचार्यों में मतानैक्य है। तीन वृत्तियाँ ही बहुमान्य हैं।

एक बात स्पष्ट है। ध्वनि-परवर्ती आचार्यों (एक-दो अपवाद को छोड़ कर) ने आनन्दवर्धन के अनुरूप ही **शब्दवृत्ति** और **अर्थवृत्ति** स्वीकार की। इनमें

अर्थवृत्ति (नाट्यवृत्ति) का रीति से दूरागत सम्बन्ध है। रसानुकूलता को आधार मानने पर कैशिकी वृत्ति की पांचाली रीति से, सात्त्वती और आरभटी वृत्तियों की गौड़ी रीति से और भारती वृत्ति की वैदर्भी रीति से किंचित् समानान्तरता स्थापित होती है।

जहाँ तक **वर्णवृत्ति** (उपनागरिका, परुषा और कोमला) की बात है, डॉ. नगेन्द्र ने रीति से उसके सम्बन्ध की तीन स्थितियाँ मानी हैं–(क) वृत्ति को शब्द-व्यवहार मानकर आनन्दवर्धन ने रीति से वृत्ति की एकता मान ली है, (ख) वृत्ति को वर्ण-गुम्फ मानने के कारण अनेक आचार्य –मम्मट, विश्वनाथ, पंडितराज जगन्नाथ आदि–रीति का अंग अथवा पर्याय मानते हैं, और (ग) वृत्ति विशेष प्रकार वर्ण-व्यवहार या वर्ण-संयोजन होने के कारण रीति का बाह्य अंग है। तात्पर्य यह कि रीति के बाह्य तत्त्व (वर्णवृत्ति या शब्दवृत्ति या काव्यवृत्ति) है, किन्तु वास्तविकता यह है कि सम्प्रति रीति और वृत्ति (वर्णवृत्ति) प्रायः पर्याय ही समझे जाते हैं। आगे इनका सोदाहरण निरूपण किया जाता है।

उपनागरिका वृत्ति : टवर्ग-रहित, माधुर्य गुण-व्यंजक, सानुनासिक एवं अनुस्वार युक्त वर्णयोजना वाली रचना उपनागरिका वृत्ति है। शृंगार, हास्य और करुण रसों में इस वृत्ति की सत्ता होती है। यथा–

वह मधुर मधुमास था, जब गंध से,
मुग्ध होकर झूमते थे मधुप-दल। –पन्त

भामह ने इसे ही उपनागरिका अनुप्रास कहा है। अनुप्रास-प्रकारों में वृत्यनुप्रास का आधार यही है। **प्रतिहारेन्दुराज** के अनुसार 'उपनागरिका' नामकरण नगर की चतुर और विदग्ध बनिताओं (नागारिकाओं) की सुकुमार वाक्यावली के समान होने के कारण हुआ है। **अभिनवगुप्त** ने भी ऐसा ही मत दिया है। श्रुतिमधुरता और संगीतमयता उपनागरिका की विशिष्टता होती है।

परुषा वृत्ति–ओज गुण-व्यंजक, द्वित्ववर्णाबहुला एवं संयुक्ताक्षर प्रधान रचना परुषा वृत्ति है। इसका अपर नाम दीप्ता वृत्ति भी है। यथा–

क्रुद्ध फिरत अति जुद्ध जुरत नहिं रुद्ध मुरत भट,
खग्ग बजत अति बग्ग तजत सिर पग्ग सजत चट। –भूषण

यह ओज गुण-प्रकाशक होती है। इसमें र, श, ष, ट वर्ग, रेफमुक्त एवं संयुक्ताक्षरों के प्रयोग का प्राचुर्य होता है। कर्णकटु और कठोर वर्णों के विन्यास से वीर, रौद्र, भयानक और वीभत्स रस एवं उग्र भावों का इस वृत्ति में प्रकाशन

उत्तम रूप में होता है। रोषपूर्ण उक्तियों, युद्धों के वर्णन आदि में इसी वृत्ति का प्रयोग होता है।

कोमला वृत्ति : माधुर्य और ओज गुण-व्यंजक वर्णों से भिन्न प्रसादगुणसम्पन्न वर्ण-रचना कोमला वृत्ति है। उद्‌भट ने इसे ही **ग्राम्या** के नाम से वर्णित किया है। यथा–

क. नव-नव सुमनों से चुन-चुन कर, धूलि सुरभि मधुरस हिमकण।
मेरे उर की मृदु कलिका में, भर दे कर दे विकसित मग।।
–का. दर्पण

ख. सुनो / सच बतलाना
क्या तुमको कभी भी
किसी ने भी
इतना उजला, कोमल, पारदर्शी प्यार दिया? –धर्मवीर भारती

कोमलाक्षरों (ल, ब, स तथा वर्गों के तृतीय वर्णों) के प्रयोग बाहुल्य के कारण यह 'कोमला' कही गयी है। ग्रामीण नारियों की स्वाभाविक वाक्यावली के समान होने के कारण यह 'ग्राम्या' नाम से वर्णित हुई है। शृंगार, शांत, अद्‌भुत आदि रसों एवं सुकुमार भावों की अभिव्यक्ति में इस वृत्ति का प्रयोग मिलता है।

अन्य आचार्यों से **राजशेखर** का मत भिन्न है। वे रीति, प्रवृत्ति और वृत्ति में स्पष्ट पार्थक्य मानते हैं। उनके अनुसार **वेश के विन्यास का प्रकार प्रवृत्ति है, विलास के विन्यास का प्रकार वृत्ति** है और **वचन के विन्यास का प्रकार रीति है**। यहाँ इतना और अलम् है कि यदि पाठक के मन में किसी भ्रामक धारणा की सृष्टि न हो तो रीति, प्रवृत्ति, वृत्ति और गुण को किंचित् समानान्तरता को एक सीमा तक समझने की दृष्टि से अग्रांकित तालिका[28]। उपयोगी सिद्ध हो सकती है। यथा–

रीति	**प्रवृत्ति**	**अर्थवृत्ति**	**वर्णवृत्ति**	**गुण**
वैदर्भी	दाक्षिणात्या	भारती	उपनागरिका	प्रसाद
गौड़ी	औड्रमागधी	सात्त्वती, आरभटी	परुषा	ओज
पांचाली	पांचाली, आवन्ती	कैशिकी	कोमला	माधुर्य

उपर्युक्त तालिका में भारती की समानान्तरता वैदर्भी के साथ स्थापित की गयी है, पर शारदातनय के अनुसार भारती की सत्ता सर्वत्र होती है–'**वृत्तिः सर्वत्र भारती**' (भाव प्रकाशन)। दूसरी **ओर वैदर्भी** में समस्त गुणों का सद्‌भाव स्वीकार किया गया है–'**समग्रगुणा वैदर्भी**' (वामन)।

घ. रीति और शैली

रीति का सबसे निकट का सहधर्मी है : शैली। अर्थ वैशिष्टय की दृष्टि से दोनों में अधिक अन्तर प्रायः है भी नहीं। पूर्व पृष्ठों में उल्लेख किया जा चुका है कि 'शील' से व्युत्पन्न 'शैली' शब्द का व्युत्पत्यर्थ है **'स्वभाव'**, पर शास्त्र में इसका प्रयोग **'व्याख्यान-पद्धति'** के अर्थ में हुआ है। अभिव्यक्ति-पद्धति अथवा लेखन-प्रकार के लिए रीति के पर्याय के रूप में शैली शब्द का प्रचलन आधुनिक होते हुए भी सम्प्रति अधिक लोकप्रिय है। इसका प्रमुख कारण है रीति के अँग्रेजी पर्याय 'स्टाइल' (Style) के लिए शैली शब्द का प्रचलन। यद्यपि "रीति के विषय में भारतीय आलोचकों ने जो मार्मिक समीक्षा प्रस्तुत की है वह ('स्टाइल' विषयक) पाश्चात्य आलोचना के साथ अनेक अंशों में आश्चर्यजनक साम्य रखती है।" तथापि यह सत्य है कि पाश्चात्य आलोचकों ने व्यक्ति-तत्त्व यानी कवि (साहित्यकार) के आत्माभिव्यंजक रूप पर भारतीय आचार्यों की अपेक्षा अधिक बल दिया है। रीति और शैली (Style) में मुख्य अन्तर यही है। तभी ऐसा समझा जाता है कि "रीति-सिद्धान्त आधुनिक विवेचना के लिए बहुत वैज्ञानिक और पूर्ण नहीं है। आज हम शैली पर विचार करते हैं, तो उसकी विशेषताएँ अधिक स्पष्ट और वैज्ञानिक ढंग से प्रकट की जा सकती है।"

शैली के मूल तत्त्व दो हैं—**वस्तु-तत्व** और **व्यक्ति-तत्व**। इनमें प्रधानता है व्यक्ति-तत्व की। वस्तु-तत्व की दृष्टि से रीति और शैली (Style) में अन्तर नहीं है। भारत और योरोप के प्राचीन काव्यशास्त्रों में रीति और शैली के वस्तु-तत्व पर ही अधिक विचार हुए हैं। इस दृष्टि से विचारकों के मत भी प्रायः समान हैं।

शैली में व्यक्ति-तत्व का प्रकाशन दो रूपों में होता है। प्रथम, पात्र और परिस्थितियों के साथ सामंजस्य के रूप में और द्वितीय, कवि अथवा साहित्यकार की आत्माभिव्यक्ति के रूप में। नाटकों में पात्रों के शील-स्वभाव के अनुरूप भाषा-प्रयोग और सुख-दुख क्रियात्मक लोकस्वभाव से युक्त अभिनय की बात स्वीकार कर नाट्याचार्य **भरत** ने व्यक्ति-तत्त्व के प्रथम रूप को ही स्वीकार किया है। रीतियों के नियामकों में **आनन्दवर्धन** द्वारा वक्ता, वाच्य और विषय की स्वीकृति भी वही है। रीति-विचार में कवि का आत्मभिव्यंजक पक्ष भी अछूता नहीं है। 'कवि अनन्त, कवि-मार्ग अनन्ता' के अनुरूप ही **दण्डी** द्वारा प्रत्येक कवि की निजी शैली को मान्यता दिये जाने, कुंतक का कवि-स्वभाव को ही

शैली का मूलाधार मानने एवं दण्डी के मत का **शारदातनय** द्वारा अनुमोदित किये जाने से यही सिद्ध होता है कि कवि के आत्माभिव्यंजक पक्ष को भी रीति में महत्त्व मिला है। तब भी यह निर्विवाद है कि रीति की अपेक्षा 'स्टाइल' (शैली) में आत्माभिव्यंजना को अधिक महत्त्व प्राप्त है। पश्चिम में **'स्टाइल इज द मैन'** (Style is the man) की जिस रूप में मान्यता रही है, उस रूप में भारत में नहीं सोचा गया कि 'रीति मानव-स्वभाव का सूचक है'। प्राचीन लोकोक्ति **'स्वाभावो मूर्ध्नि वर्तते'** के प्रचलन एवं 'स्वभाव' की व्यापकता एवं प्रभावशीलता विषयक कुन्तक की चेतावनी के बावजूद रीति-विवेचकों द्वारा आत्माभिव्यंजना को समुचित महत्त्व नहीं दिया जाना अपने-आप में सुखद आश्चर्य है। आधुनिक आलोचना में शैली, रीति का स्थान ले चुकी है। अस्तु, यहाँ शैली के सम्बन्ध में किंचित् विचार करना अप्रासंगिक नहीं होगा।

शैली (या रीति) जहाँ एक ओर कवि के स्वभाव और व्यक्तित्व की प्रकाशिका—कवि की निजता की पहचान—होती है, वहीं दूसरी ओर उसके परिवेश, युग और वर्गविशेष के कवियों की सामान्य विशेषताओं से भी युक्त होती है। शैली (या रीति) विशिष्ट अभिव्यक्ति-पद्धति अथवा कथन-प्रणाली है। कवि के स्वभाव और व्यक्तित्व के अतिरिक्त वर्ण्य-विषय, भाव, उद्देश्य, पात्र, परिस्थिति आदि के अनुरूप ही उसमें वर्ण-संयोजन, शब्द-संगठन, वाक्य-निर्माण, अलंकारादि के प्रयोग होते हैं। किसी कवि की रचना को शैली की भिन्नता के आधार पर दूसरे कवि की रचना से सहज ही अलग कर लिया जा सकता है।

शैली (या रीति) मूलतः तीन बातों पर निर्भर करती है—कहनेवाला क्या कहना चाहता है, किससे कहना चाहता है और किस रूप में कहना चाहता है। यदि कहने वाला एक ही हो, तब भी कहने वाले की पद्धति और जिससे कहा जायेगा—दोनों के अन्तर के कारण शैली में अन्तर हो जायेगा। यही कारण है कि एक ही कवि के दो प्रकार के भावों या विचारों को व्यक्त करने वाली रचनाओं में अन्तर हो जाता है। पाठक को बदल देने पर भी रचना शैली में भिन्नता हो जायेगी। फिर भी, शैली का जो सम्बन्ध कवि के स्वभाव और व्यक्तित्व से है, उसे कदापि विस्मृत नहीं किया जा सकता। चाहे जिस परिस्थिति में कोई हो, उसकी निजता अथवा विशिष्टता उससे अलग नहीं होती।

कतिपय पाश्चात्य विचारक शैली को पोशाक मानते हैं। इस प्रकार के कथन में संशोधन करते हुए दूसरे विचारक उसे त्वचा कहते हैं। तात्पर्य यह कि

जिस प्रकार प्राण पर बिना संकट डाले त्वचा का शरीर से अलग किया जाना असम्भव है, उसी प्रकार अभिव्यक्ति के प्रकृत रूप को बिना विकृत किये शैली का स्थानान्तरण भी असम्भव है। इससे शैली का महत्व स्पष्ट हो जाता है। इन सारी बातों को ध्यान में रखते हुए शैली (या रीति) के कई रूप निश्चित किये जा सकते हैं। वस्तुतः कई प्रकार की शैलियाँ काव्य में व्यवहृत होती भी हैं। **भगीरथ मिश्र** के अनुसार हिन्दी-काव्य में कुल छह प्रकार की अग्रांकित शैलियाँ प्रचलित प्रतीत होती हैं। यथा–

1.	सरस शैली	4.	क्लिष्ट या विदग्ध शैली
2.	मधुर शैली	5.	उदात्त शैली
3.	ललित शैली	6.	व्यंग्य या तीक्ष्ण शैली।

उन्होंने इनके लक्षण और उदाहरण भी प्रस्तुत किये हैं। यहाँ ध्यातव्य है कि इन छह शैलियों में तीन–सरस, मधुर और उदात्त शैलियाँ, क्रमशः वैदर्भी, पांचाली ओर गौड़ी **रीतियों के** नामान्तर भर हैं। शैष तीन–ललित, विदग्ध और व्यंग्य (3, 4, 6)–**नयी शैलियाँ** हैं। गुलाबराय ने भी छह प्रकार की शैलियों का उल्लेख किया है[36]।

1. गाढ़त्व या शैथिल्य प्रधान।	4. प्रसाद (गुण) वाली।
2. कान्ति प्रधान	5. सरलता वाली।
3. ओज (गुण) वाली।	6. प्रौढ़ि (नामक) शैली।

इनमें प्रसाद और सरलता (4, 5) को अलग मानने की आवश्यकता नहीं है। 'प्रौढ़ि' शैली का संकेत 'काव्यप्रकाश' में ही हुआ है। 'कांति' (2) वैदर्भी के निकट है। इनके अतिरिक्त उन्होंने परम्परा से मान्य 'समास' और 'व्यास' शैलियों का भी उल्लेख किया है। अस्तु, कहना पड़ता है कि गुलाबराय की अपेक्षा भगीरथ मिश्र के शैली-प्रकार सम्बन्धी विचार अधिक महत्त्व के हैं।

इसमें वैमत्य नहीं है कि आज शैली शब्द रीति का स्थानापन्न हो गया है। रीति की अपेक्षा शैली शब्द को अर्थ-परिधि भी अधिक व्यापक है। रीति शब्द जहाँ शैली के मात्र समष्ठि अथवा सामूहिक रूप का द्योतक है, वहाँ 'शैली' से समूह और व्यक्ति–वर्ग और व्यक्ति, दोनों की विशिष्टताओं का बोध होता है।

ङ. पाश्चात्य विचारक और रीति

पाश्चात्य विचारकों के 'रीति' अथवा 'शैली' विषयक विचार भारतीय विचार के प्रायः अनुरूप पड़ते हैं। भारत की तरह ही यूनानी विचारक **क्विण्टिलियन** (Quintilian- 35-96 A.D.?) ने प्राचीन यूनानी काव्य की तीन रीतियाँ भौगोलिक आधार पर ही मानीं–एटिक (Attic), एशियाटिक (Asiatic) और रोडियन (Rhodian)। ये क्रमशः वैदर्भी, गौड़ी और पांचाली के अनुरूप कही जायेंगी।

प्रसिद्ध विचारक **अरस्तू** ने ('रेटारिक्स' में) **साहित्यिक** (Literary) और **वादात्मक** (Controversial), दो मुख्य रीतियाँ मानी एवं वादात्मक के पुनः दो उपप्रकार–राजनीतिक (Political) और उग्र (Forensic), भी स्वीकृत किये। उसके अनुसार रीति या शैली में **प्रसादगुण** (perspicuity) और **औचित्य** (Properiety) का होना आवश्यक है। अरस्तू की मान्यता है कि रीतियाँ भावानुरूप परिवर्त्तनशील होनी चाहिए। उनकी उदात्त (Dignified) रीति विषयक मान्यता 'Every thing that deviates from the ordinary modes of speech' आचार्य **कुन्तक** स्वीकृत उक्ति के बाँकपन के अनुरूप है।

रीति-विवेचन में अरस्तू के पश्चात **डेमेट्रियास** (Demetrius) का महत्वपूर्ण नाम है। उसने अपनी पुस्तक (On style) में गम्भीर विचार करते हुए चार प्रकार की रीतियाँ मानी। साथ ही यह भी कहा कि उनके सम्यक निर्वाह के अभाव में उन्हीं के विपरीत चार दुष्ट रीतियाँ स्थान बना लेती हैं। यथा–

1. प्रसन्न मार्ग (Plain Style)   3. मसृण मार्ग (Polished Style)
2. उदात्त मार्ग (Stately style)   4. ऊर्जस्वी मार्ग (Powerful Style)

इनके निर्वाह के अभाव में दुष्ट रीतियाँ–

1. शिथिल मार्ग (Fregid Style) 3. नीरस मार्ग (Arid Style)
2. कृत्रिम मार्ग (Affected Style)4. प्रतिकूल मार्ग (Disogresable Style)

रीति विषयक **प्रो. मरी** (Murry-The Problem of Style) का विवेचन भारतीय रसध्वनि के निकट पड़ता है। औचित्य (Precision) यानी भाव की अभिव्यक्ति के औचित्य (Precision of imotional Suggestion) को वे रीति का आवश्यक गुण मानते हैं। इसके साथ ही वे लय की सांगीतिक अभिव्यक्ति (Musical Suggestion of the rhythem) और मूर्त्त विषय की रूपात्मक अभिव्यक्ति (Visual Suggestion of the imagery) को भी

महत्व देते हैं। भावाभिव्यक्ति का यह औचित्य रसध्वनि की परिधि में सहज ही रखा जायेगा।

रीतियों के विवेचन में **विंचेस्टर** (Winchester) ने जो स्वीकार किया है, वह भी भारतीय मत के अनुकूल है। वे दो प्रकार की रीतियाँ मानते हैं—पहले प्रकार की रीति में स्पष्टता और संक्षिप्तता होती है, जबकि दूसरे प्रकार में विस्तार और आडम्बर। वस्तुतः ये क्रमशः वैदर्भी (सुकुमार) और गौड़ी (विचित्र) के अनुरूप लगते हैं। कहा जायेगा कि भारत और पश्चिम में रीति के सम्बन्ध में पर्याप्त विचार हुए हैं। उनमें अनेकविध साम्य है।

गुण एवं दोष

'गुण' का शब्दार्थ है—**शोभाकारी** धर्म अथवा **दोषाभाव**। आचार्य भरत द्वारा निरूपित गुण का लक्षण अभावात्मक हे। उनके अनुसार **गुण दोष का विपरीत भाव है**।[1] काव्य-शोभाकरत्व के विचार से विभिन्न काव्यांग एक-से होने पर भी दण्डी के अनुसार कुछ साधारण धर्म होते हैं और कुछ असाधारण धर्म।[2] इस प्रकार उन्होंने अलंकार तथा गुणों का विवेक किया, पर उनकी धारणा अस्पष्ट ही रहीं। वह काम किया वामन ने।

गुण की स्वतंत्र सत्ता और यथार्थ प्रतिष्ठा देने का श्रेय आचार्य **वामन** को है। उन्होंने लक्ष्य किया कि काव्य के शोभावर्धन में कुछ तो नित्य धर्म होते हैं और कुछ अनित्य। उन्होंने नित्य धर्म को गुण और अनित्य धर्म को अलंकार घोषित किया। उनके मतानुसार **गुण काव्य का शोभाविधायक धर्म** है (पर अलंकार अतिशय करने वाला)। रीति का स्वरूप नित्यगुणात्मक मानने के कारण ही उन्होंने गुण को रीति से अभिन्न स्वीकार किया। हिन्दी आलोचकों में डॉ. श्यामसुन्दर दास भी गुण को शैली (रीति) के अन्तर्गत ही मानते हैं।

ध्वनिवादी आचार्य **आनन्दवर्द्धन** ने गुणों को स्वतंत्र नहीं रसाश्रित माना।[4] परवर्त्ती **ध्वनिवादियों** एवं रसवादियों ने गुणों के स्वतंत्र अस्तित्व को स्वीकार तो किया, पर उसे रसाश्रित ही माना। इस प्रकार गुण काव्यशोभा का मुख्य कारक हेतु अथवा **नित्य धर्म नहीं, रस का अभिव्यंजक उपाय माना गया**। आचार्य शुक्ल ने भी गुण को रसाश्रित ही स्वीकार किया है। अस्तु, कहा जायेगा कि

गुण रस का धर्म है जो उसके साथ नियत रूप (अचल भाव) से रहते हुए उसकी श्रीवृद्धि (उत्कर्ष) में सहायक होता है।[5]

गुणों की संख्या के बारे में आचार्यों में पर्याप्त मत-वैषम्य है। आचार्य भरत को दश गुण मान्य हैं—**माधुर्य, ओज, प्रसाद, श्लेष, समता, सुकुमारता, अर्थव्यक्ति, उदारता, कांति** और **समाधि**। परवर्त्ती साहित्याचार्यों में दण्डी, वामन और जयदेव

को भी प्रायः ये मान्य हैं। **वामन** द्वारा शब्द गुण और अर्थगुण की अलग-अलग कल्पना किये जाने के कारण गुणों की संख्या बीस हो गयी। **अग्निपुराणकार** के अनुसार अठारह गुण हैं जो 'शब्द गुण', 'अर्थ गुण' और 'उभय गुण' नामक तीन वर्गों में पुनर्विभाजित हैं। **भोजराज** और विद्यानाथ के मतानुसार गुण चौबीस हैं। इस प्रकार गुणों की संख्या के सम्बन्ध में मतैक्य नहीं है। यह स्थिति ध्वनिपूर्वकाल की है। **ध्वनिवादी आचार्य आनन्दवर्द्धन** एवं उन्हें आधाररूप में ग्रहण करने वाले **मम्मट, विधाधर, पं. विश्वनाथ**, पंडितराज **जगन्नाथ** आदि आचार्यों ने गुणों की संख्यात्मक वृद्धि की अपेक्षा उनके वैज्ञानिक अध्ययन पर बल दिया। परिणामतः इन आचार्यों ने **सहृदय के चित्त की तीन अवस्थाओं (क) द्रुति (चित्त का आर्द्र तथा गलित हो जाना, Melting), (ख) दीप्ति (चित्त की उज्ज्वलता अथवा विस्तृति** (Glowing) **और (ग) व्याप्ति (चित्त की व्यापकता अथवा विकासात्मकता,** (Expanding) **के आधार पर केवल तीन गुणों को ही मान्यता दी।** वे गुण हैं क्रमशः 1. **माधुर्य,** 2. **ओज** और 3. **प्रसाद**। यही मत अब सर्व स्वीकृत है।

1. माधुर्य गुण—सहृदय के चित्त के द्रवण और आह्लादन में समर्थ अंगीरस का धर्म ही माधुर्य गुण है।[6]

'माधुर्य' का अर्थ है—मिठास; अर्थात काव्य में प्रयुक्त शब्दावली एवं उससे प्रकट होने वाले अर्थ में मन को मोह लेने का गुण। इस गुण की स्थिति के मूल में चंचलता अथवा आतुरता का अभाव ही असल है। **चंचलता और आतुरता माधुर्य गुण के बाधक हैं**। संयोग श्रृंगार में आतुरता और चंचलता का आधिक्य होने के कारण ही यह गुण अपेक्षाकृत कम पाया जाता है। संयोग, करुण और वियोग का आह्लाद एक सीमा तक वैयक्तिक ही अधिक होता है। इनके प्रतिकूल शांत रस का आह्लाद अधिक व्यापक और अंचचल होता है। इसीलिए इस गुण की स्थिति शांत रस की रचनाओं में सर्वाधिक स्वीकार की गयी है। तात्पर्य यह कि माधुर्य गुण संयोग से अधिक करुण में, करुण से अधिक वियोग में और सबसे अधिक शांत रस की रचनाओं में होता है। **पांचाली** रीति की रचनाओं में इस गुण का प्रायः प्राचुर्य देखा जा सकता है। **पं. विश्वनाथ** ने इसके कतिपय बाह्यार्थनिरूपक लक्षण भी बताये हैं। यथा—

क. माधुर्य गुण संयोग श्रृंगार, करुण, वियोग श्रृंगार एवं शांत रस में उत्तरोत्तर क्रमशः अधिक पाया जाता है।

ख. माधुर्यव्यंजक वर्णों का प्रयोग होना चाहिए। अर्थात् ट. ठ, ड, ढ से रहित ककार से मकार तक वर्ण प्रयुक्त हो सकते हैं।

ग. पंचमाक्षरों (ङ, ञ, न, म) के कुशल प्रयोग (अपने वर्ग के अन्य वर्णों से संयोग) से माधुर्य की वृद्धि होनी चाहिए।

घ. 'र' और 'ण' के प्रयोग ह्रस्व-स्वर से अन्तरित हों।

ङ. रचना समासहीन अथवा ईषद् समासों वाली होनी चाहिए।

इसका उदाहरण अग्रांकित हैं। यथा–

क. कंकन किंकिनि नूपुर धुनि सुनि,
कहत लषन सन सम हृदय गुनि।
मानहुँ मदन दुंदुभी दीन्ही,
मनसा विस्व विजय कर लीन्हीं।।

–तुलसी

ख. खग-गुल कुल-कुल-सा बोल रहा
किसलय का अंचल डोल रहा
लो, यह लतिका भी भर लायी
मधु मुकुल नवल रस-गागरी!
बीती विभावरी जाग री!

–प्रसाद

ग. एक पल, मेरे प्रिया के दृग पलक
ये उठे ऊपर, सहज नीचे गिरे,
चपलता ने इस विकम्पित पुलक से
दृढ़ किया मानों प्रणय सम्बन्ध था!
लाज की मादक सुरा की लालिमा
फैल गालों में, नवीन गुलाब-से,
छलकती थी बाढ़-सी सौन्दर्य की
अधखुले सस्मित गढ़ों से, सीप-से!

–पन्त

घ. वर दे, वीणावादिनी वरदे!
प्रिय स्वतंत्र-स्व अमृत-मंत्र नव
भारत में भर दे!

–निराला

ङ *(प्रिय) यामिनी जागी।*
अलस पंकज-दृग अरुण-मुख-
तरुण-अनुरागी।

—निराला

2. ओज गुण—सहृदय के चित्त में उत्साह, वीरता, आवेश आदि की जागृति में समर्थक अंगीरस का धर्म ही ओज गुण है।[7]

'ओज' का अर्थ है—तेज, प्रताप, दीप्ति आदि। यह **चित्त का दीप्तिकारक अथवा विस्तारक** गुण है। **गौड़ी** रीति की रचना में इसका प्राचुर्य दिखायी पड़ता है। यह गुण वीर, वीभत्स और रौद्र रस में उत्तरोत्तर क्रमशः अधिक मिलता है। इसका बाह्य लक्षण निम्नांकित रूप में स्वीकृत है। यथा—

क. ओज गुण वीर, वीभत्स और रौद्र रस में क्रमशः अधिक पाया जाता है।

ख. इसमें प्रत्येक वर्ग के पहले-दूसरे और तीसरे-चौथे वर्णों की संयुक्ताक्षरता अनुकूल मानी जाती है।

ग. इसमें ट, ठ, ड, ढ, श, ष आदि वर्णों का प्रयोग ओजवर्द्धक होता है।

घ. ऊपर-नीचे रेफ युक्त वर्ण-प्रयोग, दीर्घ समासता और उद्धत पदसंघटना आवश्यक है। इसका उदाहरण अग्रांकित है। यथा—

क. माखे लषनु कुटिल भई भौहें, रद-पट फरकत नयन रिसौहें।
रघुबसिंन्ह महँ जहँ कोउ होई, तेहि समाज अस कहइ न कोई॥

—तुलसी

ख. बजा लोहे के दन्त कठोर, नाचती हिंसा जिह्वा लोल।
भृकुटि के कुण्डल वक्र मरोड़, फुहुँकता अन्धरोष फन खोल!
बहा नर-शोणित मूसलधार रुण्ड-मुण्डों की कर बौछार!
प्रलय-घन-सा घिर भीमाकार गरजता है दिगन्त संहार।
छेड़कर शस्त्रों की झनकार महाभारत गाता संसार।।

—पन्त

ग. गिरि जनि गिरै स्याम के कर तैं।
करत विचार सबै ब्रजवासी, भय उपजत अति उर तैं।।

लै लै लकुट ग्वाल सब धाये, करत सहाय जु तुरतैं।
यह अति प्रबल,स्याम अति कोमल, रबकि-रबकि हरबर तैं।।
सप्त दिवस कर पर गिरि धार्‌यौ, बरसि थक्यौ अम्बर तैं।
गोपी ग्वाल नन्दसुत राख्यौ, मेघ-धार जलधर तैं।।।
जमलार्जुन दोउ सुत कुबेर के, तेउ उखारे जर तैं।
सूरदास प्रभु इन्द्र-गर्व हरि, ब्रज राख्यौ कर बर तैं।।

—सूरदास

घ. हिमाद्रि-तुंग-शृंग से प्रबुद्ध शुद्ध भारती,
स्वयं प्रभासमुज्ज्वला स्वतंत्रता पुकारती।
अमर्त्य वीर-पुत्र हो दृढ़ प्रतिज्ञ सोच लो,
प्रशस्त पुण्य-पन्थ है—बढ़े चलो, बढ़े चलो।।

—प्रसाद

3. प्रसाद गुण— सहृदय के चित्त में शीघ्रतापूर्वक (द्रुत गति से) व्याप्त करने में समर्थ अंगीरस का धर्म ही प्रसाद गुण है।[8]

'प्रसाद' का अर्थ है—व्याप्त हो जाना, विकसित हो जाना अथवा खिल उठना। अर्थात् किसी रचना में निहित वे गुण जिनके कारण रचना शीघ्र ही पाठक के हृदय में प्रवेश पाती है। वैसे गुणों में सहजता, सरलता, स्वच्छता आदि हैं। तात्पर्य यह कि जो रचना सुनते ही समझ में आ जाये।[9] वह प्रसाद गुणयुक्त होती है। यह गुण सभी रसों में होता है। इस गुण के लिए सरल, सहज, सुबोध शब्दावली का प्रयोग आवश्यक है। अर्थ की सरलता, निर्मलता और स्वच्छता इसकी विशेषता होती है। इसका उदाहरण निम्नांकित है। यथा—

क. चारू चन्द्र की चंचल किरणें
खेल रही हैं जल-थल में।
स्वच्छ चाँदनी बिछी हुई है
अवनि और अम्बर तल में।।

—गुप्तजी

ख. कैसे कहती हो सपना है,
अलि! उस मूक मिलन की बात।
भरे हुए अब तक फूलों में
मेरे आँसू उनके हास!

—महादेवी

ग. मुझको न सुख-सांर दो।
कुछ बात दिल की कह सकूँ,
उपहास जग का सह सकूँ,
सुख-दुःख में सम रह सकूँ,
इतना मुझे अधिकार दो।
—शिवमंगल सिंह 'सुमन'

घ. बह चुकीं बहकी हवाएँ चैत की
कट गयीं पूलें हमारे खेत की।
कोठरी में लौ बढ़ाकर दीप की
गिन रहा होगा महाजन सेंत की।

—अज्ञेय

ङ. राम सो बड़ो है कौन, मोसों कौन छोटो।
राम सों खरों है कौन, मोसों कौन खोटो।। —तुलसी

दोष

काव्यशास्त्र में काव्य-दोषों का निरूपण प्रारम्भ से ही किया जाता रहा है। इसके बावजूद दोष का लक्षण स्पष्ट करने का प्रथम श्रेय **आ. मम्मट** को है। उन्होंने **मुख्य अर्थ के अपकर्षक** या विघातक तत्त्व को दोष कहा है।[10] मुख्य अर्थ के अपकर्ष से उनका तात्पर्य है—उद्देश्य की प्रतीति का विघातक। उनके टीकाकार **वामानाचार्य** ने स्पष्ट रूप से कहा है कि काव्य के उद्देश्य की प्रतीति के बाधक तत्त्व ही दोष हैं।[11] मम्मट के मत को स्पष्ट करते हुए **पं. विश्वनाथ** ने भी स्वीकार किया कि **रस के अपकर्षक तत्त्व ही दोष हैं।**[12]

दोष की संख्या के सम्बन्ध में आचार्यों में वैमत्य रहा है। नाट्याचार्य **भरत** ने दोषों की संख्या दस मानी है, किन्तु **मम्मट** तक उनकी संख्या में पर्याप्त विस्तार हो चुका था। दोषों के वर्गीकरण में भी आचार्यों में वैमत्य रहा है। मम्मट तीन प्रकार के दोष मानते हैं—**शब्दगत, अर्थगत**, और **रसगत**। शब्दगत दोषों के अन्तर्गत ही पदगत, पदांशगत और वाक्यगत दोष भी रखे गये हैं। **पं. विश्वनाथ** का दोष-विवेचन मम्मटानुसारी ही है। उन्होंने शब्दगत दोषों को तीन वर्गों में रखा है, इसलिए दोष पाँच प्रकार के कहे गये हैं—पद-दोष, पदांश-दोष, वाक्य-दोष, अर्थ-दोष एवं रस-दोष। कतिपय विचारकों ने इनके अतिरिक्त **वर्णन-दोष** का भी अलग से विचार किया है।

सब के मतों का समाहार करते हुए कहा जायेगा कि दोष **मुख्यतः चार प्रकार** के स्वीकार किये जायेंगे। यथा–

क. **शब्दगत दोष**, ग. **रसगत दोष** और
ख. **अर्थगत दोष**, घ. **वर्णनगत दोष**।

इनके अनेक उपभेद भी स्वीकृत हैं। यहाँ इनके कतिपय मुख्य रूपों का निदर्शन भर किया जाता है।

क. शब्दगत दोष

जहाँ किसी शब्द के प्रयोग मात्र से ही काव्य की सहृदय-संवेद्यता में किसी प्रकार की बाधा उपस्थित हो, वहाँ काव्य-दोष शब्दगत होता है। इस प्रकार का दोष पद, पदांश और वाक्यांश में होता है। **आ. मम्मट** ने इसके सैंतीस उपभेद या प्रचलित रूप स्थिर किये हैं। वस्तुतः इसके चालीस से अधिक प्रचलित रूप स्थिर किये जा सकते हैं। कुछ के नाम इस प्रकार हैं– (क) श्रुति-कटुत्व, (2) अश्लीलता, (3) अनुचितार्थता, (4) अप्रयुक्तता, (5) ग्राम्यता, (6) अप्रतीत्व, (7) संदिग्धता, (8) न्यूनपदत्व, (9) अधिकपदत्व, (10) व्यर्थपदत्व, (11) पुनरुक्ति, (12) अस्थानपदत्व, (13) अक्रमत्व, (14) अन्वयदोष, (15) दुष्क्रमत्व, (16) प्रसिद्धि-विरुद्धता, (17) कष्टार्थ, (18) निर्हेतु, (19) असमर्थता, (20) निरर्थकता, (21) प्रतिकूलवर्णता, (22) अवाचकता, (23) क्लिष्टता, (24) निहितार्थता, (25) नेयार्थता, (26) च्युत-संस्कृति इत्यादि। इनके नाम स्वयं ही लक्षण-बोधक हैं। यहाँ कुछ के उदाहरण प्रस्तुत किये जाते हैं। यथा–

श्रुति-कटुत्व : क. यह घाट वही जिस पर हँस कर,
वह कभी नहाती थी धँस कर।
–निराला

ख. पर क्या न विषयोत्कृष्टता करती विचारोत्कृष्टता।
–का. दर्पण

अश्लीलता : मधुरता में **मरी अजान**। –पन्त
ग्राम्यत्व : बस मिले प्रेम का मुझे **परोसा** मेरा। –गुप्तजी
संदिग्धता : **मार** से बचाओ नाथ, आयी हूँ शरण में। –अवन्तिका
निरर्थकता : देव होकर तुम सदा मेरे रहो।
और देवी ही मुझे रक्खो **अहो**! –गुप्त जी

असमर्थता : भारत के नभ का प्रभापूर्य

... ...

अस्तमित आज रे तमस्तूर्य दिङ्मण्डल।

—निराला

च्युतसंस्कृति : **शरण** किसे छलता है? दोनों ओर प्रेम पलता है!

—गुप्तजी

अवाचकता : कनक-से दिन मोती-सी रात, सुनहली साँझ गुलाबी प्रात।
मिटाता रँगता बारम्बार, कौन जग का यह चित्राधार।।

—महादेवी

प्रतिकूल वर्णता : झटकि चढ़ति उतरति अटा, नैक न थाकति देह।
भई रहति नट को बटा, अटकी नागर नेह।।

—बिहारी

न्यूनपदता : यदि मुझे बाँधना चाहे मन, तो पहले बाँध अनन्त गगन।

—दिनकर

यहाँ 'मन' के पूर्व 'तुम्हारा' पद आना चाहिए था।

अप्रतीत्व : **नव पौरी** पर **दसम दुआरा**, तेहि पर बाज राज घरियारा।

—जायसी

मुहावरा दोष : ये नाप रहे निज घर का मग,
कुछ श्रमजीवी धर डगमग डग
भारी है जीवन! **भारी पग**!! —पन्त

अन्तिम पंक्ति में प्रयुक्त दूसरे मुहावरे 'भारी पग' (उनका पैर भारी है) का अर्थ 'पैर भी नहीं उठते हैं' लिया गया है, जबकि उसका वास्तविक अर्थ होता है—'गर्भवती'।

ख. अर्थगत दोष

काव्य की पद-योजना ठीक रहने पर भी यदि अभीष्ट अर्थ की अभिव्यक्ति दूषित हो, तो दोष अर्थगत माना जाता है। ध्यातव्य है कि शब्दगत दोष अर्थ को प्रभावित तो करते हैं, पर उन्हें अर्थदोष नहीं माना जाता। कारण, अपेक्षित पदों (पद, पदांश, वाक्यांश) के उचित प्रयोग से शब्दगत दोष तो दूर किये जा सकते हैं, पर अर्थगत दोष नहीं। अर्थगत दोष को दूर करने के लिए व्यंजित होने वाले अर्थ के स्वरूप में परिवर्तन करने के उपरांत ही अभीष्ट अर्थ की प्राप्ति सम्भव हो सकती है। अर्थगत दोषों की संख्या तेईस मानी गयी है। यथा—

(1) अपुष्टत्व, (2) ग्राम्यत्व, (3) दुष्क्रमत्व, (4) व्याहतत्त्व, (5) अश्लीलता, (6) कष्टत्व, (7) अनवीकृतत्व, (8) निर्हेतुता, (9) प्रकाशित विरुद्धता, (10) साकांक्षता, (11) सहचर भिन्नता, (12) संदिग्धता, (13) पुनरुक्तता, (14) ख्याति विरुद्वता, (15) विद्या-विरुद्धता, (16) अस्थान युक्तता, (17) अनियमपरिवृत्तत्व, (18) सनियमपरिवृत्तत्व, (19) अविशेष परिवृत्तत्व, (20) विशेष परिवृत्तत्व (21) विध्ययुक्तता, (22) अनुवादायुक्तता और (23) त्यक्त-पुनः स्वीकृत। आगे कुछ के उदाहरण प्रस्तुत किये जाते हैं। यथा–

अश्लीलता : *जहाँ लज्जाजनक अर्थ (अश्लील) अर्थ की व्यंजना भी हो–*
कटि के नीचे चिकुर-जाल में, उलझ रहा था बायाँ हाथ।

कष्टत्व : *जहाँ अभीष्ट अर्थ अत्यधिक कष्ट से मालूम हो :–*
तो पर वारौं चार मृग, चार विहँग फल चार। –भिखारीदास

यहाँ सुन्दरी के नेत्रों पर मृग, घूँघट पर हय, गति पर गज एवं कटि पर सिंह (चार मृग); मधुर वाणी पर कोयल, ग्रीवा पर कपोत, केश पर मयूर और नासिका पर शुक (चार विहँग); दाँतों पर दाड़िम, स्तनों पर श्रीफल, अधरों पर बिम्बाफल और कपोलों पर मधूक (चार फल) न्यौछावर करने की बात कही गयी है।

प्रकाशित विरुद्धता : जहाँ अर्थ का प्रकाशन इस प्रकार कराया जाता हो कि कवि के अकौशल के कारण दूसरा विरोधी अर्थ भी प्रकाशित हो उठे–

मनु निरखने लगे ज्यों-ज्यों यामिनी का रूप।
वह अनन्त प्रगाढ़ छाया फैलती अपरूप।। –प्रसाद

यहाँ 'यामिनी का रूप' के विशेषण-रूप में 'अपरूप' प्रयुक्त है जिसका अभिप्रेत अर्थ 'अपूर्व' अथवा 'रमणीय' लिया जायेगा, पर हिन्दी में 'अपरूप' का प्रचलित अर्थ है 'नष्टरूप' या 'विकृत रूप' जो प्रकाशित अर्थ के विरुद्ध है।

साकांक्षता : जहाँ अभिव्यक्ति की पूर्णता के लिए वाचक पदों की आकांक्षा बनी रहे–

इधर रह गंधर्वों के देश, पिता की हूँ प्यारी संतान। –प्रसाद

इस पंक्ति का अर्थ करते समय प्रथम चरण में 'मैं' और द्वितीय चरण में 'अपने' पंद की आकांक्षा बनी रहती है। इन्हें जोड़कर सम्पूर्ण अर्थ की अभिव्यक्ति संभव होती है।

पुनरुक्तता : जहाँ अर्थ की पुनरुक्ति होती है–

मृदु बानी मीठी लगे, बात कविन की उक्ति।–भिखारीदास।

यहाँ 'मृदुबानी' के उपरान्त 'बात' और 'उक्ति' के प्रयोग से अर्थ की पुनरुक्ति होती है।

ख्यातिविरुद्धता : जहाँ लोकप्रसिद्ध अर्थ का प्रतिपादन नहीं होता है–

सखि! नील नभस्सर में निकला, यह हंस अहा! तरता-तरता।
अब तारक-मौक्तिक शेष नहीं, निकला जिनको चरता-चरता। –गुप्त

हंस का मोती चुगना लोकप्रसिद्ध अर्थ है, पर यहाँ हंस का 'तारक-मौक्तिक चरना' अर्थ किया गया है।

ग. रसगत दोष

रसास्वादन में विरोध, बिलम्ब, व्याघात, अपकर्ष आदि उत्पन्न करने वाले तत्त्व ही रस-दोष (रसगत दोष) कहे जाते हैं।

काव्य में रस वाच्य नहीं, व्यंग्य होता है। उसका कथन नहीं किया जाता, उसकी सदा अभिव्यक्ति होती है। और रसाभिव्यक्ति निर्भर करती है विभाव, अनुभाव और व्यभिचारी भाव के संयोग पर। संयोग के लिए आवश्यक है विभावादि रस-सामग्री की औचित्यपूर्ण योजना। औचित्यपूर्ण योजना के अभाव यानी अनौचित्य में रसाभिव्यक्ति हो तो सकती है, पर वह सर्वथा निर्दोष नहीं होगी। पाठक को रसानुभूति तो होगी, पर उसमें किसी-न-किसी प्रकार का व्याघात, विलम्ब आदि भी होगा। रसगत्-दोष यही है। **राकेशगुप्त**[13] आदि नवीन विचारकों ने रस-दोष विषयक प्राचीन आचार्यों के मतों से असहमति भी व्यक्त की है, पर उसे मात्र असहमति के लिए असहमति ही समझना ठीक है। वस्तुतः रसगत्-दोष की कल्पना मनोविज्ञान सम्मत है। इसे अस्वीकार नहीं किया जा सकता कि अभीष्ट भावादि की अभिव्यक्ति औचित्यपूर्ण हो। जहाँ कहीं अनौचित्य होगा, रसानुभूति निर्दोष नहीं होगी। इसलिए रसगत् दोषों की सत्ता स्वीकार करनी पड़ती है। रसगत दोष दस प्रकार के[14] माने गये हैं। यथा–

1. रस-स्थायि-व्यभिचारिभावों की स्वशब्दवाच्यता
2. विभावानुभावों की कष्टकल्पना
3. विरोधी विभावानुभावों की वर्णना
4. रस की पुनः-पुनः दीप्ति

5. अनवसर में रस-वर्णना
6. अनवसर में रस-विच्छेद
7. गौण रसों की विकृत वर्णना
8. प्रधान रस का विस्मरण
9. प्रकृति-विपर्यय, और
10. अनुपकारक रसों की वर्णना।

यहाँ मात्र कुछ के उदाहरण रखे जाते हैं। यथा–

(क) स्वशब्दवाच्यत्वता

कर मूसत नाचत, नगन, लखि हलधर को स्वाँग।
हँसि हँसि गोपी फिरि हँसै, मनहुँ पिये-सी भाँग।।

—पद्माकर

(ख) अनवसर में रस-वर्णना

सजि सिंगार सर पै चढ़ी, सुन्दरि निपट सुवेस।
मनो जीति भुवलोक सब, चलि जितन दिवि देस।।

—भिखारीदास

(ग) प्रधान रस का विस्मरण

पीतम पठै सहेज निज, खेलन अटकी जाय।
तकि तेहि आवत उतहिं ते, तिय मन-मन पछिताय।।

—भिखारीदास

घ. वर्णनगत दोष

वर्णनगत दोष का सम्बन्ध मूलतः कथ्य से होता है। कौन-सी बात किससे, कब और किस रूप में कही जाये; इसका अपरिज्ञान ही इस दोष की आधारशिला है। इसके भी कई प्रकार स्थिर किये जा सकते हैं। यथा–

1. पुनरुक्ति
2. पूर्वापर विरोध,
3. प्रकृति विरोध।
4. अर्थ विरोध
5. स्वभाव विरोध, इत्यादि।

वर्णनगत दोषों के अधिकांश प्रकाश प्रबन्धों में पाये जाते हैं। इनके अतिरिक्त कई अन्य प्रकार के दोष भी आचार्यों ने गिनाये हैं। कतिपय नये

दोषों की भी खोज की जा सकती है। वस्तुतः कविता की सफलता निर्दोष होने में ही है।

सन्दर्भ

1. एत एव विपर्यस्ता गुणाः काव्येषु कीर्तिता। – ना. शास्त्र 17/15
2. पूर्व मार्गविभागार्थमुक्ताः काश्चिदलंक्रियाः।
   साधारणमलंकारजातमत्र विविच्यते।।–काव्यादर्श 2/204
3. क. काव्यशोभायाः कर्त्तारो धर्मा गुणाः। तदतिशयहेतवस्त्वलंकाराः। – काव्या. 3/1/1,2
   ख. गुणा वस्तुतो रीतिनिष्ठा अपि उपचारात् शब्दधर्मा इत्युक्तम्।–कामधेनु टीका
4. तमर्थमवलम्बते येऽङ्गिनं ते गुणाः स्मृताः।
   अङ्गाश्रितास्त्वलंकाराः मन्तव्याः कटकादिवत्।।–(इसका बीज वामन में ही मिलता है)
5. क. ये रसस्याङ्गिनो धर्माः शौर्यादय इवात्मनः।
   उत्कर्षहेतवस्ते स्युरचलस्थितयो गुणाः।।–का. प्रकाश 8/66.
   ख. रसस्याङ्गित्वमाप्तस्य धर्मः शौर्यादियो यथा। गुणाः,–सा. दर्पण 8/1
6. क. चित्तद्रवीभावमयो ह्लादो माधुर्यमुच्यते।
   सम्भोगे करुणे विप्रलम्भे शान्तेऽधिकं क्रमात्।।–सा. दर्पण 8/3
   ख. आह्लादकत्वं माधुर्यं शृंगारे द्रुतिकारणम्।
   करुणे विप्रलम्भे तच्छान्ते चातिशयान्वितम्।।–का. प्रकाश 8/68, 69
7. क. ओजश्चित्तस्य विस्ताररूपदीपत्वमुच्यते।
   वीरबीभत्सरौद्रेषु क्रमेणाधिक्यमस्यतु।।–सा. दर्पण 8/4-5
   ख. दीप्त्यात्मविस्तृतेर्हेतुरोजो वीररसस्थिति।
   बीभत्सरौद्ररसमोस्तस्याधिक्यं क्रमेण च।।–का. प्रकाश 8/69-70
8. क. चित्तं व्याप्नोति यः क्षिप्रं शुष्केन्धनमिवानलः।
   स प्रसादः समस्तेषु रसेषु रचनासु च।। – सा. दर्पण 8/6-7
   ख. शुष्केन्धनाग्निवत् स्वच्छजलवत्सहसैव यः।
   व्याप्नोत्यन्यत् प्रसादोऽसौ सर्वत्र विहितस्थितिः।।–का. प्रकाश 8/70
9. शब्दास्तद्व्यञ्जका अर्थ-बोधकाः श्रुतिमात्रतः।–सा. दर्पण 8/8
10. मुख्यार्थहतिर्दोषो....। का. प्रकाश 7/41
11. दोषत्वं च ह्युद्देश्य प्रतीतिप्रतिबन्धकत्वम्।–
12. रसापकर्षका दोषाः...। – सा. दर्पण 7/1।
13. द्रष्टव्य – साइकोलॉजिकल स्टडीज इन रस, पृ. 172-174
14. काव्य-प्रकाश–7/60/62 और सा. दर्पण – 7/12/15

छन्द

परिभाषा तथा महत्त्व

छन्द का स्वरूप–मुख्य रूप से गद्य और पद्य इन दो विधाओं से साहित्य रचा जाता है। सामान्यतः पद्य की रचना छन्द में होती है। यति, मति और लय से समन्वित पद्य का रूप छन्द है।

छन्द से तात्पर्य–छन्द शब्द के मूलतः दो अर्थ होते हैं–आवरण या आच्छादन (ढकना) और प्रवाह। छन्द के द्वारा रचना को इस प्रकार बाँध लिया जाता है कि वह बिखरने से बच जाती है। इसके साथ ही छन्द के कारण ही रचना का पाठ करते समय हम लय या प्रवाह का अनुभव करते हैं।

छन्द के घटक

यति-यति का अर्थ है रुकना। प्रत्येक छन्द में कुछ स्थल निर्धारित रहते हैं, पढ़ते समय उन स्थलों पर पहुँचकर रुकना होता है। गद्य के वाक्यों को पढ़ते हुए हम वाक्य का अंश या पूरा वाक्य समाप्त होने पर, जहाँ अल्प विराम या पूर्ण विराम लगा होता है, वहाँ रुकते हैं। छन्द में वाक्य गद्य की भाँति पूरा नहीं होता और छन्द के पढ़ने में कहाँ ठहरना या रुकना है, इसकी पद्धति भी गद्य के पढ़ने से अलग होती है। छन्द के प्रवाह या लय को बनाए रखने के लिए जहाँ रुकना आवश्यक हो वहाँ रुकना ही यति है। छन्द का सही ढंग से पाठ करने के लिए प्रत्येक छन्द की यतियों को समझना भी आवश्यक है। उदाहरण के लिए–

भए प्रगट कृपाला, दीन दयाला, कौसल्या हितकारी...

इस पंक्ति में आठवें और तेरहवें अक्षरों के 'ला' पर रुकने से छन्द में प्रवाह आता है। इसलिए यति इन अक्षरों के बाद है।

गति–गति यति का विलोम है। परंतु छन्द में यति और गति एक साथ रहती हैं जहाँ यति न हो वहाँ बिना अटके या बिना रुके छन्द का पाठ करने से गति

निर्मित होती है। छन्द में लय के साथ एक प्रवाह रहता है। यह प्रवाह ही गति है।

लय–गति और यति के समुचित प्रयोग या समन्वय से छन्द में जो गुण उत्पन्न होता है वह लय है। लय के कारण ही किसी कविता का पाठ सुनने में मनोहारी लगता है। उदाहरण के लिए ऊपर उद्धृत चौपाई का चाहे पाठ किया जाए या गायन लय के कारण वह पाठ या गायन आकर्षक हो जाता है।

छन्द के भेद–छन्द के भेद मात्रा तथा वर्ण के आधार पर किए जाते हैं। मात्रा के आधार पर जो छन्द बनते हैं उन्हें मात्रिक छन्द कहा जाता है। वर्णों के आधार पर जो छन्द बनते हैं उन्हें वर्णिक छन्द कहा जाता है। वर्णिक छन्दों में वर्णों का निश्चित क्रम रहता है और मात्रिक छन्द में मात्राओं का।

मात्रा–किसी भी वर्ण के उच्चारण में लगने वाला समय मात्रा है। ह्रस्व वर्ण के उच्चारण में जो समय लगता है वह एक मात्रा है। दीर्घ वर्ण के उच्चारण में लगने वाला समय दो मात्रा का होता है। 'क' में एक मात्रा है, 'का' में दो मात्रा।

लघु और गुरु–छन्द के संदर्भ में वर्णों को ह्रस्व और दीर्घ न कहकर लघु और गुरु कहते हैं। इस प्रकार लघु और गुरु के अनुसार मात्रा के दो प्रकार हो जाते हैं। लघु के लिए चिह्न (।) का तथा गुरु के लिए अवग्रह, जो अंग्रेजी S के समान होता है, उसके चिह्न का प्रयोग होता है।

लघु और गुरु तथा मात्राओं की गणना के नियम

लघु और गुरु तथा मात्रा की गिनती के सम्बन्ध में निम्नलिखित बातों का ध्यान रखना चाहिए।

1. अ, इ, उ, ऋ–ये स्वर लघु हैं तथा इनकी एक मात्रा होती है। मात्रा स्वरों की ही गिनी जाती है, व्यंजनों की नहीं।

2. आ, ई, ऊ, ए, ऐ, ओ, औ–ये स्वर गुरु हैं, तथा इनकी दो मात्राएँ मानी जाती हैं।

3. संयुक्ताक्षर के आरंभ में यदि कोई आधा वर्ण है तो उसकी मात्रा नहीं गिनी जाती। जैसे–व्यवधान या व्यवहार में 'व्य' की एक ही मात्रा मानी जाएगी।

4. यदि किसी शब्द के बीच में या अन्त में संयुक्ताक्षर आया है तो संयुक्ताक्षर के पहले वाला वर्ण गुरु माना जाता है। जैसे–भक्त, रक्त आदि में संयुक्ताक्षर है–क्त। इसके पहले के वर्ण भ, र, गुरु माने जाएँगे। इस प्रकार भक्त, रक्त–इन दोनों शब्दों में इस क्रम से एक-एक गुरु और फिर एक-एक लघु है, अतएव इन दोनों शब्दों में तीन-तीन मात्राएँ हैं, न कि दो-दो।

5. अनुस्वार और विसर्ग के पहले यदि लघु वर्ण हो, तो उसे गुरु माना जाएगा। जैसे अन्त, वसंत, अंग—इन शब्दों में अ, स और अ के बाद अनुस्वार आया है। इसलिए अनुस्वार के पहले के वर्ण यहाँ गुरु माने जाएँगे। अन्त में पहले एक गुरु और फिर एक लघु है (ऽ।)। 'वसंत' में एक लघु, फिर एक गुरु और फिर एक लघु है (।ऽ।)। इसी प्रकार रंग, भंग आदि शब्दों में र और भ गुरु माने जाएँगे और इनकी दो मात्राएँ जोड़कर रंग या भंग शब्दों में तीन-तीन मात्राएँ मानी जाएँगी। इसी प्रकार दुःख में दुख के पश्चात् विसर्ग आया है, तो इस दु को गुरु माना जाएगा। अन्तःकरण में त के पश्चात् विसर्ग है, अतः यह त गुरु माना जाएगा और इसकी दो मात्राएँ होंगी।

6. किसी लघु वर्ण के बाद अनुस्वार के स्थान पर यदि चंद्रबिंदु हो तो वह लघु वर्ण गुरु नहीं माना जाएगा। जैसे—'हंस' में ह के बाद अनुस्वार है, तो यह तो गुरु माना जाएगा पर हँसी में ह के बाद चंद्रबिंदु है, तो यह ह गुरु नहीं माना जाएगा।

7. हलंत के पहले का लघु वर्ण भी गुरु माना जाएगा। जैसे—श्रीमन् में हलंत न् के पहले म है, यह म गुरु होगा। न् में स्वर नहीं है, अतः न् की मात्रा नहीं गिनी जाएगी।

गण—तीन वर्णों का समूह गण कहा जाता है। छन्दों में आठ प्रकार के गणों का प्रयोग किया जाता है। इन गणों को समझने के लिए एक सूत्र है—यमाता राज भान सलगम्। इस सूत्र को याद रखने से गणों के नाम तथा उनमें लघु गुरु वर्ण किस क्रम से रहते हैं, यह सरलता से समझा जा सकता है।

इस सूत्र में, यगण, मगण, तगण, रगण, जगण, भगण, नगण समण—इन आठ गणों के प्रथम अक्षर के अनुसार आठ वर्ण इसी क्रम से रखे गए हैं और जिस गण में वर्णों के लघु—गुरु का क्रम जानना हो, उसके प्रथम अक्षर के साथ आगे के दो अक्षर और मिलाकर क्रम माना जा सकता है। इस प्रकार आठों गणों में तीन-तीन वर्ण रहते हैं और इस सूत्र के अनुसार आठों गणों में लघु-गुरु तथा मात्राओं की संख्या इस प्रकार दिखाई जा सकती है—

	गण का नाम	उदाहरण	लघु गुरु का क्रम	मात्राएँ
1.	यगण	यमाता	। ऽ ऽ	5
2.	मगण	मातारा	ऽ ऽ ऽ	6
3.	तगण	ताराण	ऽ ऽ ।	5
4.	रगण	राजभा	ऽ । ऽ	5

5.	जगण	जभान	।ऽ।	4
6.	भगण	भानस	ऽ।।	4
7.	नगण	नसल	।।।	3
8.	सगण	सलगम्	।।ऽ	4

छन्द का विभाजन–प्रत्येक छन्द में चार चरण होते हैं। इनको पाद या पद भी कहा जाता है। दूसरे और चौथे चरण को सम चरण कहते हैं, पहले और तीसरे को विषण चरम। छप्पन या कुंडलिया जैसे छन्दों में छह चरण होते हैं। एक चरण को प्रायः एक पंक्ति में लिखा जाता है। दोहा, सोरठा जैसे छोटे छन्दों में दो-दो चरण भी एक पंक्ति में लिखे जाते हैं।

अंत्यानुप्रास या तुक–किसी छन्द के प्रत्येक चरण के अन्त में एक सी ध्वनि होना अंत्यानुप्रास या तुक है। अनेक छन्दों में अंत्यानुप्रास या तुक का निर्वाह होता है।

दोहा

दोहा अर्धसम मात्रिक छन्द है। इसके सम चरणों (दूसरे और चौथे चरण) में 11-11 मात्राएँ होती हैं तथा विषम चरणों (पहले और तीसरे) में 13-13 मात्राएँ होती हैं। दोहे के विषय चरणों के प्रारम्भ में जगण (।ऽ।) नहीं रहना चाहिए। सम चरणों के अन्त में दो वर्णों में पहला गुरु (ऽ) फिर अंतिम वर्ण-लघु (।) होना चाहिए।

दोहे के सम चरणों (दूसरे और चौथे चरण) में अंत्यानुप्रास या तुक रहती है, विषम चरणों (पहले और तीसरे) में नहीं।

उदाहरणः ।।।। ।। ऽ ऽ।ऽ =13 ऽ। ।।। ऽ ऽ। =11

रहिमन चुप ह्वै बैठिए देखि दिनन को फेर।

।। ऽऽ ।।ऽ।ऽ =13 ।।। । ।। ऽऽ। =11

जब नीके दिन आई हैं, बनत न लागि है बेर ॥

चौपाई

चौपाई भी एक सममात्रिक छन्द है। इसमें चार चरण होते हैं तथा प्रत्येक चरण में सोलह-सोलह मात्राएँ होती हैं। चौपाई के दो चरणों को अर्धाली कहा जाता है। इसमें अंत्यानुप्रास या तुक का निर्वाह किया जाता है। चौपाई के अन्त में जगण (।ऽ।) या तगण (ऽऽ।) नहीं होना चाहिए।

उदाहरणः ऽ। ऽ॥ ऽ॥ ॥ ॥ = 16

कंकन किंकिनि नूपुर धुनि सुनि

।।। ।।। ।।ऽ। ।।। ।। = 16

कहत लखन सन राम हृदय गुनि ॥

ऽ।।।।। ऽ।ऽ ऽऽ = 16

मानहु मदन दुंदुभी दीन्हीं।

।।ऽ ऽ। ।।। ।। ऽऽ = 16

मनसा बिस्व विजय कहँ कीन्हीं ॥

छप्पय

यह 'रोला' और 'उल्लाला' के अनुच्छेद-योग से बनता है। प्रथम चार पंक्तियाँ 'रोला' (24 मात्राओं) की होती हैं और अन्तिम दो पंक्तियाँ 'उल्लाला' (26 अथवा 28 मात्राओं) की।

'उल्लाला' छन्द के दो रूप प्रचलित हैं—प्रथम उल्लाला के प्रत्येक चरण में 13-13 की यति से 26 मात्राएँ और द्वितीय उल्लाला में 15-13 की यति से 28 मात्राएँ होती हैं। आगे दोनों रूपों के उदाहरण प्रस्तुत किये जाते हैं। यथा—

क. चेरी भी वह आज / कहाँ कल थी जो रानी।
दानी प्रभु ने दिया / उसे क्यों मन यह मानी?
अबला जीवन हाय! / तुम्हारी यही कहानी।
आँचल में है दूध / और आँखों में पानी।।
मेरा शिशु संसार यह / दूध पिये परिपुष्ट हो।
पानी के ही पात्र तुम / प्रभो! रुष्ट या तुष्ट हो।। —गुप्तजी

ख. नीलाम्बर परिधान / हरित पट पर सुन्दर है।
सूर्य चन्द्र युग मुकुट / मेखला रत्नाकर है।।
नदियाँ प्रेम-प्रवाह / सकल तारे मण्डन हैं।
बन्दीजन खगवृन्छ / शेषफण सिंहासन है।।
करते अभिषेक पयोद हैं / बलिहारी उस वेश की।
हे मातृभूमि! तू सत्य ही / सगुण मूर्त्ति सर्वेश की।। —गुप्तजी

रोला—रोला एक सम मात्रिक छन्द है। इस छन्द के प्रत्येक चरण में 24-24 मात्राएँ होती हैं तथा प्रत्येक चरण में 11वीं और 13वीं मात्रा पर यति होती है।

उदाहरणः ।। ऽ। ।।ऽ। = 11 ऽ। ॥ऽ। ।ऽ ऽ = 13
किंतु मिला अपमान और व्यवहार बुरा था

।।ऽ। ऽ ॥ऽ =11   ऽ॥ ऽ। ।ऽऽ =11
मनस्ताप से सबके   भीतर रोष भरा था।
ऽ। ॥।ऽ ।।। =11   ।ऽऽ ऽऽऽऽ =13
क्षुब्ध निरखते बदन   इड़ा का पीला पीला
।।। ।।। ऽ ।ऽ =11   ।ऽऽ ऽ॥ ऽऽ =13
उधर प्रकृति की रुकी   नहीं थी तांडव लीला ॥

मालिनी

इसके प्रत्येक चरण में क्रमशः दो नगण, एक मगण एवं दो यगण (ननमयय) होते हैं। लघु-गुरु वर्ण-योजना यों होती है– ।।।, ।।।, ऽऽऽ, ।ऽऽ, ।ऽऽ एवं आठ वर्णों पर यति होती है। यथा–

क. प्रिय पति वह मेरा   प्राण-प्यारा कहाँ है?
।। ।। ।। ऽऽ   ऽ। ऽऽ ।ऽ ऽ
दुख-जलनिधि डूबी   का सहारा कहाँ है?
लख मुख जिसका मैं   आज लौं जी सकी हूँ,
वह हृदय हमारा   नैन-तारा कहाँ है?   –हरिऔध

ख. अतुलितबलधामं/स्वर्ण शैलाभदेहं/दनुजवनकृशानुं/ ज्ञानिनामग्रगण्यं।
सकलगुणनिधानं / वानराणामणीशं // रघुपतिवरदूतं / वातजातं नमामि।।
–तुलसी

शिखरिणी

इसके प्रत्येक चरण में **क्रमशः एक यगण, एक मगण, एक नगण, एक सगण, एक भगण एवं एक लघु और एक गुरुवर्ण** होते हैं। लघु-गुरु, वर्ण-योजना यों होगी–(।ऽऽ, ऽऽऽ, ।।।, ।।ऽ, ऽ।।, ।ऽ, एवं छठे और ग्यारहवें वर्णों पर यति होती है) यथा–

अनूठी आभा से   सरस सुषमा से   सरस से
।ऽऽ ऽऽ ऽ   ।।। ।।ऽऽ   ।।। ऽ
बना जो देती थी   बहुगुणभयी भू-   विपिन को
निराले फूलों की   विविध दल वाली अनुपमा
जड़ी-बूटी नाना   बहुफलवती भी   विलसती।   –हरिऔध

द्रुत विलंबित

इसमें 1 नगण, 2 भगण, 1 रगण होते हैं।

गगन का अवसान समीप था।
गगन था कुछ लोहित हो चला ॥
तरु शिखा पर थी अब राजती।
कमलिनी कुल बल्लभ की प्रभा ॥

हरिगीतिका

हरिगीतिका के प्रत्येक चरण में 28-28 मात्राएँ होती हैं तथा प्रत्येक चरण में 16वीं और 12वीं मात्रा पर यति होती है। प्रत्येक चरण के अन्त के दो वर्णों में उपांत्य (अन्त से पहले वाला) वर्ण लघु और अंतिम वर्ण गुरु होता है।

उदाहरण : ।। ऽ। ऽऽऽ ॥ ॥ ॥ ।ऽ ऽऽऽ। = 16
+ 12 = 28

खग वृंद सोता है अतः कल कल नहीं होता वहाँ
॥ ऽ। ऽ॥ ऽ ॥। ऽ ऽ। ऽ ऽऽ ।ऽ = 28
बस मंद मारुत का गमन ही मौन है खोता जहाँ।
॥ ॥। ऽऽऽ ॥ऽ ।॥ ॥।ऽ ऽ ।ऽ = 28
इस तरह धीरे से परस्पर कह सजगता की कथा।
ऽऽ।ऽऽ ऽ। ऽ ऽ ऽ ऽऽ ।ऽ ।ऽऽ = 28
यों दीखते हैं वृक्ष ज्यों हो, विश्व के प्रहरी यथा ॥

वर्णिक छन्द

वर्णिक का अर्थ है—**वर्णाश्रित** अथवा **वर्णनिर्भर**। इस प्रकार के छन्दों का निर्माण वर्णों की निश्चित संख्या और व्यवस्था पर होता है। इसके दो रूप माने गये हैं—**साधारण** और **दण्डक**। साधारण वर्णिक छन्द में एक से लेकर छब्बीस वर्ण तक प्रयुक्त होते हैं और छब्बीस से अधिक वर्ण वाले छन्द **दण्डक** कहे जाते हैं। जिन वर्णिक छन्दों में चारों चरण समान होते हैं एवं प्रत्येक चरण में प्रयुक्त होने वाला गुरु-लघु-क्रम सुनिश्चित रहता है, वे वर्णिक वृत्त कहे जाते हैं। आगे कतिपय प्रमुख **वर्णिक छन्दों** का सोदाहरण निरूपण किया जाता है।

1. अनुष्टुप : यह **अष्टाक्षर चतुष्पाद** छन्द है। इसके प्रत्येक अष्टक का पाँचवाँ वर्ण, दूसरे-चौथे का सातवाँ वर्ण लघु एवं पहले तथा तीसरे अष्टक का सातवाँ वर्ण दीर्घ होता है। यथा—

क. भिन्न भी भावभंगी में / भाती है रूप-सम्पदा।
फूल धूल उड़ाके भी / आमोदप्रद है सदा।। —गुप्तजी

ख. वर्णानामर्थसंघानां / रसानांछन्दसामपि।
मंगलानां च कर्तारौ / वंदे वाणी विनायकौ।। —तुलसी

2. द्रुतविलम्बित : इसके प्रत्येक चरण में क्रमशः **एक नगण, दो भगण और एक रगण** (नभभर) आते हैं। लघु-गुरु वर्ण-योजना यों होती है– ।।।, ऽ।।, ऽ।।, ऽ।ऽ यथा–

दिवस का अवसान समीप था / गगन था कुछ लोहित हो चला।
।।। ऽ ।। ऽ । । ऽ । ऽ ।।। ऽ ।। ऽ।। ऽ ।ऽ
तरु-शिखा पर थी अब राजती / कुमुदिनी-कुलबल्लभ की प्रभा।। —हरिऔध
।। ।ऽ ।। ऽ ।। ऽ।ऽ ।।।ऽ ।।ऽ।। ऽ ।ऽ

3. वंशस्थ : इसके प्रत्येक चरण में क्रमशः **एक जगण, एक तगण, एक जगण और एक रगण** (जतजर) होते हैं। गुरु-लघु वर्ण-योजना यों होती है। ।ऽ।, ऽऽ।, ।ऽ ।, ऽ ।ऽ; यथा–

क. मिले बड़े भाग्य अहो मनुष्यता / मनुष्यता में शुचि शास्त्र-योग्यता।
।ऽ ।ऽऽ । ।ऽ ।ऽ।ऽ ।ऽ।ऽ ऽ ।। ऽ । ऽ ।ऽ
सुयोग्तया में प्रिय काव्य-कारिता / सुकारिता पै अतिशक्ति-साध्यता।
—कवि पुष्कर

ख. प्रसन्नतां या न गताभिषेकत / सू तथा मम्ले वनवासदुःखतः।
मुखाम्बुज श्री रघुनन्दनस्य में / सदास्तु सा मंजुलमंगलप्रदा।। —तुलसी

4. वसन्ततिलका : इसके प्रत्येक चरण में **क्रमशः एक तगण, एक भगण, दो जगण और दो गुरु** (तभजज + ऽऽ) होते हैं। लघु-गुरु वर्ण-योजना यों होती है– ऽ ऽ ।, ऽ । ।, ।ऽ।, ऽऽ। इसे ही **'सिंहोन्नता'** और 'उद्धर्षिणी' के नाम से भी जाना जाता है। यथा–

क. सारंग ने, सुमन ने, नभ ने, पिंकी ने / पुष्पौध में, पवन में, महि में, हिये में;
ऽऽ।ऽ ।।ऽ ऽ ।। ऽ ।ऽ ऽ ऽऽ ।ऽ ।।। ऽ ।। ऽ ।ऽऽ
गुँजार से, सुरभि से, छवि से, स्वरों से / उद्भ्रान्ति, क्रान्ति, शुचिता, मृदुता प्रचारी।
—अनूपशर्मा

ख. नानापुराणनिगमागमसंमतं यद् / रामायणे निगदितं क्वचिदन्यतोऽपि।
स्वान्तः सुखाय तुलसी रघुनाथ गाथा / भाषानिबंधमतिमंजुलमातनोति।।
—तुलसी

5. मालिनी : इसके प्रत्येक चरण में क्रमशः दो नगण, एक मगण एवं दो यगण (ननमयय) होते हैं। लघु-गुरु वर्ण-योजना यों होती है– ।।।, ।।।, SSS, ।SS, ।SS एवं आठ वर्णों पर यति होती है। यथा–

क. प्रिय पति वह मेरा प्राण-प्यारा कहाँ है?
।। ।। ।। SS S। SS ।S S
दुख-जलनिधि डूबी का सहारा कहाँ है?
लख मुख जिसका मैं आज लौं जी सकी हूँ,
वह हृदय हमारा नैन-तारा कहाँ है? –हरिऔध

ख. अतुलितबलधामं/स्वर्ण शैलाभदेहं/दनुजवनकृशानुं/ ज्ञानिनामग्रगण्यं।
सकलगुणनिधानं / वानराणामणीशं // रघुपतिवरदूतं / वातजातं नमामि।।
–तुलसी

6. मन्दाक्रान्ता : इसके प्रत्येक चरण में क्रमशः एक मगण, एक भगण, एक नगण, दो तगण और दो गुरु (मभनतत+S S) होते हैं। लघु-गुरु वर्ण-योजना इस प्रकार होती है–S S S, S ।।, ।।।, S S ।, SS ।, SS; यथा–

प्यारा वृन्दाविपिन उनको आज भी पूर्व-सा है।
SS SS ।।। ।।S S। S S।S S
वे भूले हैं न प्रिय जननी औ न पिता प्यारे को।
वैसी ही हैं सुरति करते श्याम गोपांगना की।

वैसे ही है प्रणय-प्रतिभा बालिका याद आती।। –हरिऔध

अपनी मंथर गति के कारण ही यह छन्द वियोग श्रृंगार के लिए अधिक अनुकूल माना गया है।

7. शिखरिणी : इसके प्रत्येक चरण में **क्रमशः एक यगण, एक मगण, एक नगण, एक सगण, एक भगण एवं एक लघु और एक गुरुवर्ण** होते हैं। लघु-गुरु, वर्ण-योजना यों होगी–(। S S, SSS, ।।।, ।।S, S।।, ।S, एवं छठे और ग्यारहवें वर्णों पर यति होती है) यथा–

अनूठी आभा से सरस सुषमा से सरस से
।SS SS S ।।। ।।S S ।।। S
बना जो देती थी बहुगुणभयी भू- विपिन को
निराले फूलों की विविध दल वाली अनुपमा
जड़ी-बूटी नाना बहुफलवती भी विलसती। –हरिऔध

8. शार्दूलविक्रीड़ित : इसके प्रत्येक चरण में **क्रमशः एक मगण, एक सगण, एक जगण, एक सगण, दो तगण एवं एक गुरु** (मसजसतत + ऽ) होते हैं। यति सातवें और बारहवें वर्णों के बाद होती है। लघु गुरु वर्ण-योजना यों होगी–(ऽऽऽ, ।।ऽ, ।ऽ।, ।।ऽ, ऽऽ।, ऽऽ।, ऽ); यथा–

क. पेचीले नव राज- / नीति पचड़े / जो वृद्धि हैं पा रहे।
ऽऽऽ ।। ऽ। ऽ। ।।ऽ ऽ ऽ। ऽ ऽ ।ऽ
यात्रा में ब्रजभूमि / की अहह वे / हैं विघ्नकारी बड़े।
आते बासर हैं न-/ वीन जितने / लाते नये प्रश्न हैं।
होता है उनका दु-/ रूहपन भी / व्याघातकारी महा।। –हरिऔध

ख. यन्मायावशवर्ति विश्वमखिलं ब्रह्मादिदेवासुरा,
यत्सत्त्वादिमृषैव भाति सकलं रज्जौ यथाहेर्भ्रमः।
यत्पादप्लवमेकमेव हि भषाभ्योधेस्तितीर्षावतां,
वन्देऽहं तमशेषकारणपरं रामाख्यमीशं हरिम्।। –तुलसी

9. शशिवदना : इसके प्रत्येक चरण में **क्रमशः एक नगण, एक यगण, एक नगण और एक मगण (यनयन) होते हैं**। यथा–

सुनि मुनिराई जग सुखदायी।
।। ।।ऽऽ ।। ।। ऽऽ
कहि अब सोई जेहि यश होई।। –केशवदास

10. प्रमाणिका : इसके प्रत्येक चरण में **क्रमशः एक जगण, एक रगण, एक लघु और एक गुरु** (।ऽ।, ऽ।ऽ, ।ऽ) होते हैं। यथा–

नमामि भक्तवत्सलम्, कृपालुशील कोमलम्।
भजामि ते पदाम्बुजम्, अकामिनां स्वधामदम्।। –तुलसी

11. अमृतगति : इसके प्रत्येक चरण में **क्रमशः एक नगण, एक जगण, एक नगण और एक गुरु** (नयन + ऽ) वर्ण होते हैं। लघु-गुरु वर्ण-योजना यों होती है–(।।।, ।ऽ।, ।।।, ऽ); यथा–

सुमति महामुनि सुनिये, तन धन कै मन गुनिये।
मन महँ होय सु कहिये, धनि सु जु आपुन लहिये।। –केशवदास

12. इन्द्रवज्रा : इसके प्रत्येक चरण में **क्रमशः दो तगण, एक जगण और दो गुरु** (ततज + ऽऽ) वर्णों के प्रयोग होते हैं। लघु-गुरु वर्ण-योजना यों होती है–(ऽऽ।, ऽऽ।, ।ऽ।, ऽऽ); यथा–

मैं राज्य की चाह नहीं करूँगा / है जो तुम्हें इष्ट वही करूँगा।
ऽ ऽ। ऽ ऽ। ।ऽ ।ऽऽ ऽऽ ।ऽ ऽ । ।ऽ।ऽऽ
सन्तान जो सत्यवती जनेगी / राज्याधिकारी वह ही बनेगी।।

—गुप्तजी

13. उपेन्द्रवज्रा : इसके प्रत्येक चरण में क्रमशः एक जगण, एक तगण, एक जगण औरदो गुरु (जतज + ऽऽ) वर्णों के प्रयोग होते हैं। लघु-गुरु वर्ण-योजना यों होती हैं–(।ऽ।, ऽऽ।, ।ऽ।, ऽऽ); यथा–

बड़ा कि छोटा कुछ काम कीजै / परन्तु पूर्वापर सोच लीजै।
।ऽ । ऽऽ । । ऽ। ऽऽ ।ऽ। ऽऽ।। ऽ। ऽऽ
बिना विचारे यदि काम होगा / कभी न अच्छा परिणाम होगा।।

—गुप्तजी

14. शालिनी : इसके प्रत्येक चरण में **क्रमशः एक मगण, दो तगण और दो गुरु** (मतत + ऽऽ) वर्ण होते हैं। लघु-गुरु वर्ण-योजना यों होती है–(ऽऽऽ, ऽऽ।, ऽऽ।, ऽऽ)। यथा–

क्या क्या होगा साथ, मैं क्या बताऊँ / है ही क्या, हा! आज जो मैं जताऊँ?
ऽ ऽ ऽऽ ऽ। ऽ ऽ ।ऽऽ ऽऽ ऽ ऽ ऽ ऽ ऽ ।ऽऽ
तो भी तूली, पुस्तिका और वीणा, / चौथी में हूँ, पाँचवीं तू प्रवीणा!

—गुप्तजी

15. भुजंगप्रयात : इसके प्रत्येक चरण में चार यगण (4 × ।ऽऽ) होते हैं। यथा–

क. अरी व्यर्थ है व्यंजनों की बड़ाई, / हटा थाल, तू क्यों इसे आप लाई?
।ऽऽ । ऽ ऽ।ऽ ऽ ।ऽऽ ।ऽ ऽ। ऽ ऽ ।ऽ ऽ। ऽऽ
वही पाक है जो बिना भूख भावे, / बता किन्तु तू ही, उसे कौन खावे?

—गुप्तजी

ख. नमामीशमीशान निर्वाणरूपं / विभुं व्यापकं ब्रह्मवेदस्वरूपम्।
निजं निर्गुणं निर्विकल्पं निरीहं / चिदाकाशमाकाशवासं भजेहम्।।

—तुलसी

16. पंचचामर : इसके प्रत्येक चरण में **क्रमशः एक जगण, एक रगण, एक जगण, एक रगण, एक जगण और एक गुरु** (जरजरज + ऽ) वर्ण होते हैं। लघु-गुरु वर्ण-योजना इस प्रकार होती है–(।ऽ।, ऽ।ऽ, ।ऽ।, ऽ।ऽ, ।ऽ।, ऽ)। यथा–

हिमाद्रि तुंग शृंग से प्रबुद्ध शुद्ध भारती।
।ऽ ।ऽ। ऽ।ऽ ।ऽ ।ऽ। ऽ।ऽ
स्वयंप्रभा समुज्ज्वला स्वतंत्रता पुकारती।।
अमर्त्य वीर-पुत्र हो, दृढ़ प्रतिज्ञ सोच लो
प्रशस्त पुण्यपंथ है—बढ़े चलो, बढ़े चलो! —प्रसाद

यही छन्द **'नाराच'** और **'महोत्सव'** के नाम से भी हिन्दी कविता में प्रयुक्त हुआ है।

17. पृथ्वी : इसके प्रत्येक चरण में क्रमशः एक जगण, एक सगण, एक जगण, एक सगण, एक यगण और एक लघु तथा एक गुरु (जसजसय + ।ऽ) वर्ण होते हैं। लघु-गुरु वर्ण-योजना इस प्रकार होती है—(।ऽ।, ।।ऽ, ।ऽ।, ।।ऽ, ।ऽऽ, ।ऽ)। यथा—

निहार सखि, सारिका कुछ कहे बिना शान्त-सी,
।ऽ। ।। ऽ।ऽ।।।ऽ।ऽऽ। ऽ
दिये श्रवण है यहीं, इधर मैं हुई भ्रान्त-सी।
इसे पिशुन जान तू, सुन सुभाषिणी है बनी,
धरो! खगि, किसे धरूँ? धृति लिए गये हैं धनी। —गुप्तजी

18. स्रग्धरा : इसके प्रत्येक चरण में **क्रमशः एक मगण, एक रगण, एक भगण, एक नगण और तीन यगणों** (मरभनयभय) के प्रयोग होते हैं। इसकी रचना तीन सप्तकों में होती है। यथा—

क. रोती है और दूनी निरख कर मुझे दीन-सी तीन सासें,
ऽऽऽ ऽ। ऽऽ ।।। ।। ।ऽ ऽ। । ।ऽ ऽऽ
होते हैं देवरश्री नत, हत बहनें छोड़ती हैं उसासें।
आली, तू ही बता दे, इस विजन बिना मैं कहाँ आज जाऊँ?
दीना, हीना, अधीना ठहर कर कहाँ शान्ति दूँ और पाऊँ
—गुप्तजी

ख. रामं कामारिसेव्यं भवभयहरणं कालमत्तेभसिंहं,
योगेन्द्र ज्ञानगम्यं गुणनिधिमजितं निगुंणं निर्विकारं।
मायातीतं सुरेशं खलवधनिरतं ब्रह्मवृन्दैकदेवं,
वन्दे कन्दावदातं सरसिजनयनं देवमुर्वीशरूपं।। —तुलसी

19. सवैया : वर्णिक सम वृत्तों में **बाईस से छब्बीस वर्णों के चरण वाले** जाति छन्द हिन्दी में सवैया के नाम से प्रसिद्ध हैं। हिन्दी का यह सर्वाधिक लोकप्रिय छन्द रहा है। राष्ट्रकवि **दिनकर** ने 'सवैया' और 'कवित्त' को 'हिन्दी का कल्पवृक्ष' कहा है। सवैया छन्द की प्रतिष्ठा हिन्दी भक्तिकाव्य में ही हो चुकी थी, पर उसे पूर्णता,

व्याप्ति और लोकप्रियता रीतिकाव्य में मिली। आधुनिक काल में भी इसका सफल प्रयोग कई कवियों ने किया है। **पुत्तूलाल शुक्ल** के अनुसार "भगणात्मक, जगणात्मक और सगणात्मक सवैये की लय क्षिप्र गति से चलती है और मगणात्मक, तगणात्मक तथा रगणात्मक सवैये की लय मन्द गति होती है।" इसके बीसों प्रकार हिन्दी-कविता में प्रयुक्त मिलते हैं जिनमें **मत्तगयन्द** (सात भगण + ऽऽ) **दुर्मिल** (आठ सगण), **सुन्दरी** (आठ सगण + ऽ) **किरीट** (आठ भगण), **मदिरा** (सात भगण + ऽ) **चकोर** (सात भगण + ऽ।) **सुमुखी** (सात जगण + ।ऽ) **लक्षी** (आठ रगण), **मुक्तहरा** (आठ जगण), **वाम** (सात जगण + एक यगण), **अरसात** (सात भगण + एक रगण), **अरविन्द** (आठ सगण + ।) **मानिनी** (सात जगण + ।ऽ) **महाभुजंगप्रयात** (आठ यगण), सुखी (आठ सगण + ।ऽ), **मंदारमाला** (सात तगण + ऽ), **उपजाति** (दो का मिश्र रूप) आदि बहुप्रयुक्त हैं। इनमें से कतिपय के उदाहरण आगे प्रस्तुत किये जाते हैं।

(क) मत्तगयन्द सवैया (सात भगण + ऽऽ)। इसका अन्य नाम '**मालती**' सवैया भी है। यथा—

सेस महेस गनेस दिनेस सुरेसहु जाहि निरन्तर गावै।
ऽ। ।ऽ। ।ऽ। ।ऽ। ।ऽ। ऽ। ।ऽ।। ऽऽ
जाहि अनादि अनन्त अखण्ड अछेद अभेद सुवेद बतावै।
जाहि हियै लखि आनन्द है जड़ मूढ़ हिये 'रसखानि' कहावै।
ताहि अहीर की छोहरिया छछिया भरि छाँछ पै नाच नचावै।। —रसखान

(ख) दुर्मिल सवैया (आठ सगण)। इसका अन्य नाम '**चन्द्रकला**' सवैया भी है। इसमें यति बारह वर्णों पर होती है। यथा—

क. निकसी रति-मन्दिर भीतर तैं बिखरी अँगिया उकसी छतिया।
।।ऽ ।। ऽ।। ऽ।। ऽ । । ऽ ।। ऽ ।। ऽ ।। ऽ
रद के छद मन्द कपोल लसै अरसात जम्हात लजात तिया।
मुरझानि सी 'लोकन' बैठि रही अवलोकि जिठानि सबै सखिया।
मुख तैं बतिया कढ़ि आवत ना भर जात रसीली बड़ी अँखिया।
—लोकनाथ मिश्र

ख. सखि नील नभस्सर में निकला यह हंस अहा! तरता-तरता।
अब तारक मौक्तिक शेष नहीं निकला जिनको चरता-चरता।
अपने हिमबिन्दु बचे तब भी चलता उनको धरता-धरता।
गड़ जायँ न कण्टक भूतल के कर डाल रहा डरता-डरता।। —गुप्तजी

ग. सुन्दरी सवैया (आठ सगण + ऽ)। इसी के '**मल्ली**' और '**सुखदानी**' नाम भी हैं। यथा—

मुखपंकज कंज-विलोचन मंजु मनोज सरासन-सी बनि भौंहैं।
। । ऽ । । ऽ । । ऽ । । ऽ । । ऽ । । ऽ । । ऽ । । ऽऽ
कमनीय कलेवर कोमल स्यामल और किसोर जटा सिर सोहैं।
'तुलसी' कटि तून धरैं धनुबाण अचानक दृष्टि परी तिरछोहैं।
केहि भाँति कहौं सजनी तेहि सों मृदु मूरति है निवसी मन मोहैं।।

—तुलसी

(घ) **किरीट सवैया** (आठ भगण)। यथा—

क. मानुष हौं तो वही 'रसखानि' बसौं ब्रज गोकुल गाँव के ग्वारन।
ऽ । । । । ।ऽ । । ऽ । । ऽ । । ऽ । । ऽ । । ऽ । ।
जो पसु हौं तो कहा वसु मेरो चरौं नित नन्द की धेनु मँझारन।
पाहन हौं तो वही गिरि को जो धरयौ कर छत्र पुरन्दर धारन।
जौं खग हौं तो बसेरो करौं मिलि कालिन्दी कूल कदम्ब की डारन।।

—रसखान

ख. साथ सखी के नई दुलही को भयो हरि कौ हियो हेरि हिमंचल।
आय गये 'मतिराम' तहाँ घर जानि इकंत अनन्द ते चंचल।
देखत ही नँदलाल बाल के पूरि रहे अँसुवानि दृगंजल।
बात कही न गई सु रही गहि हाथ दुहूँ सों सहेली को अंचल।।

—मतिराम

(ङ) मदिरा सवैया (सात भगण +ऽ)। इसे ही **'मालिनी'**, **'उमा'** और **'दिवा'** नाम से भी प्रयुक्त किया गया है। यथा—

भासत गौरि गुसाँइन को वर राम दुहू धनु खण्ड कियो।
ऽ । । ऽ । । ऽ । । ऽ । । ऽ । । ऽ । । ऽ । । ऽ
मालिनी को जयमाल गुहौ हरि के हिय जानकि मेलि दियो।
रावण की उतरी 'मदिरा' चुपचाप पयान जु लंक कियो।
राम वरी सिय मोद भरी नभ में सुर जय जयकार कियो।।

—मदिरा कवि

(च) चकोर सवैया (सात भगण + ऽ।) यथा—

भासत ग्वाल सखागन में हरि राजत तारन में जिमि चन्द।
ऽ । । ऽ । । ऽ । । ऽ । । ऽ । । ऽ । । ऽ । । ऽ ।
नित्य नयो रचि रास मुदा ब्रज में हरि खेलत आनन्द कन्द।
या छबि काज भये ब्रजवासि चकोर पुनीत लखै बँदनन्द।
धन्य वही नरनारि सराहत या छबि काटत जो भवफन्द।।

—भानु कवि

(छ) **सुमुखी सवैया (सात जगण + ।ऽ)**। इसी का अन्य नाम '**मानिनी**' और '**मल्लिका**' सवैया भी है। 'दुर्मिल' सवैया के प्रथम लघु वर्ण को हटा देने या 'वाम' सवैया के अंतिम वर्ण को हटा देने से यह सवैया बनता है। यथा–

हरोहर बाइ मनोहर को मनु माँगत है करि आरि धनी।
।ऽ।। ऽ। ।ऽ।। ऽ ।। ऽ।। ऽ ।। ऽ। ।ऽ
झुकाउ न 'केसव' को कहि देउ दुराउ न अंगन में सजनी।
उघारहिं घूँघट अंचल डारि उतारि कै कंचुकि तोरि तनी।
न पाइहि तौ फिरि जैहै भटू अरु पाइहि तौ सब बात बनी।।

—केशवदास

(ज) **गंगोदक सवैया (आठ रगण)**। इसे ही '**लक्षी**', '**मत्तमातंगलीलाकर**' और '**खंजन**' सवैया भी कहा गया है। यथा–

मेघ मंदाकिनी चारू सौदामिनी रूप रूरे लसै देहधारी मनो।
ऽ। ऽऽ।ऽ ऽ। ऽऽ।ऽ ऽ।ऽऽ ।ऽ ऽ।ऽऽ ।ऽ
भूरि भागीरथी भारती हंसजा अंस के हैं मनो भाग भारे मनो।
देवराजा लिए देवरानी मनो पुत्र संयुक्त भूलोक में सोहिये।
पक्ष दूसंधि संध्या सँधी है मनो लसिये स्वच्छ प्रत्यक्ष ही मोहिए।।

—केशवदास

(झ) **मुक्तहरा सवैया** (आठ जगण)। 'मत्तगयन्द' सवैया के आदि और अन्त में एक-एक लघु वर्ण जोड़ने से यह बनता है। इसमें यति ग्यारह और तेरह वर्णों पर होती है। यथा–

सुपूरन प्रेम सुभातनि कौन सुनै समुझै न षडानन सेसु।
।ऽ।। ऽ। ।ऽ।। ऽ। ।ऽ ।।ऽ ।।ऽ।। ऽ।
प्रबोध बियोग बिसेष असेषनि 'केसव' लै बिसरो उपदेशु।
धरै सब देस के काम तथापि विलोकि विदेहन को गुरु बेसु।
सुभावहि ऊधव गोपिन पास जु आये सिखावन सीखि चलै सु।।

—केशवदास

(ञ) **वाम सवैया** (सात जगण + एक यगण)। इसे ही '**मंजरी**', '**मकरन्द**' या '**माधवी**' सवैया भी कहा जाता है। 'मत्तगयन्द' सवैया के आदि में एक लघु वर्ण जोड़ने से यह बन जाता है। यथा–

विलोकि सिरोरूह सेत समेत तनोरूह कोविद यों गुण गायो।
।ऽ। ।ऽ।।ऽ। ।ऽ। ।ऽ।। ऽ।। ऽ ।। ऽऽ

उठे किधौं आयु की औधि के अंकुर शूल कि शुष्क समूल नसायो।
जरैं किधौं 'केसव' व्याधिन की किधौं आधि के आखर अंत न पायो।
जरा सर पंजर जीव जर्‍यौ कि जरा-जरकंबर सों पहिरायो।।

—केशवदास

(ट) **अरसात सवैया** (सात भगण + एक रगण)। यथा—

आपुहिँ तें मन हेरि हँसे तिरछे करि नैनहिं नेह के चाव में।
ऽ।। ऽ ।। ऽ। ।ऽ ।।ऽ ।। ऽ।। ऽ। । ऽ। ऽ
हाय दई! सुबिसारि दई सुधि कैसी करौं सो कहो कित जावँ में।
मीत सुजान अनीति कहा यह ऐसी न चाहिए प्रीति के भाव में।
मोहनि मूरति देखिवे को तरसावत हौ बसि एक ही गाँव में। —घनानन्द

(ठ) **अरविन्द सवैया** (आठ सगण + ।) यथा—

सँग आये हैं एक रिषीसुर के नरदेव कुमार कि देवकुमार।
।। ऽ। ।ऽ। ।ऽ।। ऽ ।।ऽ। ।ऽ। । ऽ।।ऽ।
सरकोष कसें करि हाँ जु धरें धनुबान मनोजहुँ के अवतार।
अति दीरघ लोचन बाल बहिक्रम स्यामल वीर सरीर उदार। —केशवदास
इनहीं महँ एकहिं देइ सुता नृप ऐसि जो कोंहु करै करतार।।

(ड) **लवंगलता सवैया** (आठ जगण + ।)। यथा—

चढ़ीं प्रति मन्दिर सोभ बढ़ी तरुणी अवलोकन को रघुनन्दनु।
।ऽ ।। ऽ।। ऽ। ।ऽ ।।ऽ ।।ऽ।। ऽ ।।ऽ।।
मनों गृहदीपति देह धरे सुकिधौं गृहदेवि विमोहित हैं मनु।
किधौं कुलदेवि दिपैं अति 'केसव' कै पुरदेवनि कौ हुलस्यो गनु।
जहीं सु तहीं यहि भाँति लसैं दिवि देविन को मद छालति हैं मनु।।

—केशवदास

(ढ) सुख सवैया (आठ सगण + ।।)। इसका अन्य नाम **'किशोर'** और **'कुन्दलता'** भी है। यथा—

सुनि सोधि सखी भरि लेत बिलोचन काँपत देखत फूले तमालहि।
।। ऽ । ।ऽ ।। ऽ। ।ऽ।। ऽ।। ऽ।। ऽ। ।ऽ ।।
अति भूले ये डोलत बोलत नाहिन बाग गये किधौं तेरेइ तालहि।
मुख देख्यो चाहति देखि न आवहि ऐसे में हौं न दिखाऊँ री लालहि।
कहि आजु कहा दिखसाध लगी जब देख्यो सुहाइ कछु न गोपालहि।।

—केशवदास

यदि 'सुख' सवैया का अंतिम वर्ण गुरु होता है यानी आठ सगण के पश्चात् क्रमशः लघु और गुरु वर्ण (8 सगण ।ऽ) होते हैं तो सवैया 'सुखी' कहा जाता है। यथा, 'कुरुक्षेत्र' में **रामधारी सिंह 'दिनकर'** द्वारा प्रयुक्त 'सुखी' सवैया–

कुछ के अपमान के साथ पितामह विश्व-विनाशक युद्ध को तोलिये।
।। ऽ ।।ऽ। ।ऽ। ।ऽ।। ऽ। ।ऽ।। ऽ। । ऽ।ऽ

(ण) उपजाति सवैया : जिसमें दो भिन्न सवैया एक साथ प्रयुक्त होते हैं, अर्थात् जिस सवैया के चरणों में गण-योजना भिन्न-भिन्न होती है, उसे उपजाति सवैया कहते हैं। यथा–

ठाढे हैं नो द्रुम गर गहे धनु काँधें धरे कर सायकु हौ।
विकटी भृकुटी बड़री अँखियाँ अनमोल कपोलन की छबि है।
'तुलसी' अस मूरति आनु हिये जड़ डारु धौं प्रान निछावरि कै।
श्रमसीकर साँवरि देह लसै मनो रासि महा तम तारक मै।। –तुलसी

इसमें पहला चरण **मदिरा** (7 भ + गु) का है और शेष तीन चरण **दुर्मिल** (8 स) का है। वस्तुतः उपजाति सवैया तुलसी की प्रतिभा का परिणाम है। उन्होंने मत्तगमन्द-सुन्दरी, मत्तगमन्द-वाम और वाम-सुन्दरी के उपजाति भी लिखे हैं। **केशव** कृत **'रसिकप्रिया'** में भी उपजाति सवैया के उदाहरण उपलब्ध हैं।

20 कवित्त : **कवित्त मुक्तक वर्णिक दण्डक छन्द है जिसमें मुख्य रूप से 31 से 33 वर्ण तक मिलते हैं।**

वर्णिक छन्द के आरम्भ में ही उल्लेख किया गया है कि एक से छब्बीस वर्ष वाले छन्द **'साधारण'** और छब्बीस से अधिक वर्ण वाले छन्द **'दण्डक'** कहे जाते हैं। पुनः 'दण्डक' भी दो प्रकार के माने गये हैं–**साधारण** दण्डक (गण-बद्ध) और **मुक्तक** दण्डक (गणों के बन्धन से मुक्त)। हिन्दी कविता में सामान्यतः 31 से 33 वर्णों वाले **मुक्तक दण्डक** प्रयुक्त हुए हैं जिनकी सामान्य अभिधा 'कवित्त' है। जैसे बाईस से छब्बीस वर्णों वाले छन्दों की सामान्य प्रचलित संज्ञा 'सवैया' है, वैसे ही किसी भी प्रकार के (मुख्यतः 31 से 33 वर्णों वाले) वर्णिक मुक्तक दण्डक छन्दों की सर्वमान्य अभिधा 'कवित्त' है।

वर्ण-प्रयोग के आधार पर कवित्त के तीन मुख्य प्रकार मान्य हैं–घनाक्षरी (31 वर्ण), रूपघनाक्षरी (32 वर्ण) और देवघनाक्षरी (33 वर्ण)। गुरु-लघु वर्णों के प्रयोग के नियम-विशेष से कवित्त के मुख्यतः दस प्रकारों के प्रचलन मिलते हैं। यथा– (क) **घनाक्षरी** अथवा मनहरण (31 वर्ण, गुर्वन्त), (ख) **कलाधर** (31 वर्ण, गुरु-लघु क्रम), (ग) **जनहरण** (31 वर्ण, 30 वर्ण लघु और गुर्वन्त), (घ) **रूपघनाक्षरी** (32 वर्ण, गुरु-लघु क्रम) (ङ) जलहरण (32 वर्ण, प्रत्येक पद द्विलघ्वन्त), (च) **डमरू** (32 वर्ण,

सर्व लघु), (छ) **किरपान** (32 वर्ण, गुरु-लघ्वन्त), (ज) **विजया** (32 वर्ण, रगणन्त या नगणन्त), (झ) **अनंगशेखर** (32 वर्ण, लघु-गुरु क्रम) और (ञ) **देवघनाक्षरी** (33 वर्ण, नगणन्त)। रीति कवि देव ने इनके अतिरिक्त तीस वर्णों का कवित्त भी लिखा है। आगे इनमें से कुछ के उदाहरण प्रस्तुत किये जाते हैं।

क. घनाक्षरी : इसमें 16 (8, 8) और 15 (8, 7) वर्णों की यति के साथ कुल 31 वर्ण होते हैं। यह आवश्यक रूप से गुर्वन्त होता है। इसी का अन्य नाम **'मनहरण'** भी है। घनाक्षरी वृत्तों में यही अपेक्षया अधिक लोकप्रिय और प्रचलित है। इसके प्रथम प्रयोक्ता सम्भवतः **मार्दंगिसेन** (14वीं शती) हैं। **गंग** और **तुलसी** से लेकर **दिनकर** तक ने इसके कुशल प्रयोग किये हैं। उपयोगिता, अभिव्यक्ति-क्षमता, महत्ता आदि की दृष्टि से अनेक विचारकों ने इसे हिन्दी का राष्ट्रीय छन्द मानने का विचार अग्रसारित किया है। इस छन्द में सम प्रयोग अपेक्षया अधिक कर्णमधुर होता है। यथा–

इन्द्र जिमि जम्भ पर / वाड़व सुअम्भ पर
रावण सदम्भ पर / रघुकुल राज हैं।
पौन वारिवाह पर / संभु रतिनाह पर
ज्यों सहस्रबाहु पर / राम द्विजराज हैं।
दावा द्रुमदण्ड पर / चीता मृग-झुण्ड पर
'भूषण' वितुण्ड पर / जैसे मृगराज हैं।
तेज तम अंस पर / कान्ह जिमि कंस पर
त्यों मलेच्छ वंस पर / सेर सिवराज हैं। –भूषण

(ख) जनहरण : इसके प्रत्येक पद में 31 वर्ण होते हैं जिनमें प्रथम 30 वर्ण लघु और अंतिम वर्ण गुरु होता है। यति प्रथम 16 (8, 8) वर्णों पर होती है। यथा–

यदुपति जय जय / नर नरहरि जय
जय कमल नयन / जय गिरिधरये।
जगपति हरि जय / जय गुरु जग जय
जय मनसिज जय / जय मन हरये।
जय परम सुमति / धर कुमतिन छय-
कर जपत तपत / हर नरवरये।
जय जलज सदृश / छबि सुजन-नलिन
रवि पढ़त सुकवि / जस जग परये।।–भानु।

(ग) कलाधर : इसके प्रत्येक पाद में 31 वर्ण होते हैं। वर्णों में गुरु-लघु क्रम होता है। यह आवश्यक रूप में गुर्वन्त होता है। यथा–

जाय के भरत्थ चित्र-/कूट राम पास वेगि
हाथ जोरि दीन ह्वै सु- / प्रेम तें विनै करी।
सीय तात मात कौशि- / ला वशिष्ठ आदि पूज्य
लोक वेद प्रीति नीति / की सुनीति ही धरी।
जान भूप बैन धर्म / पाल राम ह्वै सकोच
धीर दे गँभीर बन्धु / की गलानि को हरी।
पादुका दई पठाय / औध को समाज साज
देख नेह राम सीय / के हिये कृपा भरी।। —भानु

(घ) रूपघनाक्षरी : इसमें गुरु-लघु क्रम से 32 वर्णों का चरण होता है। यति 16 (8, 8; 8, 8) वर्णों पर होती है। आधुनिक युग में गुप्तजी, दिनकर आदि ने केवल पदान्त में ही गुरु-लघु वर्ण-योजना आवश्यक मानी है। यथा—

क. बेर बेर बेर लैं स- / राहैं बेर बेर बहु
रसिक बिहारी देत / बन्धु कहँ फेर फेर।
चाखि चाखि भाखैं एहि / बाहु ते महान मीठ
लेहु तो लषन गों स- / राहत हैं हेर हेर।
बेर बेर देत बेर / सबरी सु बेर बेर
तऊ रघुवीर बेर / बेर तेहि टेर टेर।
बेर जनि लाउ बेर / बेर जनि लाउ बेर
बेर जनि लाउ बेर / लाउ कहैं बेर-बेर।।

मैथिलीशरण गुप्त जी द्वारा प्रयुक्त 'रूपघनाक्षरी' का उदाहरण अग्रांकित है। यथा—

ख. स्वच्छतर अम्बर में / छन कर आ रहा था
स्वाद मधु गन्ध से / वासित समीर सोम।
त्यागी प्रेम भाग के ब्र- / ती वे कृती जायापति
पान करते थे गल-/बाँह दिये आपा होय।
क्षुद्र कास कुश से ल-/गाकर समुद्र तक
मेदिनी में किसका था / मुदित न रोम-रोम?
समुदित चन्द्र किर-/णों का चौंर ढारता था
आरती उतारता था / दिव्य दीपबाला व्योम।। —गुप्तजी

(ङ) जलहरण : इसके प्रत्येक पाद में 32 वर्ण होते हैं। यति 16 (8,8) वर्णों पर होती है। इसका प्रत्येक पाद द्विलघ्वन्त होता है। यथा—

आरस सों आरत स- / म्हारत न सीसपट
गजब गुजारत ग - / रीबन की धार पर।
कहै 'पदमाकर' सु- / गन्ध सरसार वेश
बिधुरि बिराजैं बार / हीरन के हार पर।
छाजत छबीले छिति / छहरि छरा के छोर
भोर उठि आई केल-/ मन्दिर के द्वार पर।
एक पग भीतर सु / एक देहरी पै धरे
एक कर कंज एक / कर है किवार पर।। —पद्माकर

(च) किरपान (कृपाण) : इसके प्रत्येक पाद में 32 वर्ण होते हैं। यति 16 (8,8) वर्णों पर होती है। यह गुरु-लघवन्त होता है। यथा—

जबतें निहारे इन / आँखिन सुजान प्यारे
तब तें गही है उर / आन देखिबे की आन।
रस भीजे बैननि लु-/भाइकै रचे हैं तहीं
मधु मकरन्द सुधा / नावो ना सुनत कान।
प्रान प्यारी ज्यारी 'घन- / आनन्द' गुननि कथा
रसना रसीली निसि-/बासर करत गान।
अंग अंग मेरे उन / ही के संग रंग रँगे
मन सिंघासन पै वि-/राजै तिनहीं कौ ध्यान।। —घनानन्द

(छ) विजया : इसके प्रत्येक पाद में 32 वर्ण होते है। यति 16 (8,8) वर्णों पर होती है। यह **रगणन्त** या **नगणन्त** होता है। यथा—

कन्त बिन बासर ब-/ सन्त लागे अन्तक से
तीर ऐसे त्रिविध स-/मीर लागे लहकन।
सान-धरे सार से चं-/दन घनसार लागे
खेद लागे खरे, मृ-/गमद लागे महकन।
फाँसी-से फुलेल लागे / गाँसी-से गुलाब अरु
गाज अगरजा लागे / चोवा लागे चहकन।
अंग अंग आगि ऐसे / केसरि के नीर लागे
चीर लागे जरन अ-/बीर लागे दहकन।।—देव।

(ज) अनंगशेखर : इसके प्रत्येक पाद में **लघु-गुरु क्रम से 32 वर्ण** होते हैं। यति 16 (8,8) वर्णों पर होती है। इसका प्रचलन बारहवीं शती से हुआ। इसका अन्य नाम **'द्विनराचिका'** या **'महानराच'** भी है। यह 'नराच' और 'पंचचामर' का विकसित दण्डक रूप है। 'पंचचामर' को द्विगुणित कर दिये जाने पर यह बन जाता है। यथा—

सदा कृपानिधान हौ। कहा कहौं सुजान हौ,
अमानि मान-दानि हौ / समान काहि दीजिए।
रसाल सिंधु प्रीति के / भरे खरे प्रतीति के,
निकेत रीति-नीति के / सुदृष्टि देख जीजिए।
ठगी लगी तिहारिये / सु आप त्यों निहारिये,
समीप ह्वै बिहारिए / उमंग रंग भीजिए।
पयोद मोद छाइए / विनोद को बढ़ाइए,
बिलम्ब छाँड़ि आइए / किधौं बुलाइ लीजिए।। —घनानन्द

जयशंकर प्रसाद का प्रसिद्ध गीत 'हिमाद्रि तुं श्रुंग से...' (पंचचामर छन्द) भी इसका उदाहरण माना जा सकता है।

(झ) देवघनाक्षरी : इसके प्रत्येक पाद में 33 वर्ण होते हैं। यति प्रथम 16 (8,8,8,9) वर्णों पर होती है। इसका प्रत्येक पाद **नगणन्त** (।।।) होता है।

इस छन्द के प्रथम प्रयोक्ता हैं—**देव** (देवदत्त द्विवेदी)। इसी कारण उन्हीं के नाम पर यह 'देवघनाक्षरी' कहा जाता है। देव-पूर्व मात्र 31 और बत्तीस वर्णों के ही मुक्तक दण्डक प्रयुक्त होते थे। **देव** ने न केवल 33 वर्णों का यह दण्डक प्रयुक्त किया, प्रत्युत् 30 वर्णों के दण्डक भी प्रयुक्त किये हैं। (जिनमें 16-14) पर यति होती है। विशेष के लिए उनका 'काव्य-रसायन' देखा जा सकता है। 'देवघनाक्षरी' का एक उदाहरण अग्रांकित है। यथा—

आजु कुंज-मन्दिर में / छके रंग दोऊ बैठे,
केलि करैं लाज छोरि / रंग सों जहकि-जहकि।
सखीजन कहत क-/हानी 'हरिचंद' तहाँ,
नेह भरी केकी कीर/ पिक-सी चहकि-चहकि।
एकटक बदन नि-/हारें बलिहारि लै-लै,
गाढ़े भुज भरि लेत / बार-बार चूमि मुख,
प्रेम भरी बातैं करैं / मद सों बहकि-बहकि।। —हरिश्चन्द्र

मात्रिक छन्द

मात्रा-गणना पर आधारित छन्द मात्रिक छन्द कहे जाते है। अर्थात इस प्रकार के छन्द के प्रत्येक चरण में मात्राओं की एक निश्चित संख्या होती है। इन छन्दों में वर्णों की संख्या भिन्न हो सकती है। वर्ण-संख्या को छोड़ कर **मात्रा-संख्या पर आधारित होना** इसकी विशिष्टता है। ये तीन प्रकार के होते हैं—सममात्रिक, **अर्द्धसममात्रिक** और विषम मात्रिक। **सममात्रिक** में चारों पाद समान होते हैं, **अर्द्धसममात्रिक** में प्रथम-तृतीय और द्वितीय-चतुर्थ पाद समान होते हैं और

विषममात्रिक में चारों पाद असमान। हिन्दी में प्रयुक्त होने वाले मात्रिक छन्दों में प्रमुख हैं—मानव (14 मा.), पीयूषवर्ष (18 मा.), कुण्डल (22 मा.), हीर (23 मा.) रोला (24 मा.), शक्तिपूजा (24 मा.) रूपमाला (24 मा.), उल्लाला (26 मा.), गीतिका (26 मा.) सरसी (27 मा.), हरिगीतिका (28 मा.), नन्दन (28 मा.), ताटंक (30 मा.), वीर (31 मा.) शृंगारहार (32 मा.) आदि **सममात्रिक**; दोहा (13-11 मा), सोरठा (11-13 मा.), बरवै (12-7), गीति (12-18), उपगीति (12-15 मा.) आदि **अर्द्धसममात्रिक** और आर्या (12-18-12-15) **विषममात्रिक** एवं कुण्डलिया (दोहा-रोला) और छप्पय (रोला + उल्लाला) जैसे **मिश्रछन्द**। आगे इनके लक्षण-उदाहरण प्रस्तुत किये जाते हैं।

1. मानव : इसके प्रत्येक **चरण में चौदह मात्राएँ** होती हैं, पर किसी भी चरण **में एक साथ तीन चौकलों का प्रयोग** नहीं किया जाता। इसका दूसरा नाम **'सखी'** छन्द भी है। प्रसाद जी के प्रयोग ने इसे अधिक लोकप्रियता प्रदान की। इसी कारण बहुधा इसे ही **'आँसू'** अथवा **'प्रसादी'** छन्द भी कहा जाता है। यथा—

> मानव जीवन वेदी पर, परिणय है विरह मिलन का।
> ऽ।। ऽ।। ऽऽ।। ।।।। ऽ ।।। ।।। ऽ
> सुख-दुख दोनों नाचेंगे, है खेल आँख का मन का।। —प्रसाद
> ।। ।। ऽऽ ऽऽऽ ऽऽ। ऽ। ऽ ।। ऽ

2. गोपी : इसके प्रत्येक चरण में पन्द्रह मात्राएँ होती हैं एवं चरण का आरम्भ त्रिकल (।।।, ।ऽ, ऽ।) से होता है। यथा—

> गिरा हो जाती है सनयन, नयन करते नीरव भाषण;
> ।ऽ ऽ ऽऽ ऽ ।।।। ।।। ।।ऽ ऽ।। ऽ।।
> श्रवण तक आ जाता है मन, स्वयं मन करता बात श्रवण! —पन्त
> ।।। ।। ऽ ऽऽ ऽ ।। ।ऽ ।। ।।ऽ ऽ। ।।ऽ

3. चौपाई : इसके प्रत्येक चरण में **पन्द्रह मात्राएँ** होती हैं। चरणान्त में **अनिवार्यतः** गुरु-लघु (ऽ।) की योजना होती है। इसी का अन्य नाम 'जयकरी' भी **है। यथा—**

> हम नभ की निस्सीम हिलोर / डुबा दिशाओं के दस छोर
> ।। ।। ऽ ऽऽ । ।ऽ। ।ऽ ।ऽऽ ऽ ।। ऽ।
> नव जीवन कम्पन संचार / करते जग में चारों ओर
> ।। ऽ।। ऽ।। ऽऽ। ।।ऽ ।।ऽ ऽऽ ऽ।
> अमर, अगोचर, औ अविकार! —पन्त
> ।।। ।ऽ।। ऽ ।।ऽ।

4. चौपाई : इसके प्रत्येक चण में **सोलह मात्राएँ** होती हैं। चरणान्त में **जगण** (।ऽ।) अथवा **तगण** (ऽऽ।) नहीं रखा जाता है। यथा—

क. बंदउ गुरु-पद-पदुम-परागा, सुरुचि सुबास सरस अनुरागा।
ऽ।। ।। ।। ।।। ।ऽऽ ।।। ।ऽ। ।।। ।।ऽऽ
अमिय मूरिमय चूरन, चारू, समन सकल भव-रूज परिवारू।।
।।। ऽ।।।ऽ।। ऽऽ ।।। ।।। ।। ।। ऽऽ

—तुलसी

ख. जगमग जगमग हम जग का मग, ज्योतित प्रतिपग करते जगमग।
हम ज्योति-शलभ हम कोमल प्रभ, हम सहज सुलभ दीपों के नभ।।

—पन्त

5. पादाकुलक : इसके प्रत्येक चरण में **सोलह मात्राएँ** होती हैं। पूरे चरण का निर्माण चौकलों (ऽऽ, ऽ।।, ।।ऽ, ।ऽ। या ।।।।) से होता है। अतः यह सम प्रवाही छन्द है—इसमें विषममात्रिक शब्दों का प्रयोग नहीं होता है। यथा—

क. गुरु-पद-रज मृदु मंजुल अंजन, नयन अमिय दृग-दोष-विभंजन।
।। ।। ।। ।। ऽ।। ऽ।। ।।। ।।। ।। ऽ। ।ऽ।।
तेहिं करि बिमल बिबेक बिलोचन, बरनउँ राम-चरित भव-मोचन।।
।। ।। ।।। ।ऽ । ।ऽ ।। ।।।। ऽ।।।। ।।ऽ ।।

ख. गिरि का / गौरव / गाकर / झर्-झर्, मद से / नस-नस / उत्ते जित कर।
मोती / कीलड़ि/यों से / सुन्दर, झरते / हैं झा/ ग भरे / निर्झर।।

—पन्त

6. पद्धरि : इसका प्रत्येक चरण सोलह मात्रिक और समप्रवाही होता है। चरणान्त में जगण (।ऽ।) का विधान है। यति के लिए आवश्यक विधान नहीं है—कभी-कभी 8-8 अथवा 10-6 पर यति होती है। यथा—

क. खेलत बसंत राजाधिराज, देखत नभ कौतुक सुर-समाज।
ऽ।। ।ऽ। ऽऽ।ऽ। ऽ।। ।। ऽ।। । । ।ऽ।
बाजहिं मृदंग, डफ, ताल, बेनु, छिरकैं सुगंध भरि मलय रेनु। —तुलसी
ऽ।। ।ऽ। ।। ऽ। ऽ। ।।ऽ ।ऽ। ।। ।।। ऽ।

ख. अम्बर में कुन्तल जाल देख, पद के नीचे पाताल देख;
ऽ।। ऽ ।।। ऽ । ऽ। ।।ऽ ऽऽ ऽऽ। ऽ।
मुट्ठी में तीनों काल देख, मेरा स्वरूप विकराल देख। —दिनकर
ऽऽ ऽ ऽऽ ऽ। ऽ। ऽऽ ।ऽ। ।।ऽ। ऽ।

ध्यातव्य है कि 'चौपाई', 'पादाकुलक' और 'पद्धति' तीनों सोलहमात्रिक छन्द हैं, पर इनमें सूक्ष्म अन्तर है। 'चौपाई' में सब समकल या विषम युग्म होते हैं। यदि 'चौपाई' चार चौकलों की हो तो वह **'पादाकुलक'** कही जायेगी। 'पादाकुलक' का समप्रवाही होना आवश्यक है। 'पद्धरि' के चरण जगणान्त होते हैं, पर 'चौपाई' का जगणान्त होना वर्जित है।

7. शृंगार : इसके प्रत्येक चरण में सोलह मात्राएँ होती हैं। चरणारम्भ में त्रिकल (ऽ।, ।।। या ।ऽ) और चरणान्त में गुरु-लघु (ऽ।) का विधान है। बीच की मात्राएँ समप्रवाही हों, तो चारुता बढ़ जाती है। यथा—

देख / वसुधा का यौवन / भार/ गूँज / उठता है जब मधु / मास,
ऽ।   ।।ऽ ऽ ऽ।।   ऽ ।   ऽ।   ।ऽ   ऽ ।। ।ऽ   ऽ।
विधुर/ उर के-से मृदु उद/गार // कुसुम / जब खुल पड़ते सोच्छ/वास,
न जा/ने सौरभ के मिस/कौन//सँदे/शा मुझे भेजता/ मौन! —पन्त

8. पीयूषवर्ष : इसके प्रत्येक चरण में **उन्नीस मात्राएँ** होती हैं। इसमें प्रायः **दो सप्तक** और **एक रगण** (ऽ।ऽ) का संयोग होता है। यथा—

क. जनकपुर की / राजकुंज-वि / हारिका
।।।।। ऽ   ऽ।ऽ। ।   ऽ।ऽ
एक सुकुमा/ री सलोनी सरिका
देख निज शि / क्षा सफल ल/ क्ष्मण हँसे
उर्मिला के / नेत्र खंजन-/से फँसे। —गुप्त

ख. जब विमूर्च्छित / नीन्द से मैं / था जगा
।। ।ऽ ।।   ऽ । ऽऽ   ऽ ।ऽ
कौन जाने / किस तरह? पी / -यूष-सा
एक कोमल / समव्यथित निः / श्वास था
पुनर्जीवन-/सा मुझे तब / दे रहा! —पन्त

9. कुण्डल : इसके प्रत्येक चरण में **बाईस मात्राएँ** होती हैं। यह तीन षष्ठकों (ऽऽऽ, ऽ।।ऽ आदि) और **एक चौकल** के संयोग से बनता है। यति, छठी, बारहवीं और अठारहवीं मात्रा पर होती है। यथा—

क. ठुमुकि चलत / रामचन्द्र / बाजत पै / जनियाँ
।।। ।।।   ऽ ।ऽ।   ऽ।। ऽ   ।।ऽ
धाय मातु / गोद लेत / दसरथ की / रनियाँ।। —तुलसी

ख. मैं भी कृत /-कृत्य आज / वीर वत्स / आ तू।
ऽ ऽ ।। ऽ । ऽ। ऽ। ऽ। ऽ ऽ
बुद्ध-शरण / धर्म-शरण / संघ-शरण / जा तू।। —गुप्तजी

10. हीर : इसके प्रत्येक चरण में **तेईस मात्राएँ** होती हैं। इसमें प्रायः तीन षष्ठक (ऽऽ।।, ।।ऽऽ आदि) और **एक पंचक** होते हैं। इसका आरम्भ प्रायः गुरु (ऽ) और अन्त प्रायः रगण (ऽ।ऽ) से किया जाता है। यथा—

सोये तरु / वन में खग / सरसी में / जलजात
ऽऽ ।। ।। ऽ ।। ।।ऽ ऽ ।।ऽ।
सजग गगन / के तारक / भू-प्रहरी / प्रख्यात
सोओ जग /-दृग्तारक / भूलो पल/-क-निपात
चपल वायु / सा मानस / पा स्मृतियों / के घात। —पन्त

इसे ही **'हीरा'** और **'हीरक'** नाम से भी कवियों ने प्रयुक्त किया है।

11. रोला : इसके प्रत्येक चरण में **चौबीस मात्राएँ** होती हैं। पहले यति 11, 13 मात्राओं पर मान्य थी, पर अब प्रायः तीन अष्टकों (ऽ । ऽ । ऽ, ऽऽ।।।। आदि) के रूप में लिखा जाता है। यथा—

युग युग के मृत / आदर्शों के / ताज मनोहर
।। ।। ऽ ।। ऽऽऽऽ ऽ। ।ऽ।।
मानव के मो / हांघ हृदय में / किये हुए घर,
भूल गये हम / जीवन का सं / देश अनश्वर
मृतकों के हैं / मृतक, जीवितों / का है ईश्वर।

12. शक्तिपूजा : इसके प्रत्येक चरण में **चौबीस मात्राएँ** होती हैं। यह अष्टकों में लिखा जाता है। इसका प्रथम सशक्त प्रयोग 'राम की शक्तिपूजा' में हुआ है। यथा—

है अमा निशा, / उगलता गगन / घन अन्धकार;
खो रहा दिशा / का ज्ञान; स्तब्ध / है पवन-चार;
अप्रतिहत गर / ज रहा पीछे, अम्बुधि विशाल,
भूधर ज्यों ध्या / न मग्न ; केवल / जलती मशाल। —निराला

13. रूपमाला : इसके प्रत्येक चरण में **चौबीस मात्राएँ** होती हैं। छन्द का निर्माण **तीन सप्तकों** और एक त्रिफल (प्रायः ऽ।) से होता है। इसकी तीसरी, दसवीं और सत्रहवीं मात्रा लघु होती है। पहले चौदह मात्राओं पर यति का विधान था, पर अब इसका पालन प्रायः नहीं होता है। यथा—

गिर रहीं पल /-कें झुकी थी / नासिका की नोक,
भ्रू-लता थी / कान तक चढ़ /-ती रही वे / रोक।
स्पर्श करने / लगी लज्जा / ललित कर्ण क /-पोल,
खिला पुलक क /-दम्ब-सा था/ भरा गद्‌गद्/ बोल।। —प्रसाद

14. गीतिका : इसके प्रत्येक चरण में **छब्बीस मात्राएँ** होती हैं। यति चौदह-बारह मात्राओं पर होती है और अन्त में लघु-गुरु (।ऽ) का विधान है, किन्तु अब इनका आवश्यक रूप से पालन नहीं होता है। उदाहरण, यथा—

साधु भक्तों में सुयोगी / संयमी बढ़ने लगे।
सभ्यता की सीढ़ियों पै / सूरमा चढ़ने लगे।
वेद-मंत्रों को विवेकी / प्रेम से पढ़ने लगे।
वंचकों की छातियों में / शूल हैं गड़ने लगे।। —शंकर

15. सरसी : इसके प्रत्येक चरण में **सत्ताईस मात्राएँ** होती हैं। इसका निर्माण प्रायः तीन अष्टकों एवं एक त्रिकल (ऽ।) के संयोग से होता है। यह सममात्रिक रूप है, किन्तु इसका अर्द्धसममात्रिक रूप भी प्रचलित है जिसमें एक चरण (27 मात्राओं) को ही 16, 11 मात्राओं के दो चरणों के रूप में रखा जाता है। आगे इसके दोनों रूपों के उदाहरण रखे जाते हैं। यथा—

(क) **सममात्रिक रूप**—

तोड़ों सब शृं / खला उन्हें निज / जीवन बंधन / जान
हों उज्ज्वल कां / चन के अथवा क्षुद्र धातु के / म्लान
प्रेम घृणा सद् /-असद् सभी ये / द्वन्द्वों के सं / धान
दास सदा ही / दास समाहत / वा ताड़ित पर / तंत्र
स्वर्ण निगड़ हो / ने से क्या वे / सुदृढ़ न बंधन / यंत्र
अतः उन्हें सं / न्यासी तोड़ो / छिन्न करो गा / मंत्र! —पन्त

(ख) **अर्द्धसममात्रिक रूप**—

निखिल कल्पना / मयि अयि अप्सरि !/
अखिल विस्मया / कार
अकथ अलौकिक / अमर अगोचर /
भावों की आ / धार! —पन्त

16. हरिगीतिका : इसके प्रत्येक चरण में **अट्ठाईस मात्राएँ** होती हैं। इसमें 16, 12 मात्राओं पर यति का विधान है, पर **गुप्त जी** ने 14 मात्राओं के पश्चात् यति मानी है। सम्प्रति यह चार सप्तकों में निर्मित किया जाता है। यथा—

सुन का जयद्रथ का कथन / हरि को हँसी कुछ आ गयी,
गम्भीर श्यामल मेघ में / विद्युच्छटा-सी छा गयी।
कहते हुए यों—वह न उन / का भूल सकता वेश है—
हे पार्थ ! प्रण पालन करो / देखो अभी दिन शेष हैं।। —गुप्तजी

17. नन्दन : इसके प्रत्येक चरण में **अट्ठाईस मात्राएँ** होती हैं जो सोलह एवं बारह मात्राओं की क्रमशः दो पंक्तियों में रखी जाती हैं। पुत्तुलाल शुक्ल के अनुसार इसके प्रथम प्रयोक्ता **सुमित्रानन्दन पन्त** एवं उन्हीं के नाम पर इसे 'नन्दन' कहा गया है। उदाहरण, यथा—

कौन तुम अतुल अरूप अनाम?
अये अभिनव अभिराम।
मृदुलता ही है बस आकार
मधुरिमा ही श्रृंगार।
न अंगों में है रंग-उभार
न मृदु उर में उदगार।। —पन्त

18. ताटंक : इसके प्रत्येक चरण में **तीस मात्राएँ** होती हैं। यति प्रथम सोलह मात्राओं पर होती है और चरणान्त किसी चौकल (ऽ।। आदि) से होता है। यथा—

है बिखेर देती वसुन्धरा / मोती, सबके सोने पर।
रवि बटोर लेता है उनको / सदा सवेरा होने पर।
और विरामदामिनी अपनी / संध्या को दे जाता है।
शून्य श्याम-तनु जिससे उसका / नया रूप छलकाता है।। —गुप्तजी

19. वीर : इसके प्रत्येक चरण में **इकतीस मात्राएँ** होती हैं। यति प्रथम सोलह मात्राओं के पश्चात् होती है। चरणान्त में गुरु-लघु (ऽ।) क्रम का विधान है। इसी का अन्य नाम 'आल्हा' अथवा 'आल्हछन्द' भी है। यथा—

क. फिर परियों के / बच्चों से हम // सुभग सीप के / पंख पसार,
समुद पैरते / शुचि ज्योत्सना में // पकड़ इन्दु के / कर सुकुमार।
—पन्त

ख. हिमगिरि के / उत्तुंग शिखर पर // बैठ शिला की/शीतल छाँह।
एक पुरुष भीं/गे नयनों से // देख रहा था/ प्रलय प्रवाह।।—प्रसाद।

20. श्रृंगारहार : इसके प्रत्येक चरण में **बत्तीस मात्राएँ** होती हैं। इसका निर्माण 'श्रृंगार' छन्द (सोलह मात्राओं) की दो आवृत्तियों से होता है। इसका प्रारम्भ त्रिकल से और अन्त गुरु-लघु (ऽ।) क्रम से होता है। यथा—

हिमालय के आँगन में उसे / प्रथम किरणों का दे उपहार।
उषा ने हँस अभिनन्दन किया/और पहनाया हीरक हार।।
जगे हम लगे जगाने विश्व / लोक में फैला फिर आलोक।
व्योम-तम-पुंज हुआ तब नाश / अखिल संस्कृति हो उठी अशोक।।
—प्रसाद्

21. दोहा : इसके विषम (प्रथम-तृतीय) चरणों में 13-13 और सम (द्वितीय-चतुर्थ) चरणों में 11-11 मात्राएँ होती हैं। इसका विषमान्त्य प्रायः सगण (।।ऽ) से और समान्त्य प्रायः गुरु-लघु (ऽ।) से होता है। निर्माण के विचार से दोहा के अनेक रूप होते हैं। भानु जी (छन्दः प्रभाकर, 85-87) ने दोहा के 23 मुख्य प्रकारों का निरूपण किया है। उदाहरण—

क. जड़ चेतन गुण दोष मय, विश्व कीन्ह करतार।
संत हंस गुण गहहिं पै, परिहरि वारि विकार।। —तुलसी

ख. मानस-मन्दिर में सती, पति की प्रतिमा थाप।
जलती-सी उस विरह में, वनी आरती आप।। —गुप्तजी

यहाँ प्रथम उदाहरण 'वाबर' (10 गु + 28 ल.) और द्वितीय 'हंस' (14 गु + 20 ल.) नामक दोहा का है।

22. सोरठा : यह 'दोहा' छन्द के चरणों के क्रम को उलट देने से बनता है। अर्थात् इसके विषम चरण 11-11 मात्राओं से और सम चरण 13-13 मात्राओं से बनते हैं। यथा—

क. नील सरोरूह स्याम, तरूण अरुण वारिज नयन।
करहु सो मम उरधाम, सदा क्षीरसागर सयन।। —तुलसी

ख. लिख कर लोहित लेख, डूब गया दिनमणि अहा।
व्योम-सिंधु सखि! देख, तारक बुद बुद दे रहा।। —गुप्तजी

23. बरवै : इसके विषम चरणों में 12-12 मात्राएँ और सम चरणों में 7-7 मात्राएँ होती हैं। सम चरणों की अन्तिम दो मात्राएँ गुरु-लघु (ऽ।) क्रम से रखी जाती हैं। यथा—

क. बिन गुन पिउ उर हरवा / उपरेउ हेरि।
चुप है चित्र-पुतरिया / रहि चख फेरि।। —रहीम

ख. झूम-झूम मृदु गरज-ग/-रज घन घोर।
राग अमर अम्बर में / भर निज रोर। —निराला

24. गीति : इसके विषम चरणों में 12-12 मात्राएँ होती हैं और सम चरणों में 18-18 मात्राएँ। यथा–

करुणे! क्यों रोती है? / 'उत्तर' में और अधिक तू रोई।
मेरी विभूति है जो, / उसको 'भवभूति' क्यों कहे कोई।। –गुप्तजी

25. उपगीति : इसके विषम चरणों में 12-12 मात्राएँ और सम चरणों में 15-15 मात्राएँ होती हैं। सम चरणों में प्रायः आठ मात्राओं पर यति का विधान है। यथा–

हृदयस्थित स्वामी की // स्वजनि उचित क्यों / नहीं अर्चा?
मन सब उन्हें चढ़ावे // चन्दन की ए/ क क्या चर्चा? –गुप्तजी

26. आर्या : इसके विषम (प्रथम-तृतीय) चरणों में बारह-बारह मात्राएँ, द्वितीय में अठारह मात्राएँ और चतुर्थ चरण में पन्द्रह मात्राएँ होती हैं। **पुत्तुलाल शुक्ल** इसे 'अर्द्धसममात्रिक', पर **'शिवनन्दन प्रसाद** इसे 'विषम' मात्रिक छन्द मानते हैं। उदाहरण, यथा–

पहले आँखों में थे / मानस में कूद मग्न प्रिय अब थें
छींटे वही उड़े थे / बड़े-बड़े अणु वह कब थे।। –गुप्तजी

27. कुण्डलिया : कुण्डलिया **मात्रिक मिश्र**[1] छन्द है। इसमें **'दोहा'** और **'रोला'** (24 मात्राओं) **छन्दों के अनुच्छेदों** (Stanzas) का मिश्रण होता है। इसके छह चरणों में से **प्रथम दो चरण 'दोहा' छन्द के और शेष चार चरण 'रोला' छन्द के होते हैं।** दोनों के सम्बन्ध की दृढ़ता हेतु 'दोहे' का अंतिम चरण ही 'रोला' के प्रथम चरण के रूप में रखा जाता है। पुनः 'दोहे' का आरम्भिक शब्द अथवा पद ही 'रोले' के अन्तिम शब्द अथवा पद के लिए आता है। इस प्रकार एक पूर्ण वृत्त अथवा कुण्डल बनने के कारण यह छन्द कुण्डलिया कहा जाता है। यथा–

सोना लावन पिउ गये / सूना करि गै देस।
सोना मिले न पिउ फिरे / रूपा ह्वै गै केस।।
रूपा ह्वै गै केस / रोय रँग रूप गँमावा।
सेजन को विश्राम / पिया बिनु कबहुँ न पावा।।
कह 'गिरधर' कविराय / लोन बिनु सबै अलोना।
बहुरि पिया धर आउ / कहा करिहौ लै सोना।। –गिरिधर

टिप्पणी : पहले कुण्डलिया छन्द में 'दोहा' के साथ 'उल्लाला' का अनुच्छेद-योग होता था। 'पृथ्वीराज रासो' में कुण्डलिया का यही रूप प्राप्त है। भक्तकवि 'अग्रदास' की कुण्डलिया सब से भिन्न प्रकार की है। पर सम्प्रति वे रूप नहीं चलते हैं।

28. छप्पय : यह 'रोला' और 'उल्लाला' के अनुच्छेद-योग से बनता है। प्रथम चार पंक्तियाँ 'रोला' (24 मात्राओं) की होती हैं और अन्तिम दो पंक्तियाँ 'उल्लाला' (26 अथवा 28 मात्राओं) की।

'उल्लाला' छन्द के दो रूप प्रचलित हैं–**प्रथम उल्लाला** के प्रत्येक चरण में 13-13 की यति से 26 मात्राएँ और **द्वितीय उल्लाला** में 15-13 की यति से 28 मात्राएँ होती हैं। आगे दोनों रूपों के उदाहरण प्रस्तुत किये जाते हैं। यथा–

क. चेरी भी वह आज / कहाँ कल थी जो रानी।
दानी प्रभु ने दिया / उसे क्यों मन यह मानी?
अबला जीवन हाय! / तुम्हारी यही कहानी।
आँचल में है दूध / और आँखों में पानी।।
मेरा शिशु संसार यह / दूध पिये परिपुष्ट हो।
पानी के ही पात्र तुम / प्रभो! रुष्ट या तुष्ट हो।। –गुप्तजी

ख. नीलाम्बर परिधान / हरित पट पर सुन्दर है।
सूर्य चन्द्र युग मुकुट / मेखला रत्नाकर है।।
नदियाँ प्रेम-प्रवाह / सकल तारे मण्डन हैं।
बन्दीजन खगवृन्छ / शेषफण सिंहासन है।।
करते अभिषेक पयोद हैं / बलिहारी उस वेश की।
हे मातृभूमि! तू सत्य ही / सगुण मूर्त्ति सर्वेश की।। –गुप्तजी

निष्कर्ष

आचार्य भरतमुनि द्वारा प्रतिपादित नाट्यशास्त्र भारतीय मनीषा की अनुपम उपलब्धि रही है। इस यज्ञ में अनेक आचार्यों ने अपने-अपने हिस्से की समिधा अर्पित की है। आचार्य दण्डी ने शब्द की ज्योति से संसार को देदीप्यमान कर शब्दार्थ की सार्थक परिणित काव्य को स्वीकार किया। उस काल में काव्य से अभिप्रायः साहित्य तथा साहित्य की समस्त विधाओं का समन्वय था, जिसमें नाट्य को भी काव्यबन्ध कहकर सुरक्षित रखा गया। काव्य का परम लक्ष्य आनन्द है अर्थात् ऐसा आनन्द जिसकी समता ब्रह्मानन्द से की गयी तथा ऋषियों से लेकर साधारण सहृदय ने भी अपने-अपने ढंग से इसे प्राप्त करने के विकल्पों की खोज की।

काव्य को संरक्षित करते हुए आचार्यों ने इसे शास्त्रबद्ध किया तथा काव्यशास्त्र की परिकल्पना करके अपनी-अपनी दृष्टि से काव्य के शरीर और आत्मा का निर्माण करना चाहा। अलंकार, रीति, वक्रोक्ति, ध्वनि, रस, और औचित्य सिद्धान्तों का प्रणयन करके काव्य की बाह्य एवं आभ्यन्तर सज्जा की गयी तथा प्रत्येक मतावलम्बी ने अपने प्रमाणों से अपने-अपने विचारों को बल प्रदान किया।

यह भी ध्यातव्य है कि अन्त में सभी ने रस को काव्यात्मा के रूप में स्वीकारोक्ति प्रदान की तथा गुण-दोषों के साथ काव्य की आदर्श स्थिति को विद्वत् पटल पर अवस्थित किया गया। काव्य के शोभाकारक तत्त्वों में अलंकार, रीति, काव्यगत्, गुण-दोष, छन्द तथा रसों का औचित्यपूर्ण सम्मिश्रण ही काव्य के नियामक तत्त्व हैं, जिसका सम्यक् मूल्यांकन आनन्द की प्राप्ति तथा साहित्य में लोकमंगलकारी अवधारणा को पुष्ट करता है।

❒❒

इस संस्करण की 1000 प्रतियाँ प्रकाशित की जा रही हैं।